프리스틴 마인드

저에게 인생의 의미와 행복을 알려주신,

깨우친 스승님 직메 푼촉 린포체께 이 책을 바칩니다.

프리스틴 마인드

OUR PRISTINE MIND

궁극의 평화와 행복을 위한
족첸 명상 안내서

올갠 초왕 린포체 지음 · 수연 옮김

운주사

OUR PRISTINE MIND

by Orgyen Chowang

Published by arrangement with Shambhala Publications, Inc.,

Boulderthrough Sibylle Books Literary Agency, Seoul

한국의 독자들에게

2016년 『프리스틴 마인드Our PRISTINE MIND』가 출간된 이후, 이 책을 길잡이로 삼아 저는 법문과 강연을 하고 안거를 이끌며 전 세계를 여행하는 기회를 얻었습니다. 이를 계기로 이 책을 읽고 인생이 변했다는 많은 사람들의 이야기를 들을 수 있었습니다.

저는 『프리스틴 마인드』의 이로움을 설명하기보다는, 이 책이 어떻게 도움이 되었고 인생이 달라졌는지에 관한 사람들의 이야기를 나누는 것이 더 좋겠다는 생각이 들었습니다. 이 책에서 깊은 울림을 느낀 사람들의 체험담이 독자 여러분들께 많은 도움이 되기를 바랍니다.

지난 몇 년간 저는 스탠포드 대학에서 명상을 가르쳤습니다. 대학원생들, 학부생들, 그리고 방문 학자들이 참석했습니다. 수강생들은 명상을 처음 접해보는 경우가 대부분이었고, 마음챙김 명상에 대해서는 들어본 적이 있어도 청정본심 명상이라는 심오한 수행에 대해서는 완전히 문외한이었습니다.

처음에는 많은 참가자들이 10분 동안의 좌선도 힘들어 했지만, 올바른 명상을 위한 명확한 소개와 지침을 받은 후에는 25분 이상 편안하게 좌선을 할 수 있게 되었습니다.

참석자들은 자신의 마음을 훨씬 더 깊이 이해할 수 있게 되고 명상하는 방법에 대한 확고한 이해를 얻었으며, 명상이 일상생활에서 '협상 불가능한' 우선순위가 되는 놀라운 이점을 경험했습니다.

캘리포니아 주 북부에 위치한 산 쿠엔틴 주립 교도소에서 수감자들에게 청정본심 명상을 가르쳤을 때도, 수감자들은 이 수행이 극히 힘든 일상 조건 속에서도 과거의 트라우마와 고통을 다룰 수 있게 하고 연민을 기르며 행복과 성취감을 찾는 데 믿을 수 없을 정도로 이롭다는 것을 알게 되었습니다. 산 쿠엔틴에서의 첫 번째 강연 이후 많은 수감자들이 『프리스틴 마인드』 출판본을 요청해왔고, 우리는 70권이 넘는 책을 수감자들과 교도소 도서관에 기증했습니다.

제 학생들 중 상당수는 심리학자입니다. 그들은 종종 청정본심 명상의 기법과 원리를 심리 치료에 접목합니다. 그중 한 분이 저명한 임상 심리학자이자 저자인 브라이언트 웰치Bryant Welch 박사입니다. 언젠가 브라이언트 박사와 함께 미국 심리학 협회의 전국 대회에 참석할 수 있는 특별한 기회가 있었습니다. 이곳에서는 매년 수천 명의 심리학자가 모여 이 분야의 발전을 논의합니다. 브라이언트 박사와 저는 '마음챙김 너머로: 티베트 승려의 통합적 관점에서 본 서양 테라피'라는 주제로 강연을 하게 되었습니다. 수많은 다른 강연들이 동시에 진행되었기 때문에 얼마나 많은 사람들이 우리의 강연에 올지 예상할 수 없었습니다. 그런데 200여 명이 참석한 것을 보고 무척 기뻤습니다. 이 강연에 참석한 심리학자들은 불교의 관점에서 마음을 이해하는 데 큰 관심을 보였으며, 또한 심리 치료사로서 상이 사람들의 심리적 문제를 해결하고 삶을 행복하게 해주는 방법에 관심이 있었습니다.

저는 브라이언트 박사에게 청정본심 명상에 대한 공부와 수행이 어떻게 서양 심리학에 접목되었는지에 대한 연구와 수행 체험을 공유해 달라고 부탁했습니다. 이에 대해 그는 이렇게 밝혔습니다.

> 저는 서양 심리학자이자 심리치료사로서 50년 넘게 마음을 연구해 왔습니다. 경건한 마음으로 서양 심리학의 가르침에 몰두해왔지만, 서양 심리학은 더 나은 세상에 대한 저의 희망을 올갠 초왕 린포체의 가르침만큼 북돋아주지는 못했습니다. 린포체의 가르침은 그의 저서 『프리스틴 마인드』에서 구체화되어 '마음의 본성'을 인식하게 함으로써 현재 서양의 심리치료에 완전히 새로운 전망을 열어주었습니다.
>
> 린포체는 우리 내면에 스스로의 생각보다 훨씬 더 많은 것이 존재하고, 마음을 열어 그 본성에 닿는 것을 허용하면 더 광대한 세계와 심오한 진리가 있다는 것을 가르칩니다. 그리고 그 방법을 믿을 수 없을 만큼 명료하게 보여줍니다. 우리가 자신의 청정본심에 닿을 때, 사랑과 연민이 자연스럽게 흘러나오고 고통은 현저하게 줄어들게 됩니다. 그의 책을 읽고 가르침을 숙고하면 린포체와 그의 스승을 향한 나와 내 환자들의 감사를 이해하게 될 것입니다.

마리아 마네티 슈렘은 샌프란시스코의 유명인사입니다. 패션 마케터로서, 그녀는 이탈리아의 상징적인 브랜드인 구찌를 미국에 유치하는 데 중요한 역할을 했고, 후에 펜디와 마크 크로스를 포함한 다른 유명한 브랜드들의 사업을 확장하는 데 기여한 분입니다. 그녀와 그녀의 남편인 얀 슈렘은 데이비스 캘리포니아 대학에 마네티 슈렘 미술관을 설립했습니다. 마리아는 자선가이자 예술 후원자로서 일하며 유명한 예술가들이나 지도자들과 만나기 위해 매년 지칠 줄 모르고 세계를 여행했습니다. 그녀는 저와 함께 여러 해 동안 청정본심 명상을 공부해 왔습니다. 저는 독자들을 위해 그녀에게 이 가르침의 실천이 바쁜 생활, 많은 업무, 그리고 영향력 있는 사람들과의 만남에 어떻게 도움이 되었는지 설명해 달라고 부탁했습니다. 이에 대해 그녀는 다음과 같이 썼습니다.

『프리스틴 마인드』에 나오는 올갠 초왕 린포체의 가르침이 저에게는 매일의 양식과 같았습니다. 이 가르침은 제 인생의 모든 순간을 돕고 안내합니다. 심오하고 명확하며 핵심적인 내용이 담겨 있어, 저에게 무한한 기쁨을 줍니다. 저는 이 특별한 책 없이는 살아갈 수 없을 것입니다.

리처드 배런은 티베트어 책을 영어로 번역하는 위대한 번역가입니다. 금강승 불교의 많은 지도 법사들이 서양에서 법회를 할 때 통역을 했고, 캘리포니아에서 저의 법문을 통역했습니다. 몇 년 전 연로하신 그의 모친께서 시력을 잃어가게 되자, 매번 어머니와 통화를 할 때마다 이 책을 읽어드렸습니다. 그의 어머니는 명상을 해본 적이 없고 심지어 불자도 아니었지만, 이 책은 그녀에게 깊은 울림을 주었고 힘든 시간을 이겨내는 데 도움이 되었습니다. 작년에 그의 모친이 돌아가시고 난 후 제게 이런 편지를 보내왔습니다.

> 1987년 미국으로 이주한 후, 저는 일 년에 두세 번 캐나다 밴쿠버에 계신 어머니를 방문하였습니다. 어머니는 나이가 들면서 건강 문제로 결국 요양원에 가게 되었는데, 저는 어머니와 작별할 시기가 다가왔음을 느꼈습니다. 우리는 매일 전화로 이야기를 나누곤 했는데, 어머니께서 스스로 움직이지 못하고 시력을 잃어가는 것에 대해 매우 불안해한다는 것을 감지할 수 있었습니다. 저는 어머니의 스트레스를 덜어주고 함께한다는 느낌을 드리려고, 이 책을 매일 읽어드리겠노라고 제안했습니다. 어머니는 전적으로 동의하셨고, 그리하여 이는 우리의 일상이 되었습니다. 어머니에게 본문의 한 부분을 읽어드리고, 그 부분에 대해 전화로 함께 토론하며 명상을 이끌었습니다. 어머니는 특히 안내 명상을 좋아하셨습니다. 어머니는 이렇게 명상을 하니 마음이 진정되고 편안해졌다고 수차례 말씀하셨습니다.
>
> 어머니는 연세가 들어 타인에게 전적으로 의지해야 하는 것이 답답할 때 이 가르침을 떠올렸다고 하셨습니다.

어머니가 삶의 마지막 단계에 접어들었다는 것이 분명해졌을 때, 저는 어머니의 마지막 순간을 함께하기 위해 캐나다로 갔습니다. 어머니의 의식이 돌아올 때마다 (심지어 의식이 없으실 때에도) 저는 이 책을 읽어드렸습니다. 한 세션이 끝난 후, 우리는 조용히 앉아 있었는데 어머니께서 갑자기 미소를 지으며 이렇게 말씀하셨습니다. "나의 제일 친한 친구는 청정본심이야!" 저는 이 기회를 놓칠 수 없어, 전화기를 꺼내 녹음을 하고 싶다고 말씀드렸습니다. 이에 어머니는 다시 미소를 지은 후 이렇게 말씀하셨습니다. "청정본심은 너의 가장 친한 친구야!"

어머니는 며칠 후 돌아가셨습니다. 명복을 빌어요, 어머니.

부디 청정본심에 머무시길!

어머니의 마지막 여정을 도와드릴 수 있는 방편을 알려주신 린포체께 마음 깊이 감사드립니다.

저는 학생들과 수행자들이 자신의 마음이 본래 청정하다는 것을 인식하고 슬픔이나 불편함이 일시적일 뿐이며 그것에 대한 대처를 할 수 있게 되어 안도감을 느낀다고 말할 때 성취감을 느낍니다. 그들은 청정본심 명상을 통해 정신적 또는 정서적 동요를 안정시킬 수 있음을 깨닫습니다. 많은 사람들이 저에게 말했습니다.

"제가 슬프거나 우울할 때, 저의 마음이 청정하다는 것을 기억합니다. 저는 이것이 그저 '정신현상'에 불과하다는 것을 떠올립니다. 마음의 본성이 청정하다는 것을 알면 그 경험을 쉽게 풀어 낼 수 있어요. 그러면 기분이 훨씬 나아집니다."

변화가 단지 며칠만에 일어나는 것을 볼 수 있습니다. 지난 20년 동안, 저는 아름다운 캘리포니아의 나파 밸리에서 안거를 이끌어 왔습니다. 금요일 아침에 도착한 참가자들은 일정 수준의 스트레스와 불안이 있습니다.

그중 대다수는 샌프란시스코, 뉴욕, 로스앤젤레스와 같은 대도시에서 옵니다. 그들은 바쁜 일상의 심란한 기운으로 안거에 참여합니다. 첫째 날, 가르침과 명상에 몰두하면서 참가자들은 편안함을 느끼고 느긋해지기 시작합니다. 그들은 현재의 순간을 더 즐기게 되죠. 그러다 토요일 오전이 되면 사람들은 다소 긴장이 풀리고 자신과 다른 참가자들에 대해 더욱 편안함을 느끼게 됩니다. 토요일에는 하루 종일 가르침을 명상하고 숙고합니다.

이틀간의 일정을 마친 참가자들은 식당에 갑니다. 그들은 개방적으로 변하고 느긋해진 상태로 활기가 넘치는 즐거운 식사 시간을 보냅니다. 마음은 열려 있고 기운이 넘치며 이 현재 순간을 즐깁니다. 그들은 가르침, 자신의 청정본심, 그리고 거기에서 오는 선한 마음의 따뜻한 특성들과 연결되어 있습니다. 풍부한 표현으로 서로 공감하며 매우 편안하고 기쁨이 넘칩니다. 이 좋은 기분은 전염성이 있어 우리 주변에 있는 다른 손님들도 덩달아 기분이 좋아집니다. 저는 행복이 전염된다는 것을 보여주는 많은 연구들이 있다는 글을 읽은 적이 있습니다. 이러한 경험을 바탕으로 저는 그것이 사실이라고 믿고 있습니다.

청정한 마음의 본성에 안주하고 있을 때 우리는 최선의 행을 하게 됩니다. 최상의 삶은 청정본심에서 나옵니다. 최상의 명상은 청정본심에서 나옵니다. 최상의 음악, 춤, 예술 또한 청정본심에서 나옵니다. 가장 좋은 관계와 최상의 죽음도 청정본심에서 나옵니다.

깨달음 또한 청정본심에서 나오는 것입니다. 저에게 가장 보람 있는 일은, 깨달음이 바로 지금 가능하다는 것을 명확히 이해하는 데 이 책이 어떻게 도움이 되었는지에 대한 이야기를 듣는 것이었습니다. 깨달음에는 많은 시간이 걸리지 않습니다. 청정본심이 뿌리가 되는 수승한 족첸* 전통을 통해 바로 이 생에 깨달음을 성취할 수 있습니다. 올바른 조건과 뛰어난 자격을 갖춘 족첸 스승 아래에서 공부하면 때로는 몇 년 안에 깨달음에 이를 수도 있습니다.

이 책을 쓴 목적은 깨달음이 무엇인지 이해하기 쉽게 도와주는 것입니다. 많은 독자들이 『프리스틴 마인드』가 도움이 되었다고 말합니다. 이 책을 읽은 후, 깨달음의 의미가 무엇인지 처음으로 이해했다고 말이지요. 깨달음이란 그저 여러분의 마음이 하루 24시간, 일주일 내내 온전히 청정하다는 의미입니다. 그뿐만 아니라 이 책은 깨달음에 도달하고 무조건적인 행복을 경험할 수

---

* 족첸: 족첸은 대원만大圓滿이라고도 한다. 닝마파 최상승의 가르침인 족첸은 마음의 본성을 깨닫고 마음의 본성에 안주하는 것, 마음의 본성과 법계의 본성이 둘이 아님을 가르친다. 이를 이해함으로써 기대와 두려움, 취함과 버림에서 벗어날 수 있다. (옮긴이)

있는 명확하고 실용적인 길을 안내합니다.

한국의 독자들이 이제 이 책을 읽고, 청정본심 명상을 수행하는 법을 배울 수 있게 되어 무척 기쁩니다. 제가 여기 공유한 이야기들과 같은 혜택을 경험하시기를 희망합니다. 여러분의 청정본심을 발견하고 무조건적인 행복을 누리시기를.

올갠 초왕 린포체

서문

이 책은 무조건적인 행복에 이르도록 도와주는 실질적인 안내서입니다. 저는 진정한 자신의 모습인 청정한 마음의 본성을 경험하고, 궁극적이고 무조건적인 행복을 얻는 방법에 대해서 말하려 합니다. 이 심오한, 삶을 변화시키는 길을 소개하기 전에 우선 이 책이 어떻게 세상에 나오게 되었는지를 말하고 싶습니다. 저의 여정을 공유하는 것이 여러분들이 곧 나서게 될 이 여정을 이해하는 데 도움이 되기를 바랍니다.

저는 어릴 때 티베트 동부의 작은 마을에서 살았는데, 종종 마을 위쪽의 언덕에 올라 맑고 푸른 하늘과 지나가는 구름들을 바라보곤 했습니다. 평화로운 시간을 즐기는 제 마음은 머리 위의 하늘처럼 드넓고 맑았습니다.

열네 살이 되던 해에는 20세기의 가장 위대한 성취자인 직메 푼촉 린포체의 제자가 되는 드문 기회를 얻었습니다. 집을 떠나 스승님의 유명한 수행 센터인 라룽 갈Larung Gar 오명 불학원에 머물며 공부하기 시작했습니다. 당시 라룽 갈의 생활환경은 혹독했습니다. 겨울은 몹시 추웠고 양식은 넉넉하지 못했으며 편의시설도 거의 없었습니다. 첫 해에는 삼촌 집의 베란다에 눈을 막아주는 커튼만 겨우 달아둔 채로 살았고, 다음 해에 부모님이 지어 주신 작은 집에서 8년 동안 살며 공부를 하였습니다. 생활환경은 열악했지만 견딜 수 없을 정도는 아니었습니다. 사실 제 인생에서 엄청난 기쁨을 경험했던 시기였습니다.

그 아홉 해 동안 저는 불교 경전을 공부하는 데 주력했습니다. 특히 티베트에서 최상의 가르침으로 알려진 금강승Vajrayana과 족첸Dzogchen을 배우게 되었습니다. 하지만 제가 한 공부는 여러분이 상상하는 것처럼 딱딱한 독서와 시험만 있었던 것은 아닙니다. 저는 '금강 게송vajra song'*을 읽을 때 깊은 영감과 기쁨을 느꼈습니다. 금강 게송은 수행을 성취한 스승들의 마음에서 피어난 깨달음을 노래한 시로, 비범한 지혜를 나타냅니다. 하루의 수업과 공부가 끝나면 작은 집으로 돌아가서 금강 게송을 많이 읽었는데, 특히 위대한 스승 롱첸빠(14세기)와 미팜 린포체(19세기)의 금강 게송을 즐겨 읽곤 하였습니다.

그렇게 여러 해 동안 공부한 후, 저는 박사 학위에 해당되는 켄뽀khenpo가 되었습니다. 그것은 제가 불교 교학을 완전히 이해했음을 보여주는 것이고, 또한 어느 정도의 수행을 성취해서 다른 사람들을 가르치고 수행을 지도할 자격이 있음을 의미합니다. 이 기간 동안 받았던 전반적인 훈련을 통해 저 자신과 타인을 위한 변화와 성취의 삶을 이끌어가는 데 필요한 지식과 실행력을 얻게 되었습니다. 그 후 저는 세계 여러 곳을 다니며 가르침을 전하게

---

* 금강 게송: 금강승 전통에서 깨달음과 내면의 통찰을 표현한 짧은 시. 티베트 어로는 '굴', 산스크리트어로는 '도하'라고 함. (옮긴이)

되었고 매우 보람을 느꼈습니다.

몇 년 후에는 비범하고 깊이 존경 받는 스승이자 저자인 '틴레 놀부 린포체Thinley Norbu Rinpoche'를 만났습니다. 우리의 법연은 가까워졌고, 저는 그분께 가르침을 받게 되었습니다. 1995년 말 린포체는 저를 미국으로 초청했고, 저는 뉴욕 주 북부에 있는 린포체의 거처에서 약 4개월 동안 살게 되었습니다. 그 후 캘리포니아 주 산타 크루즈로 이사를 하고, 위대한 수행자인 '라마 타르친 린포체Lama Tharchin Rinpoche'의 불학원에서 가르침을 전했습니다. 처음 미국에 왔을 때 저의 영어 실력은 고작 '헬로', '굿바이' 정도였지만, 그럼에도 불구하고 사람들을 만나서 그들이 세상을 어떻게 살고 어떻게 보는지를 알아가는 것에 관심이 컸습니다.

그곳에서 3년을 지낸 후 라마 타르친의 불학원을 떠나게 되었습니다. 그 후 매우 신나고 흥미로운 경험이 있었습니다. 매년 한 달 동안 운영되는 셰다shedra, 즉 불교 강원에서 가르치는 기회를 얻게 된 것입니다. 가끔씩 그곳에 살고 있거나 이따금 방문하는 학생들을 가르치기도 했습니다. 뛰어난 통역자 몇 명이 제가 티베트어로 한 말을 영어로 옮겨주었습니다. 이 시기에 저는 영어로 말하고 이해하는 것을 점점 더 많이 익히게 되었습니다.

통역자들은 매우 능숙했습니다. 하지만 그들의 뛰어난 능력에도 불구하고 제가 가르치는 것을 학생들이 정말 '이해'하는지에 대해 제 자신이 만족스럽지 않았습니다. 이는 통역자들의 잘못이 아니었습니다. 문제는 언어가 작용하는 방식에 있었습니다. 듣는 사람들이 가르침을 이해하기 위해서는 설법자가 자기 자신의 '언어'를 가져야 합니다. 즉 설법자는 다른 사람이 언어를 선택해주는 것이 아닌, 자신만의 언어와 구절로 말하는 것이 좋습니다. 통역이 훌륭하더라도 설법자의 진의를 어느 정도는 왜곡하게 되고, 듣는 사람에게 그 의미가 명확하게 전달되지 않는다는 것은 큰 문제입니다. 그래서 저는 이 문제에 대해 많은 생각을 했습니다.

1999년에 저는 샌프란시스코 만 지역으로 이사했습니다. 그곳에 사는 동안 일 년에 네 번 나파 밸리에 모여 학생들에게 명상을 지도했는데, 훌륭한 통역자가 통역을 해주었습니다. 사람들의 질문과 통역자가 제 생각을 표현하는 것을 들으면서 저는 영어를 점점 더 잘 이해하게 되었고, 영어로 가르침을 전하는 것도 매우 효과적일 수 있다는 걸 깨달았습니다. 하지만 통역을 거치는 방법으로는 제가 전하고자 하는 메시지가 학생들에게 온전히 전해지지 않는다는 것을 알게 되었습니다. 그래서 사람들에게 저의 의도를 보다 직접적으로 전달하기 위해 수행에 필요한 저만의 언어를 영어로 개발할 필요가 있었습니다.

다음 몇 해 동안에는 나파 밸리에서의 수련을 제외하고는 주로 혼자 지냈습니다. 그때 저를 도와주는 조쉬 고딘Josh Godine과 지내면서 책을 쓰기 시작했습니다. 아직 영어를 잘하지 못했지만 영어로 책을 쓰기 시작한 것입니다. 거의 정신이 나갔다고 할 만한 일이었지만 결심했습니다. 조쉬에게 책을 출간함으로써 우리가 두 가지 귀중한 목표를 달성할 수 있다고 말했습니다. 그 두 가지는, 명상에 대한 지침을 명확히 나타내는 '자연스럽고 경험적인 언어를 개발하는 것'과 그보다 더 중요한 '가르침을 다른 사람들과 효과적으로 나누는 것'이었습니다.

책을 쓰는 동안에는 주로 집에서 조용히 지내며 명상을 하고 그 경험을 심화시켰습니다. 가끔씩 사람들이 어떻게 시간을 보내는지 보려고 카페나 다른 공공장소에 가기도 했습니다. 종종 텔레비전 뉴스를 보기도 했는데, 새로운 소식을 접하기 위해서라기보다는 영어를 더 공부하고 사람들이 자신과 세계를 어떻게 인식하는지 관찰하기 위해서였습니다. 때로는 몇몇 학생들과 시간을 보내기도 했습니다. 그리고 제가 수행할 때 공부했던 책들을 자세히 읽고 금강 게송을 읽었습니다.

조쉬와 저는 다양한 명상법에 대해 제가 했던 법문들의 녹취록을 정리해서 '명상의 힘'이라고 제목을 붙였으며 그 원고를 조금씩 편집해나갔습니다. 그것은 많은 정보를 담고 있었지만, 여전히 이런 종류의 가르침에 익숙한 독자들만 이해할 수 있는 용어들로 서술되었기 때문에 이 주제에 익숙하지 않은 독자들은 그 책을 이해하기 어렵다는 것을 알게 되었습니다.

그 원고를 가지고 몇 번 작업하면서, 제가 말해야 할 것이 더 있고 무엇보다 설득력이 있어야 한다는 것을 깨닫게 되었습니다. 저는 독자들이 처음 명상의 여정을 시작하는 순간부터 숙련된 수행자가 될 때까지, 그리고 점차 완전히 깨우칠 때까지 명상의 모든 길을 안내하는 내용을 한 권의 책에 담고 싶은 포부가 있었습니다.

그래서 그 원고를 제쳐놓고 새로 책을 쓰기 시작했습니다. 이 책 『프리스틴 마인드Our Pristine Mind』는 그렇게 시작되었습니다.

이 책을 쓰기 시작한 2004년과 2008년 사이에 저에게 전환점이 있었습니다. 그 전에는 모든 부처님의 가르침을 머리로 이해했을 뿐이고, 저의 경험적 통찰은 그만큼의 심오한 경지에 이르지 못했다고 생각했습니다. 하지만 그 4년 동안, 이 책을 쓰는 동시에 수행에 매우 집중했습니다. 이 책에 담긴 원리대로 살고자 노력했고, 또 이 원리를 다른 사람들과 효과적으로 나누고자 하였습니다.

그 당시 제가 가르쳤던 것이 이 책의 내용을 밝히는 데 큰 도움이 되었습니다. 나파밸리 수련에서 저는 학생들과 함께 3~5일 동안 명상했습니다. 그리고 통역자와 함께 티베트어와 영어로 가르침을 전했습니다. 영어로 가르칠 때는 저의 엉터리 영어를 통역자가 표준 영어로 고쳐 주었습니다. 그 가르침들을 모두 녹음한 뒤, 글로 옮겨서 이 책을 쓰기 위한 자료로 삼았습니다. 그 후 조쉬와 함께 책 원고의 내용을 보다 명확하고 간결하게 편집했습니다. 새로운 영어 단어를 배우고, 학술적이거나 지적인 덧칠 없이 말하고자 하는 의미를 보다 정확하고 자연스럽게 표현하는 길을 찾는 과정에서 저의 영작 실력도 향상되었습니다.

수행과 책을 쓰는 작업에 바친 그 시간들에서 비롯된 열매가 2011년에 나왔습니다. 제가 전하려는 의미를 아름답게 설명하는 용어가 떠오른 것입니다. 그것이 바로 '청정본심Pristine Mind'입니다.

저는 '청정본심'이란 용어를 발견하고 이제까지 그런 적이 없었을 만큼 감격했습니다. 그 말을 찾아낸 것은 마치 집을 찾은 것과 같은 실로 놀라운 경험이었습니다. "바로 이거다! 이 단어가 모든 의미를 전달할 거야! 이제 족첸 가르침을 전할 완전한 이름을 얻은 거야. 그건 '청정본심 수행'이지. 단체의 이름도 '청정본심 재단'으로 하면 돼." 그 이름을 얻은 것은 매우 소중했습니다.

족첸 가르침에는 티베트 용어 '까닥ka dag'이라는 말이 있습니다. '까닥'은 '까 녜 닥 빠ka nay dag pa'의 단축형으로, '무시이래로 청정한'이라는 의미입니다. '까ka'는 영어의 A처럼 티베트 알파벳의 첫 글자입니다. 어떤 것이 A부터 청정하다고 한다면, 그것은 완전히 순수하고 청정하다는 의미를 지닙니다. 여기서 청정하다는 것은 처음부터 청정하다, 혹은 본디 청정하다는 뜻입니다.

그 다음 '까닥릭빠ka dag rig pa'라는 용어가 있습니다. 그 의미는 '청정본심Pristine Mind'혹은 '청정본각Pristine awareness'을 나타냅니다. 그러므로 족첸의 용어 '까닥릭빠'는 영어로 'Pristine Mind'라고 번역할 때 그 의미가 잘 드러납니다. 우리는 '청정본심'을 실제로 만지거나 맛볼 수 있습니다. 그것은 청량한 물처럼 시원하고 상쾌하고 신선합니다. 제가 그 열쇠를 찾은 것은 정말 만족스럽고 기쁜 경험이었습니다. 이제 이 책에서 그 경험을 전부 밝힐 수 있습니다.

제자들과 함께 명상할 때마다 저는 청정본심의 의미를 전달하는 방식을 '시운전' 했습니다. 우리가 함께 모일 때마다 그 용어의 의미가 전보다 더 명확하고 확실해졌습니다. 단지 개념적 이해뿐만 아니라 명상을 통해서 그 말의 의미가 더 분명해졌습니다.

'청정본심'은 진실하고 조작되지 않은 족첸 용어입니다. 계속 책을 쓰고 가르침을 전하면서 다른 족첸 용어들도 자연스럽고 쉽게 와 닿는 영어로 의미를 드러냈습니다. 청정본심pristine mind, 정신현상mental events, 일상심ordinary mind, 왜곡되지 않은 인식undistorted perception 등 이 책에서 사용하는 특별한 용어들은, 전통적인 족첸 언어를 구체적인 현대 영어로 나타내고 있습니다.

또한 제가 영어로 전달하고 있는 이 가르침의 근원은 '부처님'과 티베트에 불교를 전한 제2의 부처라고 불리는 '구루 린포체 파드마삼바바'의 가르침이란 것을 강조하고 싶습니다. 또한 롱첸빠Longchenpa, 미팜 린포체Mipham Rinpoche, 저의 존귀한 스승이신 직메 푼촉 린포체Jigme Phunchok Rinpoch는 이 책을 쓰는 데 있어서 반드시 필요한 가르침을 전해 준 위대한 스승들입니다. 저는 스승들의 지혜에 전적으로 의존해서 이 책을 썼습니다. 스승들의 가르침을 영어로 표현하고 전하는 기회를 가진 것은 큰 영광입니다. 저의 마음에는 이들 깨우친 스승들과 그분들의 가르침에 대한 한없는 감사가 가득합니다.

그분들은 저와 다른 사람들에게 전해진 큰 혜택의 원천이었고 앞으로도 그러할 것입니다.

이 책 『프리스틴 마인드』는 제가 오랫동안 쓰기를 간절히 원했던 명상의 모든 길을 안내해 주고 있습니다. 누구나 이 책의 가르침을 이해하고 숙달될 수 있습니다. 이 책을 읽고 수행을 하면 자신의 마음과 세계를 이전과는 다르게 이해하게 될 것입니다.

청정본심 수행의 목표는 '청정본심'을 깨닫고 경험하는 것입니다. 그리고 이것은 여러분에 대한 저의 바람이기도 합니다. 청정본심은 우리의 본성이기에, 모든 사람에게는 청정본심이 있습니다. 하지만 우리는 각자 스스로 청정본심을 드러내야 합니다. 지금, 그리고 미래 세대를 위해 청정본심을 밝히고 모든 사람이 무조건적인 행복을 찾도록 돕는 것이 이 책의 목적입니다.

제가 전해 받았고 이제 여러분에게 전하려는 가르침들이 진실이라는 것을 저는 알고 있으며 또 진심으로 믿고 있습니다. 하지만 여러분은 저의 말을 당연하다고 여길 필요가 없고 그래서도 안 됩니다. 가르침들을 듣고 난 뒤, 여러분이 스스로 결정하시기 바랍니다.

용어 정리 (옮긴이)

본서에 들어가기에 앞서 가장 많이 나오는 용어들인 Pristine mind, Mental events, Ordinary mind에 대해 미리 말씀드리고자 합니다.

1. Pristine mind : 청정본심清静本心

Pristine mind를 한글로 옮김에 있어 많은 고심을 하다가 본디 '청정한 마음'이란 의미에서 '청정본심'을 사용하였습니다. '본마음, 본래마음, 참마음, 참본성, 청정심清静心, 청정한 마음' 등으로도 대체해서 쓸 수 있을 것입니다.

또한 본서의 서문에 티베트어 '까닥릭빠'를 영어로 Pristine mind, Pristine awareness로 옮겼다는 내용이 나오니 참고하시기 바랍니다.

2. Mental Events : 정신현상

산스크리트어: caitta, caitasika, 팔리어: cetasika, 티베트어: sems byung, 영어: mental factors, mental events, mental states

정신현상은 생각, 느낌, 판단, 꿈, 자각과 같이 의식을 가진 개인의 마음에서 일어나는 모든 일들을 의미합니다.

아비달마에서 정신현상은 '상카라' 혹은 '치따(心)'로 분류합니다. '상카라'는 '행行'이나 '오온五蘊'으로 번역되며, 조건에 의해 생긴 현상을 가리킵니다. 또한 정신현상은 '마음의 상태', '의식의 부수附隨', '마음작용' 등으로 대체해서 쓸 수 있습니다.

3. Ordinary mind : 일상심

일상심은 이원二元 또는 이견二見이라 불리는, 인식하는 대상이 실존한다고 생각하는 상견常見과 인식하는 대상이 실제로 존재하지 않는다고 생각하는 단견斷見에 물든 마음의 상태이며, 비이원非二元의 마음이 아닌 판단, 분별하는 이원二元적인 마음 상태를 뜻합니다.

비이원이란 상견과 단견이라는 두 견해가 끊어진 합일된 마음으로, 모든 외부 현상이 마음과 둘로 나뉘지 않으며 일체의 분별로부터 자유로운 것을 말합니다. 즉 인식의 주체(능취)인 내적인 마음과 인식의 대상(소취)인 외부 대상이 별도로 존재하지 않는다고 보는, 궁극적 진리의 깨달음입니다.

일상심은 '이원의 마음, 이원론적 마음, 이견의 마음, 일상의 마음, 탐진치에 물든 삼독심, 무명의 마음' 등으로 대체해서 쓸 수 있습니다.

참고 문헌

『붓다의 길 위빠사나의 길』(한길출판사), 『깨달음을 얻는 티베트 수행 요결』(운주사), 〈위키피디아〉

머리말

인간의 삶은 매우 귀중하기 때문에 우리는 행복해야만 할 것 같습니다. 목표를 이루기 위해 열심히 일하고 다른 사람들에게 젊고 매력 있게 보이고 인맥이 좋고 직장에서 성공하고 돈을 많이 벌면 행복할 수 있다고 생각합니다. 현재 행복을 느끼거나 좋은 환경에 만족하고 기뻐할 때는 잘 살고 있다는 생각이 듭니다. 사랑에 빠지거나 새 차를 사거나 열심히 일한 덕분에 직장에서 진급을 하면 기분이 좋아집니다. 하지만 그런 행복은 얼마 못 가고 이런저런 문제들로 기쁨이 퇴색한다는 걸 알게 됩니다.

외부 환경에서 큰 행복을 얻더라도 결국 스트레스를 받고 불행해지는 지점에 이릅니다. 무언가를 조금 더 가지거나 무엇이 부족한지 알아낼 수 있으면 진정한 행복을 찾을 것이라고 생각하지만 도달하는 일은 드뭅니다. 행복한 시간은 슬픔의 시간이 됩니다. 완전하고 완벽한 행복을 가져다 줄 것으로 기대했던 일이 전혀 그렇지 못하기도 합니다.

분명히 무언가 빠져 있습니다. 얻으면 행복할 것이라 믿었던 것들을 얻더라도 근본적으로, 무조건적으로 행복하지 않습니다. 근본적이고 무조건적인 행복이란 단지 일시적인 행복이 아니라 절대 사라지지 않는 만족감입니다. 이는 외부의 원인과 조건 또는 환경과도 무관합니다.

재산, 인맥, 지위, 다른 조건과 같은 외부적인 문제가 아니라 우리 마음이 문제입니다. 이 말은 정말 심각하게 들릴지도 모릅니다. 우리의 마음은 무엇이 문제일까요? 마음을 어떻게 고칠 수 있을까요? 다행히 우리가 할 수 있는 일이 있습니다. 생각처럼 그리 어렵지도 않습니다. 사실 우리와 행복 사이에는 몇 가지 생각들이 놓여 있을 뿐입니다.

수백 년 동안 제 법맥의 스승들은 무조건적인 행복을 찾는 도전에 확실하게 답을 해 주는, '인간의 마음'에 대한 이해를 경험하고 가르쳤습니다. 저의 스승들과 그분들의 스승들은 후손들을 위해 그 깨달음을 보존해 왔습니다. 하지만 그 지혜가 전해져 오던 전통적인 방식은 대다수의 현대인들에게는 설득력 있게 전해지지 않습니다. 이 모든 것이 이국적이고 신비롭거나 낯설게 여겨지고 '깨달음'과 같은 용어는 수수께끼로 남아 버렸습니다.

깨달음은 그렇게 신비스러울 필요가 없습니다. 깨달음으로 가는 길은 곧고 논리적이며 현실적이고 자연스런 과정이며 또한 매우 효과적입니다. 여러분이 이 책을 읽고 여기서 전하는 가르침을 숙고하고 수행하면, 끊임없이 변하는 삶의 환경은 진정한 행복과 깨우침의 지혜에 이르지 못하게 막는 철옹성 같은 장애물이 아니라는 것을 깨닫게 될 것입니다. 실상의 무상한 본성을 깨닫는 것이 첫 단계입니다. 여러분 안에 내재된 참본성인 청정본심을 잊어버렸지만 이제 다시 찾아서 연결해야 합니다.

다행히 청정본심은 이미 우리 모두에게 있고, 외부에서 얻어야 하는 것이 아니며, 우리를 떠난 것도 아닙니다. 청정본심은 지금 여기에 있고, 가능하리라고 짐작조차 못했던 고요함과 활기, 힘, 내면의 평화를 드러낼 것입니다.

물론 사람들은 대개 인간의 마음을 유익한 청정본심의 관점에서 이해하지 못하기 때문에 스트레스, 불안, 우울과 같은 정신적, 감정적 불만으로 괴로워합니다. 그들은 일상에서 생각하는 마음과 그 활동을 자신과 동일시합니다. 사실 많은 사람들은 끊임없이 경험하는 생각과 느낌이 실제 자기 자신이라고 확신하고 생각과 느낌이 없으면 존재하지 못한다고 믿습니다. 우리 마음의 본성인 청정본심이 생각과 느낌에 의해 모호해지고 가려졌다는 것을 모릅니다.

오늘날 우리들은 자신이 속한 환경이나 미디어와 같은 매체를 통해 많은 영향을 받습니다. 그 경험은 우리 일상심의 '정신현상들'을 이루는 느낌과 사고, 그리고 생각과 반응을 강화하고 우리가 청정본심을 보지 못하게 가로막습니다. '청정본심 명상'을 해보면, 실제로 그런 정신현상들이 고요하고 두려움 없는 본래 마음을 모호하게 만든다는 것을 알게 됩니다.

'청정본심 명상'은 정신현상들의 굴레에서 벗어나게 하고 마음의 본성에 대한 궁극적 진리를 밝혀 줍니다. 이 명상은 무척 심오해서 삶에 대한 인식 자체를 완전히 뒤바꿉니다. 이는 신비적인 느낌이나 이론적 개념이 아닌 직접 경험하는 생생한 체험입니다. 이 놀라운 변화는 우리 스스로 그것을 경험하기 전에는 분명하게 와 닿지 않을 것입니다. 이 깊고 주관적인 체험은 기적과 같은 느낌을 줄지도 모릅니다.

방금 말씀드린 몇 구절이 틀림없이 많은 의문을 불러일으켰을 것입니다. 청정본심은 남이 말하는 걸 들은 후에 저절로 경험할 수 있는 것이 아닙니다. 청정본심을 경험하려면 진실하고 성실하게 이해하고 수행해야 합니다. 하지만 자격을 갖춘 스승에게 바른 설명을 들으면 비교적 짧은 시간 내에 유익한 결과를 경험할 수 있습니다.

사람들은 청정본심 명상이 '사마타' 명상과 어떻게 다른 것인지 자주 묻습니다. 최근 전 세계의 상당히 많은 사람들이 마음을 다루기 위해 사마타 명상을 하고 있으며 학교, 직장, 교도소를 비롯한 다양한 환경에서 놀라운 성과를 거두었습니다. 사마타 명상은 마음을 차분하게 하는 효과가 있어서 큰 혜택을 줍니다. 스트레스를 줄이고 사람들이 보다 효과적으로 활동할 수 있게 해 줍니다. 마음을 하나의 대상에 집중하는 것을 길러주는 사마타는 매우 중요한 명상이며 그 자체로 매우 훌륭합니다.

청정본심의 가르침에도 사마타 명상이 있지만 그것은 수행의 일부일 뿐입니다. 청정본심 명상은 마음의 이완을 넘어서는 것입니다. 마음 자체의 본성에 대한 매우 중요한, 기대하지 못했던 통찰을 얻도록 돕고, 그렇게 함으로써 완전히 해방되는 경험을 하게 됩니다. 청정본심 명상은 광활한 마음 상태, 광대한 견해에 다가가게 합니다. 마음 자체와 온 세상을 있는 그대로 볼 수 있게 됩니다. 우리의 일상심이 스스로 왜곡된 현실감을 만들어내는 것을 직접 볼 수 있는 것입니다. 청정본심 수행은 우리를 둘러싼 세상을 무척 다른 감각으로 인식하게 만들며, 청정한 체험의 인식을 가로막는 '정신현상'을 알아볼 수 있도록 도와줍니다.

이렇게 더 넓어지고 깊어진 견해는 우리 삶의 모든 측면에 영향을 미칩니다. 머지않아 이 새로운 견해는 일상심이 얼마나 사소한 것이며 불필요한 두려움을 만들어내는지, 어떻게 일상의 일들에 마음을 빼앗기게 만들어서 길을 잃고 헤매게 하는지를 알아볼 수 있게 합니다.

이것을 이해하고 더 진실하고 더 맑고 더 생생한 청정본심의 실체를 알기 시작할 때 우리는 감사, 사랑, 자비로 충만하게 됩니다. 그리고 그것은 세계와 모든 살아 있는 것들과 진실로 연결되어 있음을 느끼게 합니다. 모든 것이 무상하다는 삶의 덧없음, 우리의 즐거움, 재산, 가까운 관계들을 반조해 더 소중히 가슴에 품게 됩니다. 해로운 생각과 감정의 파도는 우리를 지배할 힘을 잃어버립니다. 우리에게 주어진 인간성이라는 선물에 대한 감사함, 괴로움을 겪고 있는 다른 존재들에 대한 자비심이 일어납니다.

가장 중요한 것은 '자신의 마음'과 '새로운 관계'를 맺는 것입니다. 드러난 청정본심은 언제나 모든 환경에서 우리에게 위안이 됩니다.

청정본심의 견해로 세간의 일을 하면 모든 걸 전혀 다르게 풀어가게 됩니다. 가림막, 벽, 장애물 없이 세상과 직접 연결됩니다. 청정본심 명상을 하며 우리는 청정본심의 상태에서 먹고, 자고, 숨 쉬게 됩니다. 청정본심으로 생활하고, 청정본심으로 세상일을 하고, 청정본심으로 대화하고, 청정본심으로 휴가를 가고, 청정본심으로 온갖 감각적 경험을 즐깁니다.

청정본심으로 일상생활을 영위하는 것은 일상심으로 생활하는 것보다 천 배는 더 효과적입니다. 다른 사람에게 말할 때나 세간의 일을 할 때 스트레스를 받지 않습니다. 이건 단지 이론적인 이야기가 아닙니다. 여러분은 진정으로 이를 체험하게 될 것입니다.

무엇을 진정으로 체험하게 될까요? 우리의 경험은 청정본심에 머물 때 자기중심에서 벗어나 참된 자신을 있는 그대로 반영합니다. 우리는 스스로 만족하고 완벽하고 자비롭고 행복하고 사랑이 넘치고, 주변 세계에 굳건히 연결되어 있으며, 예측할 수 없는 삶의 본질을 두려워하지 않게 됩니다. 세상을 거부하거나 외면할 필요가 없습니다. 청정본심의 상태에서 우리는 진정으로 세상과 연결되고 세상에서 훨씬 더 효과적으로 살아갈 수 있습니다.

이 책에서 저는 여러분에게 청정본심의 가르침을 전하고, 이 가장 비범한 마음 상태에 이르도록 도울 수 있는 심오한 수행을 알려드릴 것입니다. 책의 내용을 읽는 것에 그치지 말고, 반드시 숙고하는 시간을 가져야 한다는 사실을 기억해 주시기 바랍니다. 그렇게 하면 청정본심 가르침을 이용하여, 다른 어떤 방법보다 더 깊이 있게 여러분의 마음을 탐구할 수 있을 것입니다.

이 책을 크게 소리 내어 천천히 읽기를 적극 권합니다. 다른 사람과 함께, 혹은 여럿이 모여 함께 읽으면 가장 좋을 것 같습니다. 읽은 것을 숙고하고, 그것을 여러분의 경험과 비교해 보세요. 그러면 곧 여러분이 생각하는 방식과 다른 점을 알아차리게 되고, 청정본심의 놀라운 경험에 더 가까이 다가가기 시작할 것입니다. 여러분의 내면에 있는 사랑, 감사, 성취감을 새롭게 느끼게 할 것입니다. 이런 삶의 변화를 경험해 보시기 바랍니다.

제 법맥의 깨달은 스승들이 이해했던 마음의 본성, 청정한 상태의 특성, 우리가 청정본심과 연결이 끊어진 이유에 대해 여러분들께 설명드리겠습니다.

지금 여러분에게는 청정본심과 같은 마음 상태가 있다는 생각 자체가 매우 낯설게 느껴질 것입니다. 많은 의혹이 일어날지도 모릅니다. 충분히 그럴 수 있습니다. 청정본심 가르침은 독단이나 이데올로기, 혹은 믿음 체계가 아닙니다. 맹목적인 신념이나 이성적인 사고를 멈추는 것이 필요하지도 않습니다. 단순히 마음으로 하는 수행입니다. 단지 열린 마음을 유지하라는 것만 당부하고 싶습니다. 궁금한 점이 생기면, 그 생각을 놓지 말고 이 책 속으로의 여정을 계속하세요. 언젠가 대답이 나올 것입니다.

또한 지적인 이해만으로는 청정본심에 이르기에 부족하다는 사실을 아는 것이 매우 중요합니다. 청정본심에 다가가고 그 이점을 얻으려면 여기서 설명하는 '수행'을 해야만 합니다. 한편으로는 이 수행과 수행을 하는 이유에 대한 지적인 이해도 매우 중요하며 필수적입니다. 이러한 이해가 없이는 제멋대로의 수행이 될 수 있고 무의미하게 느껴질 수 있습니다. 그러므로 왜 이 수행을 하는지 이해하지 못한다면 올바른 수행을 하기 어렵습니다.

그러니 인내심을 가지고 다음의 것들을 주의 깊게 생각하시기 바랍니다. 우선 저는 청정본심이 무엇이고 일상심과 어떻게 다른

지에 대하여 알려 드릴 것입니다. 이른바 '일상심ordinary mind'이라 부르는 것은, 지금 우리 대부분이 자신과 밀접하게 동일시하고 있는 '나의 마음'으로 체험하는 모든 것을 말합니다. 대부분의 사람들에게는 일상심이 바로 삶 그 자체입니다. 그리고 제가 앞으로 설명할 내용의 일상심이 청정본심과의 연결을 가로막고 잃게 만들었다는 것입니다. 어떻게 그렇게 되는지 정확하게 보여드리도록 하겠습니다. 청정본심에 다가감으로써 우리는 진정한 안도감, 고요함, 장엄함과 삶의 의미를 찾을 수 있습니다.

진정으로 행복해지려면 우리는 반드시 청정본심에 다시 연결되어야 합니다. 그것이 바로 이 가르침이 전하고자 하는 목표입니다.

그러니 함께 시작합시다!

1부

청정본심 : 우리의 본성

빛나는 마음의 본성은 변하지 않는 하늘과 같아
일시적으로 벌어지는 일들에 영향을 받지 않는다.

_ 미륵보살

1

청정본심의 아름다움

우리들 마음의 정수는 청정합니다. 우리들의 청정본심은 아름답고, 본디 활기차고 생명력이 넘쳐흐르며, 믿고 의지할 수 있는 무한한 행복과 기쁨의 원천입니다. 그러나 안타깝게도 우리들 대부분은 마음의 진정한 본성을 알지 못합니다. 마음의 본성과 연결이 끊어졌기 때문입니다. 생각, 느낌, 믿음이나 판단과 같은 곡해된 마음의 인식과 내면적 경험들은 마음의 본성을 오염시키고 청정본심을 흐려 보이게 만들었습니다. 그 결과로 우리는 불안하고, 행복과 불행 사이를 오가는 마음 안에서 살고 있습니다. 이는 마음의 청정한 상태를 알아차리고 깊이 연결될 수 있는 인생의 궁극적인 체험을 앗아갑니다.

이 청정본심 안에서 우리는 세상과 결별하거나 등지지 않아도 됩니다. 세상의 즐거움을 거부할 필요가 없습니다. 이 청정본심 안에서 우리는 예전보다 훨씬 더 세상에 현존하게 됩니다. 인생의 즐거움을 보다 생생하게 체험하고, 일을 더욱 효과적으로 하고, 무엇보다도 더욱 풍부하고 보편적인 사랑을 하게 됩니다. 이러한 삶의 방식은 우리를 무미건조하고 고립되게 만들지 않으며 감사와 기쁨으로 채워줍니다. 삶은 두려움과 절망에서 벗어나 만족과 사랑으로 가득하고 빛나기 시작합니다.

이 행복한 상태가 지금 우리 안에 있다는 것은 행운입니다. 이는 진정한 우리 자신이므로 절대 잃어버릴 일이 없습니다. 그러나 이 상태를 다시 발견하려면 반드시 올바른 장소로 가야만 합니다. 즉, 무조건적인 행복에 대한 추구는 반드시 자신의 마음에서 시작해야만 한다는 의미입니다.

가난한 자와 보물

저의 스승들과 그분들의 스승들은 수행을 통해서 청정본심을 숙고하고 성취했습니다. 그리고 그분들의 깨달음은 많은 세대를 거쳐 오며 오늘날까지 수많은 이들에게 전해지고 있습니다. 그분들은 영원한 행복을 외부조건의 변화에서 찾을 수 없다는 것을 근본적으로 이해하셨습니다. 외부 환경의 변화로 잠시 동안 기분이 좋을 수는 있지만, 이것은 영원하지 않습니다. 영원한 행복은 오직 내면의 세상을 탐험하고 청정본심이라는 보물을 발견했을 때에만 얻을 수 있습니다. 우리가 이 보물을 체험하게 되면, 더 이상 외부 세상의 끊임없는 변화에 떠밀려가지 않아도 됩니다. 외부에서 어떤 일이 생기더라도 언제나 그 자리에 있고, 청정본심에 다가갈 수 있습니다. 이는 우리 자신이며, 우리의 진정한 존재 그 자체입니다.

제가 어릴 적 받았던 많은 가르침 중에 늘 기억하고 자주 떠올려 생각하는 것 중 하나가 미륵보살이 전해준 '가난한 자와 보물'이라는 이야기입니다.

늙고 가난한 한 남성이 다 허물어져 가는 헛간에 살고 있었습니다. 돈도 먹을 것도 없이 근근이 살아가는 그의 유일한 소유물은 낡아서 너덜너덜하고 불편한 침대뿐이었습니다. 매일 밤 그 침대에 누울 때마다 자신에게 부족한 것들에 대한 생각으로 고통스러워하며 잠들지 못했습니다. '나는 너무 가난하구나. 가진 게 없어.' 그는 두려움과 걱정으로 지쳐버렸습니다.

이 노인은 살아남기 위해 매일 음식과 동전을 구걸하면서도, 언젠가는 부자가 될 것이라는 환상을 품고 있었습니다. 매일 날이 저물면 헛간으로 돌아가지만 빈손일 때가 많았고, 하루 종일 일을 구하고 음식을 구걸하느라 너무도 피곤했습니다. 그는 낙담하며 낡은 침대에 앉아 가난으로 인한 고통에 괴로워했습니다. 이렇게 모든 생을 보냈습니다.

안타깝게도 바깥세상에서 그 노인은 원하는 것을 얻지 못했지만 실은 그의 집에, 그것도 낡아서 곧 부서질 듯한 그의 침대 밑에 가난을 벗어나고도 남을 금화가 든 상자가 있었습니다. 노인은 자신이 가난하다고 생각했기 때문에, 바깥세상에서 부유함을 찾기 위해 너무도 바쁜 나머지, 정작 자신의 집은 둘러보지 못했습니다. 만약 그가 자신의 침대 아래를 살펴보았더라면, 자신이 부자였다는 것을 알았겠지요. 그러면 처음부터 그의 것이었던 보물을 즐겼을 것입니다

우리 모두는 이 이야기 속의 노인과 비슷합니다. 여러 면에서

우리는 외부로부터의 행복을 추구합니다. 어느 누구도 우리에게 안을 들여다보라고 알려주지 않습니다. 설령 그렇다 하더라도 우리는 그것이 무엇을 의미하는지 모르고 어떻게 해야 하는지에 관한 지침도 거의 얻지 못합니다. 다행스럽게도 이야기 속의 노인과 우리는 차이가 있습니다. 우리는 이제 지침을 얻었습니다. 그것을 잘 이용하면 삶이 달라질 수 있습니다!

첫째, 우리 생이 얼마나 남았는지는 모르지만, 지금 이 순간, 우리는 코앞에 무엇이 있는지 들여다볼 기회가 있습니다. 자기 내면의 보물인 청정본심과 연결될 수만 있다면, 잠재적으로 우리의 것이 될 수 있는 광대한 부를 경험하게 됩니다. 인생은 한정적이고 우리에게 기회가 영원히 주어지는 것은 아닙니다. 그러니 아직 남아 있는 시간을 낭비하지 않길 바랍니다.

둘째, 우리들의 보물은 노인의 침대 밑 상자보다 더 가까이 있습니다. 실은 바로 이 순간 우리 안에 숨겨져 있습니다. 원래 거기에 있는 것입니다. 이것은 새로 짓거나 만들어낼 필요가 없고 결코 고갈되지 않는 원천입니다.

만약 가르침이 전해주는 이해와 기법을 사용하여 우리의 내면을 들여다본다면 이 노인처럼 인생을 낭비할 필요가 없습니다. 이를 적절하고 성공적으로 수행하기 위해서 우리는 안락의자에서 이 책을 읽는 일시적인 흥미 이상으로 보다 신중해야만 합니다. 우리는 청정본심을 되찾기 위해 결단력을 가지고 수행을 해야만 합니다.

보물을 찾기 위해 우리는 반드시 밖이 아닌 안을 들여다봐야 합니다. 이 가르침은 어떻게 내면을 들여다보는지와 청정본심을 찾는 방법을 보여줍니다.

이 가르침은 여러분 스스로의 판단과는 다른 어떤 믿음을 받아들이고 따르라고 하지 않습니다. 단지 직접적인 경험을 통해 자신의 마음을 더 잘 이해할 동기를 개발하기만 하면 됩니다. 우선 반드시 마음을 쉬고 그 다음에 인내심을 가지고 관찰합니다. 매우 간단합니다.

우리 마음의 본성

우리들의 본마음, 청정본심은 우리가 타고난 자연스러운 마음입니다. 삶의 경험에 의해 훼손되거나 손상되지 않았기에 '청정본심'이라 부릅니다. 이는 본질적으로 그리고 영원히 청정합니다. 문명에 의해 변하기 전 자연 그대로의 청정한 땅과 같습니다.

청정본심 안에서 우리의 감각은 생기 넘치고 활력이 있으며 인식은 청정합니다. 우리가 청정본심에 머물게 되면 일상심일 때 일어나는 공포와 불안감은 우리에게 부정적인 영향을 줄 수 없는데, 청정본심의 성품이 본래 고요하기 때문입니다. 이것이 언제나 우리와 함께한다는 확신을 하게 되면 두려움 없는 마음이 증장됩니다.

청정본심은 우리가 제어할 수 없는 인생의 기복에 영향을 받지 않고 '여여如如'합니다. 일상에서 우리가 심각하게 받아들이는, 인생을 뒤흔들 만한 사건들은 변함이 없는 청정본심에서는 그다지 의미심장하지 않습니다. 하늘의 구름은 나타나고 움직이고 변하고 사라지지만 하늘은 변함이 없는 것과 마찬가지로 우리들의 일상심 안에서의 체험은 변할 수 있지만 우리들의 청정하고 광활한 청정본심은 결코 변하지 않습니다. 이는 우리의 청정본심에 대해 깨닫게 되는 가장 근본적인 것들 중 하나입니다.

미륵보살은 이렇게 게송을 남기셨습니다.

빛나는 마음의 본성은 변하지 않는 하늘과 같아
일시적으로 벌어지는 일들에 영향을 받지 않는다.

이 아름다운 게송을 가슴으로 체험하는 것은 매우 고무적입니다. 일상심의 생각(사념思念)과 감정(번뇌煩惱)의 표면 아래를 들여다보고 자신의 청정본심에 연결시킨다면, 우리는 끊임없이 이어지는 내면의 체험을 할 수 있게 됩니다. 이는 생명력, 아름다움, 평화, 위풍당당함과 환희로 이루어져 있습니다.

청정본심의 가르침을 수행했던 이들의 체험과 설명은 오랜 세월에 걸쳐 전해지고 있습니다. 이는 그들이 창작하거나 지어낸 것이 아니고, 만들어낼 필요도 없는 것입니다. 우리 모두에게 존재하는 자연스럽고 평범한 상태이며, 태어날 때부터 우리에게 있는 것입니다.

청정본심은 진정한 본성으로 태어나는 순간부터의 권리인 인권과도 같습니다. 하지만 마음은 청정본심에 접근이 불가능할 정도로 흐려져서, 심지어 '오염'되었다고 말할 수 있을 정도입니다.

우리 대부분은 이 오염된 상태인 일상심 속에 살고 있습니다. 이것이 전부이고 정상이라 생각하며 사는 것은 비극입니다.

우리가 일상심에 익숙해져 있는 것을 반추해볼 때, 청정본심은 환상적이고 멀리 있고 성취하기 어려운 것으로 여겨질 수 있지만 절대 그렇지 않습니다. 청정본심은 신비롭거나 난해하거나 이해 불가한 것이 아닙니다. 단지 승려, 요기, 신비주의자들만을 위한 것도 아닙니다. 올바른 상황에서 우리 모두가 접근할 수 있습니다. 청정본심은 본래 우리 안에 있지만 분노, 공포, 원망, 다른 정신현상과 같은 마음의 왜곡에 의해 접근이 차단되어 있을 뿐입니다.

현재 우리 대부분은 일상심으로 살고 있습니다. 습관이 되어 굳어져버린 이 일상심은 정상이 아닙니다. 솔직히 말하자면 끔찍하게도 비정상입니다. 제대로 된 정신건강의 측정을 원한다면 청정본심을 비교 대상으로 삼아야 합니다. 의사들이 현대적인 장비로 신체 건강을 측정하는 것과 마찬가지로, 우리가 청정본심일 때 느껴지는 것들과 비교를 해 보면 현재 마음의 건강 상태를 측정할 수 있습니다. 청정본심의 변함이 없고 놀라운 본성을 체험할 때, 일반적으로 경험하는 불안, 지루함, 절망과 같은 감정은 진정한 삶에서 벗어난 경험임을 알게 될 것입니다. 청정본심은 바로 '건강하고 편안한 마음의 상태'입니다.

질병의 발견과 치료에 대한 의학 지식이 발달하기 전에는, 종종 정확한 원인을 밝혀낼 수 없는 증상이 있었습니다. 원인을 이해하지 못하면 효과적인 치료법을 적용할 수 없습니다. 마찬가지로 이 가르침이 없으면, 사람들은 자신들의 감정이나 욕구가 충족되지 못했다는 것은 알아도 불행의 원인이나 적절한 치료법은 모를 것입니다. 원인도 모르고 제대로 된 치료법이 없으면 일상심의 혼란 속에서 회복되기 어렵습니다.

이 가르침의 핵심은 '우리의 내면에 인생의 풍파에 다치지 않은 상태 그대로 있으며 다시 연결될 수 있는 청정본심이 있다'는 것입니다. 우리가 알고 있는, 끊임없이 변하는 일상심과는 달리 청정본심은 동요하거나 변화하는 마음 상태가 아닙니다. 청정본심은 안정적이고 동시에 경계가 없습니다. 청정본심 안에서 우리는 찬란하고 명료하고 고요한 마음의 근본적인 상태로 들어갑니다. 과거나 미래의 불필요한 영향을 받지 않습니다. 상황의 변화에 따라 변하지 않습니다. 그것은 극도로 현재와 조율하고 있고, 그렇게 조율하면서 대단히 풍부한 경험을 일으킵니다.

미팜 린포체는 이렇게 말씀하십니다.

마음의 본성은 공함과 명징함의 결합(明空不二)이니
열반과 윤회의 좋고 나쁜 특성에 영향을 받지 않네.
지옥의 고통을 겪더라도
마음의 본성은 영향을 받지 않네.
이 세상에서 누리는 행복과 기쁨이 넘쳐나도
마음의 본성을 바꿀 수 없다네.
행복, 슬픔, 길吉과 흉凶의 모든 경험들은
허공에 그리는 그림과 같아

마음의 본성에 영향을 주지 못한다네.
색을 바꾸는 귀한 보석처럼
인연조건이 변하면 체험도 달라진다네.
그래서 많은 견해와 신념이 존재하는 것이라네.
종교와 철학, 이 모든 것은
마음의 표식이자 투영일 뿐이라네.

청정본심을 마주하고 그에 접근하는 방법을 알게 되었던 수행자들처럼 우리 스스로가 청정본심에 닿기 전까지는, 일상심에 머문 채 일상의 문제들과 다투어야만 합니다. 일상심은 우리의 노력에도 불구하고 행복과는 먼 길로 우리를 이끕니다. 불행하게도 문제를 오히려 더 키우는 일상심의 습성으로 완벽한 행복을 추구하는 것은 무의미한 일이 될 것입니다.

전적으로 일상심에만 의지하며, 혼란스럽고 제멋대로인 세상에서 행복을 찾으려고 합니다. 우리 대부분이 이렇습니다. 우리가 사로잡힌 현상의 연속에 의해 세상이 돌아간다고 인식하며, 그 안에서 우리가 살고 행복을 추구하지만 사실은 갈 곳 없는 치열한 경쟁사회일 뿐입니다. 부처님께선 이를 윤회, 삼사라samsara라고 불렀습니다. 산스크리트어로 삼사라는 실상을 왜곡한 인식에서 비롯된 고통과 즐거움, 행복과 슬픔의 끝없는 반복이라는 의미입니다. 계속해서 돌기만 하고 어디에도 닿지 못합니다. 희망과 두려움으로 가득 차 있으며, 오래 지속되거나 깊은 행복은 찾아볼 수 없습니다.

대부분의 사람들은 삼사라가 현실이고 인생의 전부라고 생각합니다. 하지만 '청정본심 명상'으로 여러분들은 삶이 자신의 상상보다 훨씬 더 많은 것을 준다는 것을 배우게 될 것입니다.

2

청정본심의 쇠락

청정본심이 마음 안에 있는데, 왜 우리는 매 순간 청정본심을 경험하지 못하는 걸까요? 거기에는 세 가지 이유가 있습니다.

첫째, 우리는 청정본심을 알지 못합니다. 청정본심이 있다는 사실조차 모릅니다.

둘째, 우리는 정신현상 안에서 길을 잃었고 따라서 청정본심의 존재가 모호해졌습니다.

셋째, 정신현상을 우리의 정상적인 마음 상태로 여깁니다.

따라서 적절한 지침 없이는 스스로 청정본심에 다시 연결할 수가 없습니다.

이 시점에서 여러분들은 몇 가지 질문이 떠오를 것입니다. 왜 청정본심과 단절되었을까? 일상심에서 행복을 찾을 수 없는 이유는 뭘까? 청정본심이 이미 우리 안에 있다는데, 재연결은 왜 그리도 어려운 것일까? 애당초 어떻게 청정본심과의 연결이 끊어졌을까?

이 질문에 대한 대답을 위해 우리는 청정본심의 경험을 방해하는 세 가지 요소, 즉 '정신현상', '원초적인 두려움', '에고ego(자아)'

가 무엇인지를 이해해야 합니다. 이 셋이 모두 청정본심에 연결되는 것을 방해하고 우리의 삶을 지배합니다. 그리고 청정본심으로 들어가는 길을 막습니다.

정신현상

정신현상이란 생각, 감정, 느낌, 마음에서 일어나는 모든 체험을 말하며, 우리의 마음을 청정본심으로부터 단절시킵니다. 정신현상은 인식과 경험의 복합적인 그물망을 만들어 청정본심과의 재연결을 어렵게 만듭니다. 빠르게 움직이는 마음의 습관적인 흐름에 휩쓸려 청정본심으로부터 점점 더 멀어지게 되고 이로 인해 두려움, 불안이 일어납니다. 이것을 청정본심 명상으로 역전시킬 수 있습니다.

여기에는 약간의 설명이 필요합니다. 일상심은 엄청나게 많은 생각, 감정, 느낌, 믿음, 그리고 다른 경험들을 빠르게 처리합니다. 이것이 모두 '정신현상'입니다. 1분 정도 시간을 내어 마음을 들여다본다면, 끊임없이 일어나는 생각과 구름처럼 떠다니는 인식을 볼 수 있습니다.

이런 많은 정신현상들이 우리를 붙잡습니다. 우리가 집착하는 이 정신현상의 대부분은 지나가고 사라진 과거의 기억이거나, 상상한 대로 되지 않을 미래에 대한 추측일 뿐입니다. 그것들이 지금 일어나는 일에 대한 생각같지만, 잘 살펴보면 '과거나 미래에 근거한 개념화'라는 것을 알게 됩니다. 이런 개념들이 우리 안에 가득할 때, 항상하며 안정적이고 힘이 있는 청정본심을 흐려보이게 만듭니다. 마치 먹구름이 찬란하게 빛나는 푸른 하늘을 덮는 것과 같습니다. 여기에서 벗어나면 청정본심은 개념적인 사고에 오염되지 않은 현재 이 순간의 아름다운 체험을 우리에게 안겨줄 것입니다.

우리가 이 세상에 태어날 때, 마음은 정신현상에 의해 더럽혀지지 않았습니다. 아기는 아직 경험이 많지 않아서 정신현상 또한 거의 없습니다. 인간은 습관, 견해, 감정, 체험이 거의 없는 상태에서 태어납니다. 유아기에는 아직 생각이 많지 않고 체험도 제한적입니다. 그러나 성장을 하면서, 우리의 마음에는 외부(보고, 듣고, 만지고, 맛보고, 냄새 맡는 모든 것)와 내부(생각, 감정, 개념, 발상)의 경험이 폭탄처럼 쏟아집니다. 이러한 많은 정신현상 중 특정한 것들은 부분적으로 가족, 친구, 학교, 그리고 커져가는 신념이나 믿음 체계에 의존합니다. 하지만 특정한 경우와 상관없이 마음의 모든 현상들은 우리를 청정본심과 멀어지게 하고 산만하게 합니다.

정신현상은 마음 에너지의 파장을 만듭니다. 그 에너지 파장에 관심을 가질수록, 더 많은 정신현상들이 힘을 얻고 탄력을 받습니다. 정신현상이 힘을 얻고 우리의 관심을 끌면 청정본심에서 점점 더 멀어지게 됩니다. 이런 과정의 초기에 우리는 가족들과 소풍을 나온 어린아이와 같습니다. 공원에서 햇빛과 게임과 아이스크림을 즐기며 재미있게 놀던 아이는 돗자리에서 조금 떨어진 곳에 있는 나비들을 발견하고 따라가기 시작합니다. 아이는 나비를 좇아 여기저기 다닙니다. 나비들은 빠르게 움직이지 않지요. 그들의 날갯짓은 매우 우아하고 아름다워서 아이는 계속 나비를 따라갑니다. 결국 아이는 키가 큰 나무들이 있는 울창한 숲속, 완전히 낯선 곳에 있는 자신을 발견하게 되고 어떻게 그곳까지 왔는지는 알지 못합니다.

이 아이와 마찬가지로 우리도 정신현상 안에서 길을 잃습니다. 우리는 이 정신현상에 점점 더 매료됩니다. 얼마 지나지 않아 우리가 따르고 있는 것은 더 이상 마음 에너지의 작은 파도가 아닙니다. 이제 점점 더 복잡해지는 생각, 감정, 믿음, 느낌, 체험의 거미줄에 완전히 얽히고 이제 이 모든 정신현상들은 통제를 벗어난 영역으로 자리잡습니다. 이러한 복잡한 정신현상에 기대고 집착한다면 마음의 그물은 더욱 더 단단히 엉켜버립니다. 우리는 과거를 곱씹고 미래를 상상하고 언제나 생각하고 또 생각하고 개념을 만들고 무슨 일이 일어나는지에 대한 마음의 습習을 발달시키는 행위에 빠져듭니다.

그래서 우리는 청정본심을 지각하지 못하고 산만해지며 그 상태에서 멀어집니다. 청정본심 대신 정신현상에 사로잡혀 있습니다. 우리 마음의 왜곡은 이렇게 전개됩니다. 정신현상의 연출은 너무도 다양하고 범위 또한 넓어서 우리의 청정본심을 완전히 가리게 됩니다. 그것들은 영원한 기쁨, 오염되지 않은 상태를 가리고 이제 자신이라고 생각하는 감정적, 인지적 바다에 잠식되었습니다. 마음 안에서 끊임없이 일어났다 사라지는 모든 것이 우리 마음을 빼앗는 대상이 됩니다.

이런 경험들과 정신현상들은 보다 관심을 끌기 위해 더욱 소란을 피웁니다. 세상은 빠른 속도로 변하고, 더 많은 외부 자극과 정신현상에 대한 요구가 늘어나게 되면서 우리의 마음은 점점 더 청정본심에서 멀어지다 결국 분리됩니다.

청정본심과 단절되면, 의식은 변화무쌍한 정신현상의 바다에 빠르게 잠식되어 공허해지고, 그것은 우주 전체로 확장되어 일상적이고도 친숙한 우리의 삶으로 굳어버립니다

이러한 현상들은 때로는 일시적이고 때로는 변덕스럽고 때로는 습관적이고 때로는 강박적으로 서로 다른 모습으로 나타납니다. 질주하는 마음의 말(馬)들을 가둘 울타리가 없고, 홍수처럼 일어나는 정신현상의 힘은 이미 완전하게 존재하는 청정본심의 환희와 같은 행복의 틀에 몰아넣을 수 없을 만큼 커졌습니다. 이런 혼란 속에서 우리는 삶에 지쳐 녹초가 되었다고 느낍니다. 좌절 속에서 몸부림치며 일상심으로 삶을 통제하려는 노력은 점점 더 헛수고가 됩니다.

청정본심과의 단절에 대한 설명을 들으니, 청정본심은 너무도 멀리 있고 어쩌면 닿지 못하는 다른 행성에 있는 것처럼 느낄 수도 있습니다. 그러나 청정본심은 이질적인 다른 세상의 이야기가 아닙니다. 일상심과 청정본심은 모두 우리의 마음입니다. 다른 점이 있다면 청정본심은 청정하고 깨끗한 상태의 마음이라는 것입니다. 이는 깨끗한 컵과 오염된 컵의 차이와 같습니다. 동일한 컵이지만 두 가지의 다른 상황이 있을 뿐입니다. 하나는 원래 상태의 완벽한 컵이고, 다른 것은 얼룩에 의해 원래의 청정함이 오

염된 상태입니다. 더러운 컵으로 차를 마시는 것은, 왜곡되고 오염된 일상심으로 세상을 사는 것과 같고 깨끗한 컵으로 차를 마시는 것은 청정한 청정본심으로 세상을 사는 것과 같습니다.

원초적 두려움

어릴 적에 있었던 일을 생생하게 기억합니다. 아버지께서 집에서 멀리 떨어진 모임에 저를 데려가신 적이 있어요. 사람들이 많이 모이다 보니 아버지와 떨어지게 되었는데 어느 순간 아버지가 보이지 않자 울기 시작했습니다. 그때 낯선 장소와 낯선 사람들에 둘러싸여 있던 느낌을 아주 생생하게 기억합니다. 저는 안전한 세상과 멀어지게 되었고 어쩔 줄 몰랐습니다.

우리는 의도와 관계없이 익숙한 것에서 멀어지면 불안을 느낍니다. 청정본심에 대한 인식이 없으면 길을 잃은 아이보다 근원적인 불안을 더 많이 느낍니다.

부지불식간에 청정본심과 단절되었을 때, 우리는 삶에서 피할 수 없는 조건들에 영향을 받지 않고 머물 수 있는 '마음의 안전지대'를 잃었다는 사실조차 인식하지 못합니다. 일체만물의 실상은 무상입니다. 영원한 것은 없고, 모든 것은 결국 소멸하고 쇠퇴하며, 끊임없이 일어났다 사라지는 변화의 연속입니다. 정신현상들이 삶을 예측 불가능하게 만듭니다. 그러나 청정본심 안에서는 이러한 사실들이 우리를 화나게 하거나 불균형하게 만들지 않습니다. 청정본심의 안전지대에 접근하지 못할 때 우리는 진정한 행복과 안녕을 유지할 능력을 잃게 됩니다.

마음의 청정한 상태에 닿아 있을 때, 편안하고 여유가 있으며 소통이 원활하고 그 상태로 완벽하고 우주와 친밀합니다. 하지만 청정본심과 연결되지 않을 때에는 일상심 안에 갇히고 '근원적 두려움, 원초적 두려움'이라 불리는 잠재된 공포와 싸우게 됩니다.

청정본심과 단절되었을 때 생기는 두려움은 정신적, 감정적 고통의 많은 원인이 됩니다. 청정본심과의 연결을 잃게 되면 그 후에는 원초적 두려움이 계속 우리와 함께합니다. 그 두려움은 청정본심과의 연결이 끊어지면 항상 우리와 함께하게 되기 때문에 '원초적 두려움'이라 불립니다. 우리는 이런 두려움이 존재하지 않는 청정본심이라는 세상을 모른 채 살아가고 있습니다. 일상심 안에서 정신현상이 일어납니다. 더 많은 정신현상이 있을수록 원초적인 불안이 강해집니다. 일상심과 청정본심과의 간극이 클수록 불안은 더 강해집니다. 우리가 청정본심을 다시 되찾을 때, 이 불안과 원초적 두려움은 삶 자체에 내재된 것이 아니라, 청정본심으로부터 단절된 정신현상 안에서 스스로 일어난 것임을 알게 됩니다.

곤란한 상황을 더욱 복잡하게 만드는 것은, 청정본심이라는 근원적인 측면에서 단절되면 그 자리에 '나'라는 의식이 자라나고 '자의식'이 강해진다는 점입니다. 청정본심에서 단절되었기에 불안을 느끼는 자의식은 불안을 해소하고자 더 많은 정신현상을 만들어내지만, 결국 더 많은 원초적 두려움이 되어 돌아옵니다.

원초적 두려움은 다양하게 나타납니다. 뚜렷한 이유 없이 불안하거나, 다른 사람들과 온, 오프라인으로 접촉하지 않을 때 계속 불안하다면 원초적인 두려움을 경험하고 있는 것입니다. 우리 모두가 외부와 소통하기 위해 열심히 노력하는 이유는 이 두려움 때문입니다. 음악 소리, 멋진 그림, 좋은 촉감이나 맛, 구입할 수 있거나 소유할 수 있는 것과 같은 즐거움의 대상을 발견하면 그것을 따라가게 됩니다. 그 순간 기분이 좋고 잠시 동안은 편안하기 때문입니다.

우리가 느끼는 원초적 두려움의 크기는 사람마다 크게 다를 수 있습니다. 어떤 이는 개인적인 경험과 타고난 성향으로 인해, 불행을 일으키는 원초적 두려움을 그저 막연하게 인식할 수 있습니다. 하지만 어떤 사람은 과거의 경험에 괴로워하거나 예민한 성격 탓에 많은 정신적, 감정적 고통을 짊어진 삶을 살기도 합니다.

대부분의 사람들은 스스로 인지하든 못하든 많은 시간을 어느 정도의 불안에 시달립니다. 그리고 불안을 일으키는 원초적 두려움을 직면하지 않기 위해 바쁘게 움직여서 일상심을 활성화시킵니다. 전화를 걸고, 끊임없이 계획을 세우고, 바쁜 일정을 유지합니다. 일을 할 때에도 연결감을 느끼기 위해 텔레비전이나 배경 음악을 틀어놓습니다. 심지어 운전을 할 때에도 음악을 트는 이유는 자동차 안의 고요에서 불안이나 지루함을 느끼기 때문입니다.

이렇게 끊임없이 다른 행위들을 하면서 삶을 일구어내고 원초적 두려움과 마주치는 것을 피합니다. 우리는 불안을 피하기 위해 많은 외부 대상에 접속하고 연결하기를 원합니다.

소리와 맛과 볼거리에 마음을 쏟으며 부모, 자녀, 친구들과 이야기를 나누고 로맨스, 책, 예술에 집중합니다. 계속해서 먹고 이야기하고 보고 들으며 자신의 오감이 깨어 있는 매 순간마다 연결할 수 있는 모든 것으로 도피합니다.

결국 우리는 다른 사람이나 소유물, 기분 전환과 같은 신뢰할 수 없는 무상한 대상에 마음을 쏟게 됩니다. 하지만 그 대상들에게 우리를 행복하게 만들어 달라고 강요할 수는 없기 때문에 일상의 행복조차 믿을 수 없는 것이 됩니다. 그것들의 속성이 무상無常하기에 궁극적으로 믿을 수 없는 것입니다. 이것이 원초적 두려움이 가진 에너지이며 파괴적인 힘입니다.

관심을 다른 곳에 두거나, 계속해서 자신을 산란하게 만든다고 해도 원초적 두려움을 줄일 수는 없습니다. 재미는 잠시 동안의 임시 처방이 될 수 있지만 근본적인 치료법은 아닙니다. 배가 고프다고 해서 시도 때도 없이 먹는 게 늘 좋은 것은 아니며, 너무 많이 먹거나 잘못된 음식을 먹으면 건강을 잃게 됩니다. 현재의 고요가 싫다고 해서 끊임없이 산만하게 행동한다면 그것은 건강하지 못하며, 이 또한 대가가 따릅니다.

여기 이해해야 할 또 다른 문제가 있습니다. 두려움에서 도망치는 것은 청정본심과의 분리감을 좁혀주지 못할 뿐만 아니라, 부지불식간에 그 간극을 더욱 벌어지게 합니다. 산란함은 점점 더 빠른 속도로 정신현상을 만들어냅니다. 이러한 정신현상은 우리를 청정본심에서 더욱 멀어지게 하는 또 다른 장벽이 됩니다.

집으로 돌아가는 길은 더 멀고 힘들어지는 것입니다.

청정본심과 연결이 끊길 때, 우리는 자신의 토대를 잃게 됩니다. 그리고 자기 자신, 자기의 세계와도 단절됩니다. 마음에 드는 상황(順境界)은 종종 우리에게 일시적 행복과 잠시의 즐거움, 잠깐 동안의 만족감을 줄 수 있습니다. 하지만 이는 무상함과 우리의 일반적인 불만을 영구적으로 해결해 줄 수 없습니다. 청정본심이 없으면 조건 없는 행복을 알 수 없습니다. 마치 집에 보물이 있지만 그것을 알지 못하고 매일 보물을 찾아나서는 가난한 사람처럼 보물이 바로 그곳에 있다는 것을 절대 깨닫지 못합니다. 즉, 청정본심과 그것이 주는 조건 없는 행복을 잃어버렸습니다.

사회적 불안. 원초적 두려움이 특히 심한 고통으로 나타나는 것이 소위 말하는 '사회적 불안'입니다. 심리학자들이 진단하는 '불안장애'가 아니라 타인과의 상호작용에서 오는 불안입니다. 우리는 다른 사람들과 정상적으로 교류하고 있다고 생각하지만 만약 어떤 근본적인 망설임이나 의심, 불편함이 있다면 사회적 불안으로 볼 수 있습니다. 사회적 불안의 정도는 사람마다 다릅니다. 어떤 사람들은 매우 편안하고, 어떤 사람들은 극도로 불안해합니다. 대부분은 그 중간 어딘가에 있습니다.

안정감을 느끼기 위해 집중할 무언가를 찾아 밖으로 눈을 돌리는 것만이 문제를 일으키는 것은 아닙니다. 우리가 사람들을 대하는 마음가짐 또한 문제를 일으킬 수 있습니다. 그 마음가짐은 '기대와 두려움'입니다. 일상심 안에 있을 때, 우리는 다른 사람들과의 만남에 그들이 현실적으로 주는 것 이상의 중요성을 부여하며, 이 사실을 스스로 의식하건 안 하건 그들이 우리의 외로움, 절망, 근본적인 두려움을 완화시켜 주기를 바랍니다. 그와 동시에 타인들과 소통하려는 노력이 실패하거나 거절당하는 게 두려워 다가가기를 망설이기도 합니다. 일상심은 모임에 참석하거나 심지어 사람들과 이야기를 할 때조차 자신이 어떻게 평가될지에 대한 걱정, 초조함, 자신에 대한 의심, 그리고 다른 해로운 생각과 감정이 촉발될 수 있습니다.

사회적 상호작용에서 자신의 믿음과 판단이 옳다고 생각하며 그에 대한 명분과 타당성을 찾습니다. 우리는 타인의 생각과 의견이 어떤지 염려합니다. 사람들은 나를 정말 어떻게 생각할까요? 나는 존경을 받고 칭송을 받고 '쿨'하거나 '섹시'하게 보일까요? 만약 사람들이 나를 이렇게 좋게 생각한다면, 한동안 자신에 대해 기분이 좋을 것입니다. 많은 사람들은 다른 어떤 것보다 자신에 대한 타인의 의견과 판단을 두려워합니다.

사회적 불안은 이 세상에서 '내가 무엇을 하는지'에 초점을 맞추는 데서 옵니다. 우리는 자신의 성과와 타인이 우리를 대하는 태도는 어떤지 끊임없이 판단합니다. 예를 들어 우리가 다른 사람들이 우리를 어떻게 생각하는지에 대해 몰두한다면 다음과 같은 질문을 하게 될 것입니다. '다른 사람들은 나에 대해 어떻게 생각할까? 그들은 내 뒤에서 나에 대해 뭐라고 말할까? 그들은 정말로 나를 어떻게 생각할까?' 우리가 타인들에게 투사하는 이런 염려가 사회적 불안을 만듭니다.

자신을 솔직하게 살펴보면 매 순간 수많은 판단을 한다는 것을 알 수 있습니다. 우리는 자신과 다른 이들을 계속 판단합니다. 이 과정은 우리가 다른 사람들을 대하는 방식에 영향을 주며, 결과적으로 그들이 우리를 대하는 방식에 영향을 미칩니다. 다른 사람들은 우리 안의 불안을 인지하고 그들 안에 이미 있었던 사회적 불안보다 더 큰 불안을 느끼게 됩니다. 이런 상호 간의 불안에 의해 자극들이 오가면 불안이 더욱 커지고 스트레스를 받을 수도 있습니다. 그렇게 되면 우리는 자신과 다른 사람들에 대해 더 많은 판단을 하게 되며 불안은 더 커집니다.

이런 요동치는 생각에 주의를 빼앗기게 되면 주변의 모든 이들이 얼마나 여러분에게 고마워하고 좋아하는지 말해줘도 믿기 어려울 것입니다. 반면에 앞으로 설명할 청정한 마음 상태에서는 생각이 줄어들고 그에 따라 불안과 두려움도 적어집니다. 모든 불편한 체험은 생각에서 비롯되기 때문에, 생각이 없다면 그것들도 생존할 수 없습니다. 그렇게 되면 남들이 나를 어떻게 생각하는지 개의치 않게 됩니다. 주변의 모든 이들이 나를 싫어해도 별로 신경 쓰지 않습니다. 여러분은 완전하게 자신에게 편안합니다. 자신의 생각에 신경 쓰지 않으면, 모든 이들이 나를 불쾌한 눈빛으로 노려보고 비판하더라도 산과 같이 안정되고 편안함을 유지할 수 있습니다. 온전히 마음이 편안합니다.

우리가 청정본심에 다시 연결될 때 자신과 남을 원망하는 파괴적인 과정이 멈추게 되어 가족, 우정, 직장 생활, 인간관계가 더 안정됩니다. 동시에 마음은 여유가 있고 유연해집니다. 원초적인 두려움이 진정되고 나면, 자신과 타인을 판단하지 않고 공평한 대우를 받고 있는지에 신경 쓰지 않으며 베푸는 즐거움을 누리면서 기대나 걱정 없이 즐거운 시간을 보내게 됩니다.

중독된 행위. 일상심의 강한 갈망과 그 갈망에 대한 근본적인 불안, 불만족, 성취감의 부족은 중독된 행위로 변할 수 있습니다. 어떤 사람에게는 주 80시간 근무처럼 사회적으로 용인되거나 심지어 바람직하다고 간주되는 '일 중독'으로 나타날 수 있습니다. 계속되는 동요로부터 벗어나기 위해 일시적이고 자기 패배적인 휴식을 강박적으로 찾는 행위는 알코올, 마약, 도박 중독으로 이어질 수 있습니다. 또는 이메일과 소셜 미디어를 지속적으로 확인하는 것과 같은 조금은 덜 드라마틱한 중독으로 나타날 수도 있습니다. 이러한 산만함은 근본적인 불안감을 결코 영구히 잠재울 수 없기 때문에 습관으로 변하게 됩니다. 이런 모든 형태의 중독은 채워지지 못한 관계에 대한 갈망에서 옵니다. 잡을 수 없는 당근을 잡기 위해 계속 노력하는 당나귀처럼, 우리는 욕망의 대상을 계속 좇고 좇지만 절대 잡을 수 없습니다. 두려움에 의해 잘못된 방향으로 틀어져버린 일상심의 속성은 이를 충족시킬 수 없습니다.

외부적 요인은 마음을 산란하게 만드는데 그것을 갈망하는 것은 마치 음식 중독과 같습니다. 음식에 중독된 사람은 폭식을 멈출 수 없습니다. 그들은 초콜릿을 먹은 후 아이스크림을 먹고, 그런 다음 나가서 햄버거를 먹고 다시 중국 음식을 포장해서 집에 가져갑니다. 정신적으로 우리는 외부와 내부 활동이 주는 자극을 마구 폭식합니다. 이는 마치 계속해서 마음속에 무언가를 채워 넣는 것과 같습니다. 우리 마음은 한 순간도 가만히 있지를 못하기 때문에 이렇게 자극에 의존한다는 것을 알지 못합니다.

왜 사람들은 그렇게 강한 자극을 필요로 할까요? 외부 조건에 대한 이러한 중독과, 불안한 에너지는 원초적 두려움 때문에 일어납니다.

강박적으로 먹는 이에게 그만 먹거나 덜 먹으라고 말하기는 어렵습니다. 그들은 계속해서 먹는 것에 익숙하기 때문입니다. 이와 마찬가지로 우리 자신에게 '조용히 하고 생각들을 내버려두고 명상해.'라고 말하기는 어렵습니다. 우리가 산란에 중독되어 있기 때문입니다. 몸은 하루에 세 끼를 먹지만 마음은 끊임없이 먹습니다. 그 결과, 내면의 청정한 상태는 계속해서 점점 더 모호해집니다.

중독은 우리를 만족시키지 못하고 무언가를 더욱 갈망하게 만듭니다. 더 원할수록 더 괴롭습니다. 우리가 그 연결고리를 부술 수 있을 때 내면의 자유를 찾을 수 있습니다. 중독을 끊을 때 마음이 쉴 수 있습니다. 궁극의 깨달음은 마음이 자연스러운 상태에서 쉴 때 옵니다. 정신현상이 잦아들 때 진정한 만족을 얻을 수 있게 됩니다.

에고(ego, 자아)

우리가 청정본심의 경험을 잃으면 일상의 두려운 마음이 우세해집니다. 먼저 생각이 시작되고 뒤이어 개념, 감정, 판단, 믿음이 따라옵니다. 점차 그것들이 만들어내는 경험이 정말 우리 자신인 것처럼 동일시됩니다. 그때 자의식*이 개발됩니다. 이 자의식이 건강하지 않게 될 때, 이를 '에고ego, 자아自我'라고 부릅니다.

자신을 정신현상과 동일시하면서 미래를 기대하고 과거를 후회하며 현재를 계산하려고 애씁니다. 일상심으로 정신현상을 처리하는 과정에 엄청난 에너지를 쏟습니다. 곧 우리는 자신의 마음을 어지럽히는 이러한 정신현상들이 실제로 자신이라고 강하게 확신합니다. 자신을 정신현상과 동일시하고 그들의 생과 멸을 진정한 정체성의 반영으로 받아들입니다. 우리가 '자신' 혹은 '자신의 정상 상태'라고 여기는 것은 실제로는 정신현상이 뭉쳐진 것이며 떠다니는 구름처럼 피상적인 체험일 뿐입니다.

그런데 우리는 이 무더기와 자신을 동일시하고 이를 우리의 본질이라고 믿습니다. 정신현상의 집합이 좋아 보이면 '나는 괜찮아'라고 생각하고, 집합이 나빠 보이면 '나는 힘들다'라고 생각합니다. 이 그릇된 정체성이 우리를 행복으로 이끌어주기를 바라며, 신체적, 감정적, 심리적으로 체험하고 있는 '나'라는 복합체에 집착합니다. 그리고 그로부터 안전과 성취감을 얻으려 합니다.

---

* 자의식: sense of self, 자아감, 자기감 등으로 대체해서 쓸 수 있다. (옮긴이)

현재 대부분의 사람들이 일상심을 자신이라고 믿으며 살고 있습니다. 자신의 생각이 나라는 존재를 완벽하게 나타낸다고 믿고 있는 것입니다. 우리가 마음을 들뜨게 하는 생각과 경험, 마음을 차지하는 모든 정신현상과 자신을 동일시 한다는 것을 의심하지 않습니다. 또한 정신현상의 이러한 흐름이 바깥세상의 진정한 성품을 정확하게 반영한다고 믿고 있습니다. 게다가 그 인식에 기초하여 그 생각이 완벽하게 합리적이라고 믿고 있는 것입니다.

'이것이 나다.'라고 생각할 때 자의식이 나타납니다. '이 집은 나의 소유이다', '이 아이들은 나의 자식들이지', '너는 내 감정을 상하게 했어'라고 생각하며 '나는 무엇인가?'라는 의식을 키웁니다. 또한 자신의 소유물을 통해 제2의 자의식을 더욱 키워나갑니다. 이 자의식과 소유물을 확고히 동일시하여 그 의식이 고착되면 자아 안에 갇히게 됩니다. 이 자의식은 청정본심에서 경험하는 본연의 의식과는 매우 다릅니다. 일상심이 모든 것을 통제하고 있으며 우리는 그 아래서 일어나고 있는 정신현상들이 정말 맞다고 생각하기 때문입니다.

물론 자의식을 갖는 것이 본질적으로 나쁘거나 바람직하지 않은 것은 아닙니다. 사실 일상생활에서 자신의 길을 찾으려면 자의식이 필요합니다. 일관된 의식의 중심이 있어야 주변을 관찰하고 시간을 관리하며 일을 할 수 있습니다. 그러나 건강한 자의식과 건강하지 못한 자의식이 있고 둘 사이에는 다른 점이 있습니다. 우리가 청정본심에 안정되어 있을 때에는 나의 자의식이 진정한 자신이 아니라는 것을 깨닫고 있는 상태입니다. 그 상태에서는 자의식을 적절히 사용하면서 동시에 자신과 타인의 이익을 위해서 생각하고 말하고 행동할 수 있습니다.

우리의 정체성이 건강할 때는 재산, 명예, 권력을 사용한다 해도 문제가 되지 않고 모든 이들에게 행복과 성취감을 줄 수 있습니다. 그러나 일상심이 정신현상들과 완전히 동일시 될 때, 또 남에게 자신의 생각, 감정, 의견을 강요할 필요가 있을 때 건강하지 못한 에고ego, 자아로 변합니다.

자신의 정신현상들에 얽혀 대상에 지나친 집착을 일으킬 때 에고가 형성됩니다. 에고는 삶의 무상한 본질, 불확실성, 변화에 맞서 자신의 정체성을 지켜줄 요새를 만들어 안정감을 이루기 위해 필사적으로 방어합니다. 하지만 이 요새는 아무런 소용이 없습니다. 모든 것의 본성은 무상하고 변화하는데 자신을 보호하기 위해서 그 무상함을 부정하려고 노력하는 것은 의미가 없기 때문입니다.

자의식이 단지 정신현상들이 뭉쳐진 조합이 아니라 실체라고 믿게 만드는 에너지는 무척 강력합니다. 청정본심 안에 있는 그 에너지를 해방시켜 새로운 눈으로, 우리가 살고 있는 현재의 세상을 경험하는 데 사용할 수 있습니다. 때로는 이런 일이 갑작스럽게 일어나 극적인 의식 변화로 이어지는 경우도 있습니다.

대체적으로 그 변화는 점진적으로 변화하고 조금씩 나아집니다. 그러나 이런 변화는 이 가르침에서 매우 중요하게 다루는 '수행'을 해야만 이루어집니다.

우리의 목적을 달성하기 위해서는 먼저 자의식이 우리의 일상심과 그것이 만들어내는 세계의 경험을 하나로 묶어버리는 강력한 힘이라는 것을 이해해야 합니다.

에고가 어떻게 작용하는지에 대한 인상적인 예시들 중 몇 가지는 뒤에서 다시 다루게 될 것이나, 자아의 본질은 오직 환영일 뿐이라는 것을 반드시 기억해야 합니다. 왜냐하면 자아는 궁극적으로 우리의 진정한 정체성이 아니기 때문입니다. 일시적인 정신현상을 마치 인생의 실체로 여기고 관심을 기울이는 한 자신이 누구인지 결코 알 수 없습니다.

부풀려진 자아. 종종 우리는 상황의 특성에 따라 궤도에서 벗어나 표류하게 됩니다. 상황이 좋고 자신에게 유리할 때, '큰 자아'인 과장된 자의식을 키우는 위험에 직면합니다. 종종 우리가 그렇다는 것조차 알아차리지 못하죠. 상황이 변하거나 악화되거나 다른 정신현상들이 우리의 의식을 차지하기 전까지, 자신에 대한 이러한 견해가 외부 상황에 의해 좌우된다는 것을 깨닫지 못합니다.

올바른 관점과 선한 의도로 명예, 권력, 부를 추구하는 것은 아무런 문제가 없으며 좋은 환경을 누리는 것이 본질적으로 나쁜 건 아닙니다. 하지만 그런 환경과 조건은 궁극적으로 신뢰할 수 없고 불안정합니다. 자신의 정체성에 필수적인 것으로 여겨지는 이러한 것들이 자신의 정체성을 지켜가는 데 필수적이라고 집착한다면 우리는 부풀려진 자아, 팽창된 자아를 발달시킵니다. 좋은 학벌, 멋진 외모, 재산, 인기를 자신과 지나치게 동일시하면 자기 자신, 혹은 자신이 하고 있는 무언가에 대해 다른 사람들이 칭찬해 주지 않을 때 상처를 받게 됩니다. 때로는 유명한 사람들도 아첨에 민감하고 잦은 칭송과 확인을 필요로 하는 것 같습니다.

어떤 종류이건 우리에게 과장된 자의식이 있으면 공감을 바탕으로 한 인간미 있는 우정을 갖기는 어렵습니다. 연민과 사랑의 근본은 타인에 대한 근본적인 평등심입니다. 우리는 모두 같은 배에 타고 있는데 나의 자아가 타인보다 월등하다고 여기면 평등심은 불가능합니다.

에고가 자신의 의식, 행동, 버릇, 목소리의 어조를 지배할 때 그 모든 것은 에고의 표현이 되어버립니다. 자신의 행동, 말, 생각하는 방식이 좋은 평가를 받는다고 믿을 수도 있겠지만, 사람들은 우리를 매우 부정적으로 인식할 수 있습니다. 특히 우리의 자아가 필요로 하는 것이 그들과 충돌할 때 그들은 우리를 오만하고 이기적이고 자신감이 지나치고 때로는 독재적이라고 판단합니다.

자신이 인식하지 못하더라도 본인이 특별하다는 느낌에 집착하기 때문에 우리는 공감하기 어려운 사람이 됩니다. 모든 것을 '내 것'과 '나'라는 렌즈를 통해 봅니다. 이런 에고를 가진 사람과 함께 사는 것은 다른 사람에게 힘든 일입니다. 이런 사람들과는 진실한 관계를 맺기가 어렵고, 주변의 모든 이들이 힘들어 합니다. 이것이 부풀려진 자아가 가져오는 결과입니다.

과장된 에고를 가지고 살아가다가 상황이 어려워져서 부풀려진 자아를 스스로 지지하지 못하면 세상이 무너지는 것처럼 느껴집니다. 요구가 충족되지 않으면 자의식은 위협을 느끼게 되고, 이로 인해 큰 고통이 초래됩니다. 우리는 전적으로 특별한 상황을 통해 자신을 정의해 왔습니다. 이 특별한 상황이 변하고 악화될 때, 더 이상 세상이 긍정적으로 보이지 않고 길을 잃어버린 느낌을 갖게 됩니다. 자기 스스로 자신을 정의하고 있다는 것을 망각한 채 표면에 드러난 것들만으로 상처를 받고 무척 괴로워합니다.

위축된 자아. 과장된 자아는 자아의 두 얼굴 중 하나일 뿐입니다. 그 반대편의 다른 극단은 건강하지 않고 움츠러든 자의식이며 이를 종종 '낮은 자존감'이라 부릅니다. 앞서 언급한 바와 같이, 우리의 자아는 환경과 조건에 의지합니다. 그러므로 상황이 좋지 못할 때, 예를 들어 직업을 잃었거나 중요한 일에 실패했거나 비참한 대우를 받는 경우에 우리의 자의식이 위축되는 위험에 놓입니다. 우리는 과거의 아픈 기억이나 힘든 가족 역동과 같은 불행한 개인사에 빠져 있을 수 있습니다. 어려운 성장과정을 보냈거나 자신에 대한 회의, 두려움, 실망이나 불안감을 일으키는 다른 요인에 집중하고 있을 수도 있습니다. 자신의 좋지 않은 환경이나 단점에 대한 강박관념에 의해 만들어진 위축된 자의식은 과장된 자의식만큼이나 자기중심적입니다. 위축된 자의식이나 과장된 자의식은 모두 잘못 인식된 우월감이나 열등감에 빠져버린 경우입니다.

우리는 자신의 외모에 단점이 있다고 느껴 남을 의식할 수 있습니다. 직장에서 해고되었거나 원하는 일을 하지 못하게 되어 자신의 경력에 대해 신경 쓰고 있는지도 모르죠. 어쩌면 사랑받고 싶은 사람에게 거절당했거나, 확신이 없고 의지가 부족하며 자신은 가치가 없는 사람이라고 느낄지도 모릅니다. 이 문제에 집착하고 계속해서 생각할 수도 있습니다. 심지어 스스로를 고립시키고 외부 세계와 연결을 끊기도 합니다. 상황이 더 나빠지고 그 악화된 상황과 자신을 동일시할수록 더 고립되고 괴로워집니다.

이러한 에고를 가지고 있는 한, 긍정적인 것을 성취하기가 어렵게 되며 자신을 무력하고 나약하다고 느낍니다. 우리는 다른 사람에게 지나치게 의지하지만 정작 그들이 도와주려 할 때는 그들의 동기에 의심을 품을 수도 있습니다. 기회가 찾아왔을 때에도 실현 가능성이 없다고 생각해서 어떤 것도 의미 있게 이루지 못합니다. 부정적인 자기 인식은 원망, 두려움, 냉소의 에너지를 주변 사람들에게 퍼뜨리고 영향을 미칩니다.

마치 에고가 우리의 진정한 실체인 것처럼 팽창된 자의식이나 수축된 자의식에 집착할수록 청정본심과의 단절이 심해집니다. 반면에 우리가 청정본심에 다시 연결되면 그릇된 인식과 일상심의 왜곡을 믿지 않기에, 우리의 자의식은 건강하게 유지됩니다. 이때의 자의식을 이용하면 자신과 세상을 위해 선행을 할 수 있습니다.

에고가 주도하는 마음의 결과

비록 에고가 건강하지 않은 자의식이지만 우리는 종종 생존을 위해 에고가 필요하다고 생각합니다. 어떤 사람들은 에고를 통해 성공하기도 하지만 가장 건강한 성공은 청정본심에서 일어나는 선한 마음, 알아차림, 지혜를 바탕으로 한 성공입니다. 청정본심에서 일어나는 이 속성들은 불안전한 에고에 대한 염려가 아닌 우리의 노력에 동기를 부여하는 힘이 됩니다. 우리가 청정본심일 때 가슴속에 자신과 다른 사람들의 이익을 염두에 두게 되고 행동은 현실과 조화를 이룹니다. 우리의 행동은 연민에 기반을 두고 있으며 지혜로부터 나옵니다.

중요한 목표를 추구할 때 약간의 장애와 문제가 생길 수도 있습니다. 우리가 이러한 문제들을 다룰 때, 건강한 자의식으로 접근하는지 건강하지 못한 자의식으로 접근하는지에 따라 문제의 해결 방향은 달라집니다. 건강한 자의식은 에고의 필요를 채우려는 반응을 하지 않고 문제를 해결하려는 행동을 합니다. 그러나 에고가 성취를 추구하고자 한다면 문제가 악화됩니다. 결국 이루려던 목적 자체는 훼손되고 그 과정에서 우리는 다른 이들에게 상처를 주게 됩니다. 우리가 타인의 에고에 상처를 주면 그들은 다시 우리의 에고에 상처를 줍니다. 이렇게 싸우게 되면 누구에게도 성공적인 결과가 나올 수 없습니다. 에고는 진정한 성공을 이루는 힘이 아니라 독약이 됩니다.

'나'와 '나의 것'이 거짓되고 건강하지 못한 자의식에 대한 집착을 일으키기 때문에 일상심은 세상을 왜곡된 방식으로 인식합니다. 그래서 우리는 많은 고통을 겪게 되고 상황과 조건에 저항을 하게 됩니다. 극단적인 경우에는 정신적, 감정적으로 왜곡된 인식의 힘이 무척 강해서 자해를 하기도 합니다. 예를 들어, 많은 이들이 매년 금문교에서 뛰어내려 자살을 합니다. 그들은 세상에서 가장 아름다운 도시에 살고 있는데 그 도시의 아름다움을 감상하지 못한다는 점은 정말 슬픈 일입니다. 이 절망감은 극도로 왜곡되어 있어서 통제조차 할 수 없는 인식의 힘 때문에 생겨납니다. 비록 우리는 이 슬픈 사례만큼 끔찍하게 빗나가진 않았지만 매일 에고의 영향을 받고 있습니다.

우리의 자의식이 번뇌, 해로운 느낌, 판단, 믿음 체계를 더 많이 받아들일수록 우리의 마음은 더 편협해지고 인식은 더욱 왜곡됩니다. 우리가 세상을 왜곡되게 바라볼 때 에고는 더 많은 반응을 일으킵니다. 이런 상태에서 청정본심은 완전히 흐려지고 모호한 장막으로 가려집니다.

건강한 자의식이란 우리가 청정본심에 다시 연결되어 자의식이 실제로 내가 아니라는 것을 깨닫는 것입니다. 그것이야말로 진정한 자존감이며 자기 존중입니다. 청정본심에 안주할 때에 자의식은 휴식하며 자기 확신이 있습니다. 그때 우리는 건강을 지키기 위한 노력, 자신과 가족을 부양하는 것과 같은 일상적인 필요에 대한 책임을 지며, 또한 깨달음을 추구하기 위한 목적으로 건강한 자의식을 유지합니다. 우리는 행복을 위해 에고에 헛되이 의지하지 않고 세상이 주는 좋은 것들을 진정으로 즐길 수 있습니다.

3

불만족에서 만족으로

우리가 행복을 생각할 때 일반적으로 좋은 삶의 조건을 떠올립니다. 행복에 대해 묘사할 때는 가족, 친구, 인맥, 직업에 대한 모든 좋은 면들을 가리킵니다. 또는 취미 생활, 독서, 좋은 식당에서 맛있는 것을 먹고 술을 마시고 영화를 보고 사람들과 교제하는 것에서 행복을 느낀다고도 합니다. 그러나 본질적으로 이러한 활동을 해도 지루함이 없어지지 않습니다. 아무런 오락거리가 없이 혼자 남을 때 불안을 느낍니다.

할 일이 없을 때 왜 지루할까요? 오락거리가 없으면 왜 불안할까요? 지루함의 근원은 근본적인 불만족과 만족할 줄 모르는 일상심 때문입니다. 일상심이 무언가에 대한 굶주림과 끊임없는 열망에 의해 구동되기 때문에 불안한 것입니다. 그 허기는 충족되지 못한 채로 우리의 내면 여기저기에 숨어 있습니다. 외부의 자극이 없으면 만족하지 못하는 생각들에서 일어나는, 쉬지 못하는 마음을 막을 것이 없습니다. 우리의 마음은 무언가를 찾아다니는데, 붙잡을 대상이 없으면 흔들리고 불안정합니다. 생각과 감정에 집중하고 있으면 마음은 얼마간은 진정됩니다. 임시로 머물 수 있는 작은 안전지대를 찾은 것입니다.

그래서 오락거리나 산란함이 필요합니다. 계속 증가하는 내면의 동요에서 우리를 산란하게 할 것이 없다면, 일상심은 더욱 불안해지고 정신현상들은 문제를 악화시킵니다. 우리는 삼사라에 사로잡혀 청정본심과 분리되었기 때문에 마음 밖에 있는 것들이 우리에게 안전을 주리라는 환상을 품습니다.

오락, 문화 활동, 스포츠, 인간관계, 사회생활과 같은 일상의 즐거움이 나쁘거나 꼭 피해야 할 것은 아닙니다. 궁극의 행복을 찾기 전까지는 이러한 산란이 필요할지도 모릅니다. 마치 아이가 울 때 장난감이 필요한 것과 같습니다. 그러나 산란함이 문제를 해결하는 답은 아닙니다. 이는 미봉책일 뿐 무조건적인 행복을 얻을 수 있는 영구적인 해결책은 아닙니다.

여러분은 어쩌면 낭만적인 멋진 삶을 살고 있는지도 모릅니다. 아마도 사랑에 빠졌고 끝없는 애정에 도취된 십대처럼 행동할 수도 있습니다. 여러분이 만나는 사람이 '바로 그 사람'이라고 생각할 정도로 기분이 좋습니다. 갑자기 인생이 더욱 의미 있게 보이고 만족감을 느낍니다. 멋진 위안거리를 찾았기 때문에 한동안은 행복합니다. 마치 새로운 장난감을 좋아하는 아이처럼요. 그러나 장난감이 부서지고 낡거나 잃어버리기라도 하면 아이는 금세 울음을 터뜨립니다. 새로운 것의 낭만이 시들 때 그 자리에는 근본적인 불만족이 남습니다.

오래된 관계조차도 대개는 상황에 전적으로 의존합니다. 시절이 좋을 때 부부는 서로에게 애정이 충만하고 서로를 '자기야',

'여보'라고 부릅니다. 자신들이 얼마나 행복한지에 대해 친구들에게 자랑하고 함께 나눈 것들과 귀여운 아이들에 대해 이야기합니다. 그들이 사랑에 빠져 있을 때에는 근본적인 불만족이나 불안한 감정을 알아차리지 못합니다. 좋은 환경은 일시적으로 그들의 근본적인 불만을 망각하게 만드는 마약과 같습니다.

그러나 만약 상황이 바뀐다면 어떨까요? 부부 중 한 명이 일에만 몰두하고 가족에게 신경 쓰지 않는다거나 과도한 지출을 해서 다툴 수도 있습니다. 학교에서 아이에게 문제가 생겼을 때에도 서로 의견이 다르다면 어떻게 해결을 해야 할까요? 이제 그들은 처음의 행복이 사라진 것을 이런 여러 가지 갈등의 원인으로 지목합니다.

그러나 그들은 이 불만족의 문제가 본질적으로 일상심이 바탕이 되어 있기 때문에 생겨났다는 것을 인식하지 못했고 심지어는 다루어 본 적도 없습니다. 결혼식에서 그들은 얼마나 행복한지 말했지만, 환경의 변화에 따라 감정이 변할 수 있다는 점을 고려하지 못했죠. 결국 그들은 이혼을 하고 각자 새로운 반려자를 찾기 시작합니다. 그러나 '모든 관계는 조건에 의지하며 그 조건은 상황에 따라 달라진다'라는 진실은 보지 못했습니다.

중요하거나 사소한 인간관계, 가족, 휴가, 오락과 다른 활동을 포기하라는 이야기는 아닙니다. 사실 그것들은 오랜 기간 즐거움과 만족을 줄 수 있죠. 그러나 파괴되지 않는 영원한 행복과 진정한 만족을 줄 수는 없습니다. 내면에서 더 깊은 행복을 발견할 수 있는데, 우리는 왜 계속해서 변하는 외부 환경에서만 행복을 구하는 걸까요?

청정한 마음 상태와 접촉이 끊어졌을 때 우리는 많은 생각, 번뇌, 사상을 구축합니다. 그것을 잃어버린 것이 불만의 근원입니다. 더 많은 생각, 개념, 사상과 신념이 쌓일수록 불만이 더욱더 우리 인생에 스며듭니다. 예컨대 여러분의 생각은 이렇게 말합니다. "난 이게 필요해. 그거 없이는 행복하지 않아. 난 좀 더 많은 것을 받을 자격이 있어. 이걸로는 충분하지 않아. 왜 사람들은 내게 더 잘해주지 않는 거야? 난 특별한 대우를 받아야 해."

생각이 이런 식으로 계속 반복될수록 밑바닥에 깔린 불만족은 더욱 커집니다. 왜냐하면 다소의 연결, 무언가와의 연결이 있기를 갈망하기 때문입니다. 그 연결이 절실하기에 긍정적 감정을 통해 연결되는지 해로운 감정을 통해 연결되는지가 중요하지 않습니다. 그러나 이러한 연결은 일상심의 갈망과 두려움에 기반을 두었기 때문에 궁극적으로 신뢰할 만하지 않습니다.

미팜 린포체는 이렇게 말씀하십니다.

이 뒤엉킨 마음에서 벗어나지 못한다면
어디에서 태어나고 무슨 일을 하든 만족스럽지 못하다네.
이런 사람들은 생각과 감정의 파도에 휩쓸리니
행복과 내면의 자유가 거의 없다네.

밑바닥에 깔린 불만의 문제를 정말로 해결하려면 청정본심을 깨닫고 체험하는 것이 필요합니다. 첫 번째 단계는 마음이 꾸밈

없이 청정하고 마음에서 벌어지는 일은 지나갈 거라는 것을 인식하는 것입니다. 이것을 깊이 깨달아야 합니다.

청정본심에 안주하게 되면 우리는 완전히 편안하고, 여유롭고, 느긋합니다. 우리의 생각과 감정은 고요하고 평화롭습니다. 생각과 감정이 고요할 때, 마음은 청정하며 그 무엇도 부족함이 없고 정신현상들이 일으키는 갈망은 그치게 됩니다. 이 갈망이 없으면 우리는 편안합니다.

행복을 위해 잡담, 집착, 오락이 필요 없습니다. 산란하지 않으면 우리의 마음은 청정본심과 연결되고 생기가 넘치며 침착합니다. 비록 우리가 세간의 일에 종사하더라도 외부의 체험은 더 이상 산란하지 않고 내면의 두려움과 갈망이 동기가 되지 않으므로 진정으로 기쁘고 행복합니다. 저녁식사를 하러 뷔페에 갈 때 무척 배가 고프다면 허기를 채우기 위해 손에 잡히는 대로 먹겠지만, 이미 잘 먹은 상태라면 음식을 즐길 수 있고 새로운 메뉴 샘플을 맛볼 수 있습니다. 일상심 안에서 우리는 외부의 만족에 굶주려 있지만 청정본심 안에서는 미식가가 요리를 즐기듯 삶을 즐깁니다.

안전지대를 찾아서

미팜 린포체는 이렇게 말씀하십니다.

> 힘든 일 하나만 해결해도 그대는 행복하다고 생각할 것이네.
> 하지만 한 가지 힘든 일의 끝은 다른 힘든 일의 시작에 불과하다네.
> 한 가지 소원이 이루어져도 행복하다고 생각할 것이네.
> 하지만 이 소원의 끝은 다른 소원의 시작에 불과하다네.
> 모든 바람과 두려움, 욕망과 갈망은
> 세상이 존재하는 한 끝나지 않는다네.

눈을 깜박거릴 때마다, 숨을 쉴 때마다, 우리는 일상심의 저변에 깔린 동요와 불안으로부터 벗어나기 위해 안전지대를 찾으려고 애를 씁니다. 가족이나 친구를 자극의 원천으로 바라보고 우리에게 도움 주기를 바라는 무한한 다른 외부 조건으로 봅니다. 음악을 듣거나 영화를 보거나 다른 형태의 유흥을 즐길 때, 한편으로는 그것을 즐기지만 다른 한편으로는 일상심을 이용해서 편안함을 찾는 것입니다. 이 편안함을 찾는 것은 우리 안에 있는 일상심의 원초적 두려움에서 비롯됩니다.

우리 모두는 안전지대를 찾아 안도감을 느끼지만, 상황이 변하여 안전지대라고 생각한 것이 사라지면 초조해집니다. 심지어 원하는 것을 얻었을 때에도 그것이 사라질까 걱정합니다. 직업, 가족, 인맥, 건강 등과 일시적으로 안전지대를 마련해 주었던 무언가를 잃게 될까 걱정합니다. 우리는 이러한 것들이 무너질 것을 우려합니다. '그 사람과 헤어지면 어떻게 하지?' '직장을 잃으면 어떤 대책을 세우지?' '무슨 일이 생길까?' 그리고 실제로 그렇게 걱정한 일들 중 일부가 일어나기도 합니다. 안전을 위해 이런 환경에 의지하면 결국 상처를 받게 됩니다.

우리는 평생을 이렇게 살아갑니다. 처음에 많은 장난감을 좋아하는 산만한 어린아이였습니다. 성장하고 나서는 파티에 가서 이런 생각을 합니다. '오, 내가 재미있나 보네. 사람들이 나를 좋아하는군. 정말 행복하다.' 다음엔 사랑에 빠져 연인과 많은 시간을 보냅니다. 그러다 결혼을 하고 싶어지고 아이를 원한다고 생각하여 결혼을 하고 아이를 갖습니다. 그 후 자신의 인생에 만족하고 무언가를 이루었다고 생각합니다. 이것이 우리가 일생 동안 찾아다니는 안전지대입니다.

삶의 이 모든 단계들로 인해 어느 정도는 만족할 수 있을지 모르지만 이것은 상황에 좌우되는 것입니다. 결국 우리는 어떤 것도 얻지 못합니다. 점차 소유한 모든 것을 잃게 되고 가족과 친구들도 자신의 길을 가거나 죽게 되며 심지어 우리의 몸도 늙고 노쇠해집니다. 따라서 일시적인 안전지대는 불만족을 해결해주지 않습니다.

하지만 청정본심에 안주하면 진정한 내면의 안전지대를 발견합니다. 비록 외부의 안전지대가 무너졌어도 여전히 만족하고 일상심에 있을 때의 상실의 두려움과 고통을 겪지 않습니다.

청정하고 조작이 없는 마음을 경험할 때, 자신의 청정자각*을 알 때, 청정자각을 깨닫고 그 안에 안주할 때에 여러분은 마음속 깊은 곳에서 정신적으로, 감정적으로, 영적으로 충족되며, 진정한 자신과 세상에 가깝게 연결됩니다.

수행이 진전되면 자신의 생각, 감정, 마음의 잡담이 서서히 잦아들고 안도와 만족을 느끼게 됩니다. 그러면 타인과의 관계가 개선됩니다. 어떤 이유가 있어 관계가 끝나게 되더라도 상황에

---

* 청정자각: 티베트어로 릭빠རིག་པ, 산스크리뜨어로 *vidyā*, 영어로 pure awareness, 한자 권에선 명明, 본각本覺이라 번역된다. (옮긴이)

- 릭빠는 일반적으로 자각, 명明, 앎, 인식하고 있는 의식, 순수자각, 순수인식, 청정자각을 뜻한다. 불교 가르침의 정점인 족첸에서 릭빠는 '마음의 근본 품성'이라는 더 깊고 함축적인 뜻을 가지고 있다. 모든 불법은 우리의 궁극적인 본성을 깨닫기 위한 것이다. 이는 모든 경계와 심지어 종교마저 넘어선 것이다. (릭빠 위키)
- 릭빠Rigpa는 마음, 심식心識, 이지理智, 명지明知, 이해理解 등을 나타내는 서술이며, 영어로는 의식, 자각自覺, 앎을 뜻하는 Awareness로 번역하고 있다. 특히, 닝마파에서는 무명의 마음에 대비하여 본래 여실하게 깨어 있는 마음의 본성을 나타내는 매우 중요한 용어로 사용한다. 그러므로 『틱레꾼쎌첸뽀』에서 "릭빠는 법신法身과 의리義理를 앎과 물질에서 벗어남과 무명에서 벗어남이다."라고 하였다. 그러나 일반적으로 단순히 마음, 한마음, 본심本心, 본성本性, 각성覺性, 자성自性, 법신法身, 본각本覺, 본지本智, 원명元明, 명각明覺, 명심明心 등을 다양하게 표현한다. (『완역 티베트 사자의 서』, 중암 역주)
- 무지와 이원론적 고착이 없는 의식, 대원만(족첸)의 견해를 나타냄. (『Brilliant Moon』, p.314)

완전히 의지하지 않기 때문에 여전히 충족된 상태로 남아있게 됩니다. 이는 만족을 느끼기 위해 일시적으로 자신을 무감각하게 만드는 것이 아닌, 자연스럽게 피어오르는 만족입니다.

그때는 여러분이 어떤 인간관계를 가지든, 어디로 여행을 가든, 어떤 파티에 가든, 감각적 체험을 즐기든 간에 내재된 행복에 의해 더욱 고무됩니다. 그리고 무엇을 하더라도 안정적입니다. 진정한 행복을 경험하기에 이러한 것들에 의해 더 이상 산란해지지 않습니다. 여러분의 마음이 청정할 때, 외부의 상황은 사실 산란이 아닌 행복의 나툼으로 일어납니다.

4

깨달음으로 향하는 마음

우리는 앞에서 많은 것을 다루었습니다. 첫째, 우리의 본성은 청정본심입니다. 지금은 그것이 개념적으로 보일지라도 수행을 하게 되면 분명해집니다. 둘째, 우리는 청정본심에서 멀어진 결과인 정신현상들에 의해 마음이 오염되었기 때문에 정신적, 감정적 상황인 일상심이 곧 자신인 것처럼 보입니다. 이런 말도 지금은 개념적인 것 같지만 이것 또한 수행에 의해 분명해질 것입니다. 우리는 수행을 시작해야 합니다. 하지만 그 전에, 이를 잘 해내기 위해서는 영감, 열정, 결단이 필요합니다.

제 법맥의 수행을 성취한 스승들, 구루 린포체 파드마삼바바에서부터 저의 존귀한 스승인 직메 푼촉 린포체에 이르기까지, 끊이지 않는 흐름 가운데 '청정 감로법'*이 이어져 내려오고 있습니다. 이 위대한 가르침들 중에 우리에게 필요한 영감, 열정, 결단을 주기 위한 방편으로서 우리가 숙고해야 하는 사공가행**이 있

---

* 감로법甘露法: 부처님의 교법. 부처님의 가르침을 믿으면 한없는 공덕과 이익이 있으므로 감로에 비유한 것. (『불교사전』, 민족사)

습니다. 이러한 진리들은 언제나 그랬듯이 현재까지도 진리입니다.

첫째, 인신난득人身難得: 인간으로 태어난 드물고 소중한 기회.

이 세상의 생명 있는 모든 존재들 중에 자신을 돌아보는 능력과 인생이 무엇인지 스스로 질문하는 능력을 부여 받은, 특별한 의식을 가진 사람이 우리들 중에 몇이나 될까요? 이 사실을 되돌아보면 우리는 생산적인 삶을 살 수 있고 우리가 가진 매 순간에 감사하며 어떻게 자신과 타인을 도울지 생각할 수 있습니다. 우리는 이 이례적인 인간의 삶을 사는 기회를 잘 이용해야 합니다. 우리는 자신의 삶뿐만 아니라 주변 사람들의 삶에 긍정적이거나 부정적인 영향을 줄 수 있는 힘을 가지고 있습니다. 선한 길을 택할지 악한 길을 택할지는 전적으로 우리에게 달려 있는데, 그러한 선택이 행복과 성취에 막대한 영향을 미친다는 것을 알아야 합니다.

둘째, 제행무상諸行無常: 일체 만물은 항상恒常하지 않고 변하는 속성을 가지고 있다.

우리 자신을 포함해서, 존재하는 모든 것은 무상하며 늘 변합니다. 우리는 언젠가 죽는다는 걸 알아야 합니다. 단지 언제 죽을지 모를 뿐입니다. 이 세상의 모든 것은 생겨나고 성장하고 흩어지고 사라집니다. 태양과 우주의 모든 별들도 마찬가지입니다.

** 사공가행四共加行: 네 가지 근본적인 진리. 인신난득人身難得, 제행무상諸行無常, 인과응보因果應報, 윤회개고輪廻皆苦를 말한다. (옮긴이)

어떤 것도 같은 상태로 남아 있지 않습니다. 그러므로 일체만물의 본성이 늘 변하고 불확실하다는 것을 받아들이고 숙고해야 합니다. 청정본심의 가르침은 무상을 이해하고 받아들이는 효과적인 길을 제시합니다. 항상 전체 상황을 기억하는 것이 중요합니다. 하찮은 일상적인 일들보다 정말 중요한 것, 삶에 진정한 의미를 주는 것에 집중하면 지속되는 자유와 성취의 상태에 도달하는데 성공할 것입니다.

셋째, 인과응보因果應報: 모든 행에는 결과가 따른다.

이는 우리 행위의 결과로, 우리의 태도와 행은 업karma 까르마의 법칙의 대상이 됩니다. 산스크리트어로 까르마는 행위와 반응, 원인과 결과를 뜻합니다. 만약 우리 마음 상태가 긍정적이면 우리의 말도 긍정적이고, 표정과 에너지도 자연스럽게 긍정적이 되며 긍정적인 에너지를 투영하여 긍정적인 환경을 만듭니다. 그러나 마음 상태가 부정적이면, 우리의 말과 행동과 몸짓 언어가 해롭고 부정적인 에너지를 투사하여 해로운 환경을 만듭니다. 이것을 인과因果 혹은 까르마(업業)라고 합니다.

긍정적 혹은 부정적인 행위와 태도는 각각 그에 상응하는 결과가 있습니다. 이 행위와 태도는 에너지 파장을 생성하게 되는데, 만약 자신이나 다른 사람들 또는 세상을 향해 부정적이고 해롭고 증오하는 태도를 가지고 있으면, 우리는 행복을 느낄 여지가 없게 되고 부조화를 초래하는 비생산적인 에너지를 내보내게 됩니다. 반면에 우리가 긍정적인 의지와 동기로 긍정적인 태도를 가진다면, 상대방도 마찬가지로 긍정의 파장을 보냅니다.

몸짓 언어, 말, 표정, 그리고 우리 존재를 통해 이 세상에 여러 가지 신호를 보냅니다. 우리 안에 행복을 위한 공간을 남기고 더욱 조화롭고 아름다운 에너지를 보내면, 그 에너지는 긍정적이고 조화로운 결과를 낳습니다. 이는 인과의 자연스러운 법칙입니다. 행동이 긍정적일지 해로울지를 결정하는 것은 우리에게 달렸습니다. 이 사실은 각자에게 큰 책임이 있음을 알려줍니다. 만약 우리가 생각, 말, 행위를 지혜롭게 선택한다면 세상에 보낸 유익한 혜택이 보답을 받을 것입니다.

넷째, 윤회개고輪廻皆苦: 존재하는 모든 것은 번뇌와 고통이다.

우리 삶의 속성은 고통과 즐거움이 함께 섞여 있습니다. 행운이 함께한다는 느낌이 들기도 하고 불행하다는 생각이 들기도 합니다. 밝고 환하고 자신감이 넘칠 때도 있고 무력하고 위축되고 부끄러움을 느끼기도 합니다. 우리 대부분은 자신이 바라는 강건함과 기쁨으로 살진 않지만, 한편으로는 인간으로서의 삶이 귀하고 기적과 같다는 느낌을 받기도 합니다.

태어나게 되면 죽음은 피할 수 없고 살아가는 동안에는 질병과 노화를 감당해야 합니다. 자신이 아니더라도 주변 사람들의 질병과 노화를 지켜봐야 합니다. 우리는 이 상황을 극복하거나 피하려 하고 그 결과로 정신적, 감정적으로 동요하는 고통을 겪습니다. 종종 원하는 것을 얻지 못하고 원하지 않는 것을 얻을 때도 있습니다. 부처님께선 고통이 그칠 때 기쁨을 느끼고 기쁨이 그치면 고통을 느낀다고 했습니다. 이것이 일상적인 삶의 본질입니다.

이 사공가행을 온전히 이해하고 그것을 삶의 방식에 적용시키면, 자신이 이룬 인상적인 성취에 대해 이기적인 태도를 가지지 않게 됩니다. 우리는 그 성취가 즐겁고 좋지만 일시적이고 얼마 가지 못한다는 것을 이해합니다. 상황이 나빠져서 내리막길을 걸을 때, 심지어 불운의 늪에 빠지더라도 이 불운한 시간도 일시적이라는 것을 알기에 우울하지 않습니다. 모든 것이 변한다는 자각에 의해 어려움이 닥쳐도 절망하지 않을 수 있습니다. 이 기본적인 네 가지 진실을 이해함으로써 어려운 시기를 잘 견딜 수 있습니다. 이 깨달음을 중심으로 삼고 살아가면 마음이 넓어져 자신에 대한 집착이 줄어듭니다.

우리의 인생이 이러한 사실을 소화하고 기억하는 것에 기반하고 있다면 우리의 견해, 삶을 바라보는 관점은 현실에 기반을 둡니다. 그렇지 않고 자기중심적인 감정으로 끊임없이 남의 감정과 싸우고 현실과 싸운다면 대립이 끊이지 않을 것입니다. 이와 같이 인간의 고통은 이런 종류의 대립에서 비롯됩니다. 그것은 서로 다른 개인이 지닌 불가피하게 대립하는 자아 욕구가 충돌하는 것입니다. 관계를 하는 사람들도 이러한 욕구는 끊임없이 변합니다. 큰 그림을 보게 되면 우리는 실상에 더 가까운 견해를 가지게 됩니다.

미팜 린포체는 이렇게 말씀하십니다.

생각과 감정은 바다의 파도와 같아
끝도 없이 밀려온다.

아무리 많은 생각을 하더라도 본질적인 가치가 없다.
상황이 좋으면 일시적으로 행복을 느끼지만
그것은 속임수, 상황은 변하기 마련.
이는 번개와 같이 영원하지 않고
아무리 탐닉해도 만족은 파도처럼 잡히지 않는다.
아무리 좋아도 믿을 만한 것이 못 되고
보이는 현상은 보이는 대로 존재하는 것이 아니다.
거기에 집착한들 고통만 따를 뿐.
이 모든 세간의 일을 면밀히 살펴보면
전혀 실질적인 가치가 없다.

무엇보다도 사공가행을 숙고하면 깨달음을 향한 염원에 불을 지피게 됩니다. 이 염원 자체가 긍정적인 체험과 긍정적인 정신 현상들을 낳습니다. 실상에 기반을 두지 않으면 긍정적인 감정이 오래 지속되지 못합니다. 그 감정들이 지속되지 못하면 해로운 체험이 필연적으로 따라옵니다. 하지만 이 사공가행이 기반을 이루고 있으면 청정본심을 수행하고 위없는 깨달음을 이루려는 동기가 생깁니다.

5

내면의 행복을 찾아

우리 마음이 오염되었고 번뇌에 사로잡혀 있다면 그 상황 속에서 우리는 고양될 수 없습니다. 만약 마음이 부정적이라면 어떤 상황도 행복을 가져다 줄 수 없습니다. 오염된 물은 아무리 좋은 유리잔에 넣고 레몬 조각을 띄우더라도 그 물을 정화하기 전까지는 맛있고 건강하게 마실 수 없습니다. 마시기 전에 물을 정수해야 하듯이, 행복하고 건강한 삶을 위해 제일 먼저 해야 할 일은 마음의 정화입니다.

미팜 린포체는 이렇게 말씀하십니다.

조건이 행복과 불행을 만든다고 믿는가.
깊게 숙고해보라.
보이는 건 자신의 마음에서 비춰진 것이니
마음이 투영한 것이 현실이 된다네.
행복과 불행은 외부에 존재하는 것이 아니라네.

대부분의 사람들은 환경을 변화시켜 행복을 찾으려 합니다. 먼 곳을 여행할 수도 있고 새로운 누군가와 사랑에 빠지거나 더 나은 직장을 구할 수 있지만, 있는 그대로의 삶도 아무런 문제가 없습니다. 궁극의 행복을 낳는 내면의 지혜를 제외하면 우리 대부분은 필요한 모든 것을 가지고 있습니다. 거울을 볼 때 본인의 얼굴이 더럽다면 다른 거울을 본다고 해서 얼굴이 깨끗해 보일 거라 기대하지 않습니다. 우리가 보는 세상은 우리 마음의 반영입니다. 세상을 바꾼다고 해서 자신이 바뀌는 것은 아닙니다. 그러므로 자신의 마음을 바꾸어야 합니다. 위대한 스승인 미팜 린포체는 "어리석은 사람이 행복을 좇는다. 현명한 사람은 행복을 위한 올바른 조건을 만든다."라고 했습니다.

우리가 불행한 이유는 오염된 인식과 번뇌 때문입니다. 생각하고 인식하는 방법이 훈련되어 있지 않기에 그러합니다. 물론 세상은 완벽하지 않고 많은 문제가 있습니다. 그렇더라도 세상의 부정적인 측면만을 바라본다면 우울하게 될 것입니다. 부정적인 마음가짐을 줄일수록 삶을 즐기게 되고 세상에 긍정적인 기여를 할 수 있습니다.

마음 상태가 더 맑아지고 번뇌와 해로운 인식과 습관이 줄어들면 행복이 증장됩니다. 행복해지고 싶다면 마음속에 있는 유독한 정보를 사라지게 하여 마음을 최고의 장소에 두어야 합니다. 마음이 이완되고 고요하며 생기 있고 열려 있는 것이 가장 중요합니다. 그러면 관계의 에너지도 원활하게 흐릅니다.

청정본심 수행은 마음의 오염을 자연스럽게 사라지게 합니다. 일체중생은 모든 면에서 행복을 추구합니다. 행복을 추구하는 그 모든 면을 들여다보는 대신, 마음을 돌려 청정본심을 향한 장벽을 제거하면 무조건적으로 행복하게 됩니다. 우리가 할 일은 부정적인 마음의 상태, 마음의 오염을 제거하는 것입니다.

이 모든 것을 이루려면 우선 깨달음을 얻어야 합니다. 즉, 청정본심을 드러내는 것입니다. 그런 다음 수행을 하여 더 깊은 청정본심으로 들어가야 합니다. 이렇게 하면서 또한 선한 마음을 개발해야 하는데, 선한 마음을 개발하기에 가장 좋은 길은 세상과의 연결입니다. 이 주제에 대해서는 뒤에 말씀드리겠습니다. 만약 이렇게 한다면 우리가 깨달음이라 부르거나 혹은 완전히 깨어난 청정본심이라 부르는 궁극의 행복을 성취하게 될 것입니다.

2부

우리의 청정본심을 밝히다

그침이 없는 생생하게 맑은 자각自覺의 현재 순간은
본초本初의 원만한 깨달음이다.
이를 인식하면 즉시 깨달음에 이르게 되니,
그러므로 산란하지 말라.
자신을 들여다보고 진정한 그대가 누군지를 보라.

_ 구루 린포체 파드마삼바바

1

깨달음의 첫 번째 단계 : 진정 우리는 누구인가?

지금까지는 청정본심과 멀어져서 나타나는 결과인 정신현상, 불만족, 번뇌, 왜곡된 인식과 자아에 대해 설명했습니다. 또한 원초적 두려움에서 생겨나는 일상심에 대해서도 이야기했었죠. 이제 이 모든 문제들의 해결점인 청정본심을 밝히거나 깨닫는 것에 대해 논의해 봅시다. 우리의 청정본심을 재발견함으로써 정신적인 왜곡 없이 건강한 자의식으로 '참자아'를 알 수 있습니다. 이제부터 우리는 일상심의 불만과 번뇌, 왜곡된 인식을 치료할 수 있습니다.

마음 가라앉히기

미팜 린포체는 이렇게 말씀하십니다.

> 모든 만물은 마법과 같은 마음이 지어내는 것
> 자유롭다는 것은 마음이 자유롭다는 것
> 속박되었다는 것은 마음이 속박된 것이니,

마음이 없다면 자유와 속박이 없고 행복과 슬픔도 없고
부처도 없고 중생도 없으니
생각과 감정을 따르지 말라.
그대의 마음 안에서 그것이 비롯된 정수를 찾아보라.
만일 아무것도 찾아내지 못한다면 그대의 마음이 공하다는 확신을 얻게 되리니
이것이 마음의 본성이 '공空-각覺'의 환영이라는 것을 인식하는 방법이다.

흐린 날에는 시야를 가리는 구름 때문에 푸른 하늘을 볼 수 없습니다. 그렇더라도 빛나고 아름답고 광대무변한 하늘은 언제나 거기에 있습니다.

우리의 마음이 바쁘거나 혼돈스럽고 불분명하고 불안하다면 마음의 '자연스러운 상태'를 볼 수 없습니다. 이런 상황에선 생각과 정신현상 너머에 있는 고요하고 아름답고 두려움이 없는 마음을 깨달을 수 없습니다. 이것이 진정한 자신이란 것을 알 수 없습니다.

정신현상은 하늘의 구름과 같습니다. 마음이 계속해서 생각, 감정, 믿음, 습習과 같은 정신현상에 의해 휘저어지면 청정한 상태의 체험이 불가능합니다. 이를 위해 마음은 고요해야 하며, 마음의 시야는 일시적이고 계속해서 일어나는 정신현상에 의해 가려지지 말아야 합니다.

비록 마음을 고요히 하는 것의 중요함을 안다 해도 제대로 명

상하는 법을 모르면 아무 소용이 없습니다.

마음에 구름이 끼어 있으면 청정본심에 닿을 수 없습니다. 그러나 마음이 맑을 때엔 진정한 우리가 누구인지 알 수 있는 기회가 생기는 명상을 할 수 있습니다. 이를 알게 되면 상상조차 할 수 없을 정도로 삶이 변합니다.

어쩌면 여러분은 이런 주장에 대해 처음엔 회의적일지도 모릅니다. 많은 이들이 청정본심이 있을 것이라는 가능성조차 믿기 힘들어 합니다. 그들은 자신들이 이미 알고 있는 일상심만 있다고 생각합니다. 이유는 간단합니다. 한 번도 수행을 해본 적이 없거나 혹은 제대로 된 수행을 한 적이 없기 때문입니다. 그래서 그들은 자신의 마음을 이해할 다른 방법이 없습니다. 그러나 청정본심 수행을 시작하면 일상적인 생각에서 벗어나게 되고 청정본심이 드러나는데, 이때에 청정본심에 대한 확신이 생깁니다.

그러니 첫 번째 단계는 제대로 된 수행을 배우는 것입니다. 우리는 적절한 행법을 알아야 하고, 고요하고 청정한 상태에서 마음을 경험하기 위해 올바른 행법을 적용해야 합니다.

구루 린포체 파드마삼바바는 이렇게 말씀하십니다.

“여행을 가고 싶다면, 너 자신의 맑고 거울 같은 마음으로 향해 보라.”

청정본심으로 가는 활주로

우리의 자연스럽고 청정한 상태를 깨닫기 위한 여정을 효과적으로 시작하려면 어떤 방법으로 수행을 해야 할까요?

여기 청정본심 가르침의 주된 설법자인 구루 린포체 파드마삼바바의 가장 명료한 지침이 있습니다. 구루 린포체께서는 청정본심 수행을 위해 네 단계로 된 필수 지침을 남겼습니다.

과거를 좇지 말라.
미래를 예측하지 말라.
현재에 머물러라.
마음을 내버려 두어라.

이 지침을 반드시 이해해야 합니다. 이 지침은 우리가 현재 상태에 머물게 도와주도록 구성되었습니다. 어떤 명상 지침에선 현재 상태에 머무는 것이 명상의 궁극적 목표라고 합니다. 하지만 현재 순간 자체가 궁극의 실상이나 절대적 진리는 아니고 청정본심 수행의 최종 목표 또한 아닙니다. 현재 순간 자체가 근원적 본성이라는 의미도 아닙니다. 현재의 순간에 고요하고 편안한 마음으로 머무는 것은 우리의 청정본심을 알아가기 시작하는 올바른 조건을 만드는 것에 지나지 않습니다.

현재 이 순간에 안주하는 것을 청정본심으로 가는 '활주로'라고 생각할 수 있습니다. 항공기가 하늘로 비행하기 위해서는 활주로에서 이륙해야 합니다. 현재 이 순간은 마음의 자연스러운 상태로 들어가기 위해 이륙하는 활주로입니다. 그러나 활주로에 앉아 있는 것이 비행하는 것이 아닌 것처럼, 현재에 남아 있는 것 자체는 청정본심이 아닙니다.

제가 처음 비행기로 여행을 할 때는 무척 낯설었습니다. 전에 한 번도 비행기를 타보지 않았기 때문입니다. 비행기는 이륙하기 전에 활주로에서 일정 속도 이상으로 가속도를 내야 합니다. 그렇게 해야 기체가 하늘로 날아오릅니다. 저에겐 아주 새로운 경험이었습니다. 이륙 후 몇 분 지나지 않아 난기류를 만났을 때 약간 초조하고 불안했습니다. 누구도 움직이거나 자신들의 전자기기를 사용하지 못했습니다. 모든 승객은 안전벨트를 착용해야만 했습니다.

그러나 잠시 후 비행기가 순항고도에 이르자 승객들은 안전벨트를 풀고 돌아다녔습니다. 승무원들은 간단한 음식을 제공했고, 우리는 안심하며 비행을 즐길 수 있었죠.

명상을 할 때에도 이와 같습니다. 한 번도 명상을 해본 경험이 없고 마음을 쉬어본 적이 없는 이들에게는 명상이 비행기를 처음 타는 것과 같이 어색하고 낯선 경험일 수 있습니다. 어쩌면 처음에는 불안하고 폐쇄공포가 느껴질지도 모르죠. 이렇게 우리의 쉼이 없는 에너지는 현재에 머무는 것을 어렵게 만듭니다.

처음 명상을 시작할 때, 우리의 마음을 채우고 지배하는 여러 무거운 생각과 감정들에 의해 마음이 움츠러듭니다. 마음이 이런 정신현상에 계속 휘말리는 동안 심한 동요가 일어납니다.

처음엔 현재에 머무르기 힘든 모든 종류의 난기류를 겪습니다. 몇 분 동안 기체의 흔들림을 겪어야 하듯 마음을 쉴 수 없습니다. 하지만 현재에 머물려고 노력한다면, 기체 동요는 비행기가 이륙한 직후 5분에서 10분 정도일 뿐입니다. 그때 내면의 체험이 변하게 됩니다. 초반의 동요는 가라앉고 이완되어 점점 더 편안하고 자연스러운 상태에 머뭅니다. 마음이 고요해짐에 따라 점진적으로 보다 더 현재에 머물게 됩니다. 마침내 우리는 내면의 순항고도에 도달하여 긴장을 풀고 비행을 즐길 수 있습니다.

이것이 많은 사람들이 처음 명상할 때 겪는 어려움입니다. 종종 그들은 낙담합니다. 그렇지만 초반의 이런 경험은 매우 정상적이며 명상에 실패했다는 의미가 아닙니다. 명상이 아무런 유익함이 없다는 이야기도 물론 아니죠. 계속 수행을 하면, 비행기가 이륙할 때와 마찬가지로 기체의 흔들림은 곧 지나가고 보다 편안한 순항고도에 다다릅니다.

가이드 명상*: 청정본심 깨닫기

실제로 명상을 시작하는 방법을 보여주는 수행을 해보도록 합시다.

---

* 가이드 명상: 안내 명상이라고도 하며, 수행을 이끌어주는 자격을 갖춘 지도자의 안내에 따라 하는 수행을 말한다. 오디오, 비디오, 교재 등으로 대체할 수도 있다. (옮긴이)

준비. 구루 린포체 파드마삼바바에 의해 안내된 네 단계를 따를 준비를 하기 위해, 우선 여러분의 몸과 말과 마음을 편안하게 하세요.

몸을 이완하기 위해 의자나 방석 위에 편하게 앉으세요. 몸이 긴장하고 어색하지 않도록 편하고 느긋하게 합니다. 익숙하지 않은 꼿꼿한 자세를 유지하려고 노력할 필요는 없습니다.

다음, 말의 쉼을 위해서 자신을 고요히 하세요. 긴장을 풀고 이완하며 침묵하세요. 호흡은 자연스럽게 합니다. 너무 힘주거나 제어하려 하지 말고 평상시의 자연스런 호흡을 하면 됩니다.

이제 마음을 쉽니다. 이 준비 단계에서 가장 중요한 부분입니다. 여러분의 마음은 편안하고 현재에 있습니다. 그렇다고 해서 수동적이거나 둔하다는 의미가 아닙니다. 반드시 알아차리며 깨어 있어야 합니다. 눈은 뜨도록 합니다. 보고 듣고 생각하는 것을 차단하지 않지만 그런 것들에 관심을 갖지 않도록 하세요. 그저 기민한 알아차림 안에서 자연스럽게 머무세요. 청정본심 명상에서는 어떤 것도 차단할 필요가 없습니다. 자전거를 배우는 것처럼 친숙해질수록 쉬워집니다.

1단계. 이 준비 과정 후의 첫 단계는 '과거를 좇지 말라'입니다. 생각이나 기억을 따라가지 말고, 몇 분 전의 일이나 몇 년 전의 일과 같은 과거의 잔상에 사로잡히지 마세요. 과거사에 집중하고 따라가게 되면 우리를 괴롭히는 생각과 감정에 힘을 부여하는 것입니다. 과거를 좇지 않으면 명상을 방해하는 많은 생각들이 빠르게 녹아서 사라지게 됩니다. 마음을 온전히 현재로 가져오세요.

우리 마음은 생각, 감정, 여러 정신현상과 같이 청정본심을 가리는 많은 외부의 층이 있습니다. 본성의 진리를 온전히 깨달으려면 과거의 생각을 따라가는 것을 멈춰야 합니다. 만약 계속해서 과거의 생각들을 따라간다면 보다 많은 정신현상들을 만들게 되고 이로 인하여 점점 더 청정본심의 깨달음에서 멀어집니다. 정신현상에 관심을 두지 않는 것이 청정본심을 가리고 있던 정신현상들의 층을 해체하는 첫 단계입니다.

2단계. 두 번째 단계는 '미래를 예측하지 말라'입니다. 지금은 계획, 감정, 미래에 대한 상상을 따라가거나 좇을 시간이 아님을 명심하세요. 어떤 일이 일어날지 궁금해 하거나 예상하지 마세요. 이는 정신현상을 일으키는 다른 길일 뿐입니다. 대신 현재에 깨어 있으세요.

그러면 명상하는 동안 여러분의 마음은 과거나 미래에 있지 않게 됩니다. 과거의 기억이나 미래의 투영에 근거한 정신현상의 인질로 붙잡히지 않습니다. 마음은 더 맑고 더 고요해집니다. 청정본심을 가로막는 정신현상의 층들을 해체하면 할수록, 자신의 견해와 인식에 청정본심이 서서히 떠오릅니다.

3단계. 여러분이 과거나 미래에 있지 않을 때, 다음 단계는 현재에 머무는 것입니다. 그냥 현재에 머무세요. 마음을 생생하게 경험하는 것 외에는 할 일이 없습니다. 무언가를 하려고 애쓰지 마세요. 여러분의 마음은 자연스러우며 자각이 있을 뿐입니다. 여러분의 마음을 그냥 이렇게 자연스럽게 두세요. 물은 물이고 산은 산이듯, 여러분의 마음은 여여如如하며 지금 이 순간에 머물고 있습니다.

여기에서 중요한 것은 현재에 머무르는 것 자체가 수동적이고 활력이 없는 과정이 아니라는 것입니다. 그저 멍하게 있는 것이 아닙니다. 멍한 것은 전혀 도움이 되지 않습니다. 이 과정은 활주로를 달려 이륙하는 항공기와 다르지 않습니다. 활력이 넘치고 역동적인 과정입니다. 처음에는 약간의 노력이 필요합니다. 여러분이 명상의 순항고도로 이동할수록 더 평온해지면서도 생생한 전율이 느껴집니다.

이를 제외하면, 여러분은 자기 자신이 되는 것 외에는 아무것도 할 필요가 없습니다.

물은 물이 되려고 노력할 필요가 없습니다. 물은 고요하고 맑아지려고 애쓰지 않으며 액체가 되고자 애쓸 필요가 없죠. 물은 본질적으로 고요하고 맑고 잔잔합니다. 이것이 물입니다. 푸른 하늘은 푸른 하늘이 되고자 무언가를 할 필요가 없습니다. 하늘은 구름이 가버렸다고 당황하지 않으며 그저 하늘인 채로 머무릅니다. 마찬가지로 생각과 감정이 사라져도 당황하지 마십시오. 어떻게 할지 궁금해 할 필요도 없습니다. 마음이 자연스러워지는 것을 허용하고 그저 마음의 명징함을 지켜보세요. 다른 것은 필요하지 않습니다.

4단계. 마지막 단계로 구루 린포체 파드마삼바바는 '마음을 내버려 두어라'라고 합니다.

현재에 머물기 위해 과거나 미래의 생각들을 밀어내려고 과도하게 애쓸 필요가 없습니다. 생각에서 벗어나고 현재를 붙잡으려 할 필요도 없습니다. 대신, 모든 생각을 녹여서 마음을 내버려두면 현재 순간에 온전히 머물게 될 것입니다. 여러분이 점차 가벼워지는 것을 느끼고 마치 공중에 떠오르는 것처럼 생각이 끊어질 것입니다. 여러분의 생각은 물이 담긴 컵 속의 모래처럼 가라앉게 됩니다.

만약 적절하게 명상하고 마음을 내버려 둘 수 있다면 모든 일상적인 생각들이 사라질 것입니다. 정신현상에 주의를 기울이지 않으면 정신현상은 살아남을 수 없기 때문이죠. 어떻게 그것들이 살아남을 수 있을까요? 현재의 생각과 감정은 과거와 미래에 대한 여러분의 관심에서 시작됩니다. 이제 과거와 미래에 주의를 기울이지 않는 이상, 생각과 감정은 자연스럽게 용해됩니다.

구름은 특정한 환경이 없으면 생성될 수 없습니다. 그리고 필요한 조건이 충족되지 않으면 계속해서 존재할 수 없죠. 구름은 점차 지나가다가 완전히 사라집니다. 마찬가지로 생각과 감정을 유지하는 조건이 없으면 그 역시 사라집니다. 구름이 흩어지거나 사라지면 오직 푸른 하늘만 남습니다.

마음의 광활한 푸른 하늘은 언제나 존재해 왔지만 정신현상이라는 수많은 구름에 가려져서 보이지 않았습니다. 정신현상이 용해되고 나면 청정본심이 자연스레 나타납니다. 이것이 우리의 근본적인 본성이고 궁극적인 실상이며 우리 마음의 참 본성입니다.

청정본심을 경험하면 보다 더 자기 자신이 되고 마음은 더욱 자연스러워집니다. 견해의 구름인 정신현상에 의해 혼란스럽지 않은 상태가 될 때 우리는 정신현상에 가려지지 않은 본연의 마음을 봅니다.

이 명상은 마음을 점점 더 명확하게 볼 수 있게 함으로써 마음이 진정 무엇이고 우리가 누구인지를 알게 하는 '깨달음'으로 이끕니다.

생각과 감정이 가라앉으면 청정본심의 경험만 남게 됩니다. 이것은 여러분이 스스로 경험해야만 합니다. 이 명상은 그것을 성취하는 길입니다.

잠시 명상을 할 때 스스로 확인해 볼 수 있습니다. 나의 경험이 보다 청정하고 고요하며 명징한가? 경계가 없다고 느끼는가? 흠 없는 자각인가? 왜곡으로부터 자유로운가? 오염 없는 상태인가?

이러한 직접적인 마음의 경험이 바로 근본적 본성의 경험입니다. 여러분이 이해해야 할 모든 것이 그 경험 속에 분명하게 설명되어 있습니다.

만약 이 상태에서 여러분이 누구인지를 알고 이해한다면 가장 경이롭고 아름다운 것을 경험하게 될 것입니다.

마음은 근본적으로 푸른 하늘과 같다. 결국 그것을 발견할 것이다.

마음은 흠이 없다. 결국 그것을 경험할 것이다.
마음은 본디 청정하다. 결국 직접 들어갈 것이다.
마음은 인생에서 일어날 가장 경이로운 것이다.

여러분은 자신의 진정한 마음의 상태, 자연스럽고 조작되지 않은 마음의 상태를 깨닫거나 인식할 겁니다. 본성을 지각하거나 경험하는 것을 깨달음이라고 합니다. 수행을 하면 이 경험이 더욱 확장될 것입니다.

구루 린포체 파드마삼바바는 이렇게 말씀하십니다.

마음의 자각은 저절로 빛나는 태양처럼 눈부시니
그것이 진리인지 보려면 자신의 마음을 들여다보라.
본디 청정한 자각은 강물처럼 끊임이 없으니
그것이 진리인지 보려면 자신의 마음을 들여다보라.
마음에서 벌어지는 다양한 현상은 허공의 바람처럼 찾을 수 없으니
그것이 진리인지 보려면 자신의 마음을 들여다보라.
인식하는 모든 것은 거울에 비쳐 반사된 투영이니
그것이 진리인지 보려면 자신의 마음을 들여다보라.
생각은 하늘의 구름처럼 자연히 생겨나고 자연히 소멸되니
그것이 진리인지 보려면 자신의 마음을 들여다보라.

자신의 마음을 들여다보는 것은 그저 시작에 불과하지만 매우

중요합니다. 완전한 깨어남, 또는 무상보리*로 가는 모든 길이 여기에서 시작됩니다.

청정본심 명상에 20~30분 혹은 그 이상 머무를 때, 정신현상으로 가득 찬 일상심이 아니라 본성을 경험하는 길 위에 있게 됩니다. 우리는 근본적이고 자연스러운 마음의 상태를 마주하게 됩니다. 그렇지 않으면 우리의 주의를 선점하고 소비하는 정신현상으로 인하여 자연스러운 상태가 흐려집니다. 이를 머리로만 이해해서는 안 되며 그 청정한 상태를 실제로 인식하고 끊임없이 자각하는 상태를 직접 경험해야 합니다. 우리가 이러한 깨달음을 얻을 때, 왜곡의 층이 없는 알아차림을 보게 됩니다. '내 마음은 본디 흠이 없다'라는 것을 인지합니다. 마치 구름이 없는 하늘을 보며 '오, 알겠어. 하늘이 푸르네.'라고 하는 것과 같습니다. 이는 머리로 이해하는 개념이 아닌 체험입니다. 우리는 이런 체험을 하며 마음이 청정하다는 것을 봅니다. 명상 중에 이런 자각은 무상보리의 문을 여는 열쇠입니다. 여기서 모든 것이 시작됩니다.

구루 린포체 파드마삼바바는 이렇게 말씀하십니다.

> 그대 안의 청정본각을 인식하면 반드시 깨달음을 얻을 것이다.

---

* 무상보리無上菩提: mahabodhi, paramabodhi, 최고의 깨달음. 가장 완전한 부처의 깨달음. (『불교사전』, 민족사)

수행에 대한 이해가 깊어지고 꾸준히 하게 되면, 우울하거나 짜증이 나더라도 정신현상을 따라가지 않고 고요하고 청정한 상태로 돌아갈 수 있게 됩니다. 그러다 보면 모든 정신현상들이 용해될 것입니다. 수행이 깊어질수록 불안, 슬픔, 스트레스를 느끼더라도 청정한 상태로 바로 돌아갈 수 있습니다.

우리가 이 상태로 돌아와 청정심에 머물 때 부정적인 성향이 사라집니다. 이 청정한 상태가 평상시의 상태가 됩니다. 과거를 따라가지 않고 미래를 예측하지 않으며 현재에 안주하여 마음을 내버려두며, 단지 자신을 편하게 하는 것으로 언제라도 청정본심에 닿을 수 있습니다. 물론 좌선 시간이 아닐 때에는 일상적인 일을 처리해야 하지만, 일상생활을 하는 동안에도 점점 더 알아차림을 유지할 수 있게 됩니다.

진정한 마음의 상태와 다시 연결되는 것은 가장 중요하고 가장 소중하며 가장 값진, 이 세상에서 가장 자유로운 경험입니다. 이러한 인식은 앞으로 올 모든 것을 결정합니다. 우리의 본성을 모르고 인식하지 못하면 혼란스러워지고 생각과 감정에 휘둘립니다. 그러나 우리의 근본적 본성을 자각하게 되면 무상보리의 행복과 자유로 이어집니다. 만약 정신현상, 근본적인 두려움과 자아로부터 자유로워지고 싶다면 청정본심에 닿는 자유를 향한 수행의 단계를 밟는 것이 가장 중요합니다.

구루 린포체 파드마삼바바는 이렇게 말씀하십니다.

그토록 오래 우리와 함께했었던 것을 알지 못했으니

이 얼마나 모순인가.
해처럼 밝고 찬란한데 본 사람이 거의 없으니
이 얼마나 모순인가.
수많은 행복과 고통을 겪더라도 우리의 청정본심은 변함이 없으니
이 얼마나 놀라운가.

깨달음이란 청정본심을 아는 것입니다. 마음의 자연스러운 상태에 대한 자각으로 청정본심과의 연결을 되찾게 됩니다. 이 깨달음으로 인해서 생각과 감정이 줄어들면서 두려움은 점차 사라지고 자의식도 더욱 건강해지며 생기가 넘치게 됩니다. 결국 청정본심에 안주하는 것이 인생의 모든 문제에 대한 필수 해결책임을 알게 됩니다.

이 모든 긍정적인 변화는 청정본심을 깨닫는 데서 비롯됩니다. 이 첫 번째 깨달음으로부터 해탈의 여정이 시작되고 일상심에서 비롯된 왜곡이 점점 줄어듭니다. 해탈의 길이 펼쳐지는 것입니다.

하지만 일상심과 건강하지 못한 에고는 생각과 인식을 통제하는 영향력을 쉽게 포기하지 않습니다. 그 결과 어떤 사람들은 자신만의 믿음이나 신념체계 혹은 진리로 받아들인 '관습적인 통념'을 고수하며 깨달음에 반감을 갖기도 합니다. 자신의 생각, 의견, 믿음에 근거한 비상식적인 주장을 하고 본인이 믿는 것만이 진리라며 다른 사람들을 설득하기도 합니다. 예를 들어, 기존의

종교 체제는 자신만의 체계를 가지고 있습니다. 그들은 모든 이들이 자신들의 견해를 진리로 받아들이기를 원합니다.

청정본심을 경험하게 되면, 여러분은 진리에 관한 자신의 현재 신념이나 다른 사람들의 의견과 판단을 맹목적으로 받아들일 필요가 없습니다. 스스로 무엇이 진실인지 직접 알게 됩니다. 생각과 감정이 사라지고 마음의 본성을 인식할 때 누군가의 의견이나 판단, 견해에 얽히지 않습니다. 그 직접적인 인식을 두고 '진정한 자신을 깨달았다'라고 하는 것입니다. 여러분에게 항상 있었던 마음의 자연스러운 상태를 깨닫는 것입니다.

명상을 할 때 우리는 의식의 본성을 깨닫습니다. 우리의 생각과 믿음 체계가 줄어들고 사라지게 되면 진정한 자신에게 닿게 됩니다.

'과거나 미래가 아닌 현재에만 집중한다면 어떻게 일상생활을 할 수 있을까?'라는 의문이 들 수도 있습니다. 그러나 명상 중에는 이런 망상을 하지 않는 것이 좋습니다. 물론 명상이 끝난 후에 미래에 대비한 계획과 과거에 있었던 일들을 고려하며, 세간의 일들에 관여하는 것이 필요합니다. 요리할 때는 요리하고, 운전할 때는 운전하고, 명상할 때는 명상을 하는 것이 필요합니다.

초심자는 즉시 청정본심을 경험하지 못할 수도 있습니다. 초심자는 현재 상태에 안주하기가 어렵고 마음을 내버려 둘 수 없기 때문입니다. 현재에 안주하는 것과 마음을 내버려 두는 것, 이 두 가지가 명상할 때 가장 중요합니다. 이는 연습이 필요합니다. 과거와 미래에 대한 망상에 빠져 헤매고 있는 자신을 발견할 때, 현재의 알아차림으로 돌아오시기 바랍니다. 계속 이렇게 하면 점점 더 나아지게 됩니다. 그렇게 되면 여러분의 청정본심이 자연스럽게 드러날 것입니다.

2

깨달음의 두 번째 단계 : 우리가 아닌 우리

일상심에 있거나 깨닫지 못한 인식을 지닐 때, 우리는 생각과 감정을 자기 자신으로 보고 인식합니다. 생각과 감정, 마음을 휘젓는 현상인 일상심이 실제의 자신이라고 말하는 '나'를 구성한다고 생각합니다.

청정본심을 직접 인식하게 되면 그 확실한 인식은 깨달음의 두 번째 단계를 체험할 수 있는 기회를 줍니다. 생각과 감정은 단지 정신현상이며 진정한 자신이 아닙니다. 자신이 누구인지 보고 있으면 자연스럽게 자신이 아닌 것들이 보입니다.

마음의 청정한 상태에 더 머물수록 행복이나 슬픔, 분노와 욕망, 긍정과 부정과 같은 모든 정신현상은 그저 마음을 스쳐 지나가는 것임을 인식하게 됩니다. 깨달음의 이 측면은 지식으로 배우는 것이 아닌, 그 실상에 대한 직접적이고 개인적인 체험입니다.

청정본심을 자각하는 체험이 익숙해질수록 생각, 감정, 정신현상이 일어나도 더 이상 그것을 자신과 동일시하지 않게 됩니다. 마음 안에서 일어나는 어떠한 동요라도 그저 지나가는 현상으로 보게 됩니다. 이렇게 생각하게 될 겁니다. '내 마음은 본디 청정하다는 것을 알고 있어. 이 현상들은 그저 지나갈 뿐이야.'

이제 우리는 현상을 이렇게 인식합니다. 이를 크게 소리 내어 자신에게 말할 필요가 없습니다. 이 진리를 어느 정도 깨달았을 때 자연스레 모든 것을 이런 방식으로 보기 시작하게 됩니다.

생각과 감정은 하늘의 구름과 같다

하늘의 본성을 깨닫고 하늘이 늘 푸르다는 것을 깨닫고 인식하게 되면 자연히 구름, 무지개, 오염, 안개와 다른 모든 것들이 그저 하늘에 스쳐 지나가는 현상이란 것을 알게 됩니다. 구름이 덮여 있어도 그 뒤에 하늘의 본성이 있음을 볼 수 있습니다.

이와 마찬가지로 마음의 청정한 상태, 마음의 자연스러운 상태를 인식하고 체험하게 되면 모든 생각, 감정과 체험은 우리의 의식을 가로지르는 현상일 뿐이라는 것을 알게 됩니다. 이것들은 우리가 아닙니다. 마음의 자연스러운 상태는 정신현상에 사로잡혀 가려진 청정본심이며, 청정본심이야말로 진정한 우리입니다.

실제로 이것을 보게 되면 언제나 이를 인식하게 됩니다. 하늘이 파란 것을 알게 되면 가끔씩 흐리더라도 하늘이 파랗다는 것을 잊지 않습니다. 비가 오는 날에도 구름과 폭우가 일시적이라는 것을 알 수 있죠. 하늘의 본질이 맑고 파랗고 아름답기에, 잠시 후에는 날이 갠다는 것을 압니다.

이와 마찬가지로 마음의 자연스런 상태를 확신하게 되고 항상 그 상태를 인식하며 머무르게 되면 우리가 명상을 하거나 안 하거나, 행복하거나 슬프거나, 긍정적이거나 부정적이거나, 또는 어떤 생각과 감정이 일어나거나 마음에서 그 어떤 현상이 일어나더라도 그것은 진정한 나의 본성이 아니며 지나가는 구름과 같다는 것을 알게 됩니다.

이것이 항상 만물을 있는 그대로 지각하는 방법입니다. 깨달음의 첫 번째 단계에 어느 정도 진전이 있다면, 두 번째 단계가 자동적으로 오게 됩니다. 그렇게 되면 모든 생각과 감정을 무지개나 구름처럼 다루게 되죠. 더 이상 예전처럼 정신현상과 그것을 바탕으로 한 인식 때문에 괴로워하지 않습니다.

정신현상은 내면의 적

우리 마음이 청정하다는 사실을 모르고, 모든 생각과 감정이 정신현상이라는 것을 알지 못하면 그것들을 일상에서 효과적으로 다룰 수 없습니다. 정신현상을 '자신'이라고 믿고 '나는 생각한다. 고로 나는 존재한다.'를 믿는 한, 그것들이 우리를 지배합니다. 정신현상이 자신의 원천이자 틀이라 믿으면 우리에겐 선택의 여지가 없습니다. 항상 복종하고 정해진 대로 움직여야 하는 독재정권에 휘둘려야 합니다. 정신현상이 우리를 구성한다는 믿음 때문에 생각, 감정, 믿음 체계가 인생을 통제하고 조정합니다. 정신현상을 자신과 동일시하고 그 고통을 극복하지 못하기 때문에 괴로움의 원인이 됩니다. 그러나 일어나는 생각과 느낌이 자신의 모든 것이라 여기기 때문에 이 사실을 인식조차 하지 못합니다.

가끔 '나는 충분하지 않아. 누구도 나를 이해 못해. 아무도 나를 사랑하지 않아.' 같은 해로운 생각을 자신에게 퍼붓습니다. 이 생각들은 많은 고통을 만듭니다. 이런 생각들은 정신적 혼란을 일으키는 내면의 적입니다.

청정본심을 체험하고 어떻게 안주하는지 알 때까지, 생각과 감정은 여러분의 마음을 쥐고 흔드는 괴물과 같습니다. 탐욕, 분노, 질투와 같은 생각과 감정들은 많은 손과 입이 있어 언제나 움켜쥐고 있습니다. 그래서 우리는 늘 허기지고 외부의 무언가에 탐착하거나 부수기를 원하고, 외부 환경이 변하면 조금 편안해질 거라고 기대합니다. 여러분의 생각과 감정은 자신의 마음을 차지할 사물, 장소, 상황, 사람, 환경을 찾고 있습니다. '이게 없으면 나는 행복하지 않아. 이것을 없애지 않으면 나는 행복할 수 없을 거야.'라고 생각하며 계속해서 대상에 투사합니다. 여러분이 생각과 감정을 믿고 그런 식으로 편안함을 찾는 방법을 받아들이면 남은 생 동안 항상 찾고, 구하고, 갈망할 것입니다. 외부 환경을 먹어 치우거나 전멸시키려는 그 탐욕스러운 욕구는 어디에서 비롯되는 것일까요? 그 원천은 다른 곳에 있지 않습니다. 오로지 자신의 생각에서 오는 것일 뿐입니다.

구햐가르바 탄트라*에서 이렇게 말합니다.

---

* 구햐가르바 탄트라Guhyagarbha Tantra (티베트 어: རྒྱུད་གསང་བ་སྙིང་པོ་, Gyü Sangwé Nyingpo): 마하요가의 주된 밀법이며 관정, 밀교계, 만트라, 만다라와 다른 금강승의

생각은 진정한 마구니이며, 마구니는 자신의 마음에서 나온다.
자신의 마음이 청정한 것을 알 때, '마구니'라는 이름조차 존재하지 않는다.

사람들의 문제는 생각에서 비롯됩니다. 생각과 정신현상은 인간관계와 삶의 다른 영역에 불행, 장애, 혼란을 일으킵니다. 생각은 고통, 혼돈, 분리의 원인이고 우리 삶의 많은 부분에서 갈등을 유발하는 적과 같습니다. 생각이 우리가 상상하는 것처럼 뿔, 무시무시한 눈빛, 갈고리 혀, 날카로운 이빨, 거대한 발톱을 가진 마구니의 형상을 하고 있지는 않겠지만, 가장 무서운 '마구니'보다 훨씬 더 파괴적입니다.

일반적으로 우리는 정신현상과 자신을 동일시하고 일생 동안 함께 해 왔습니다. 잠시도 쉬지 않고 계속 정신현상들을 쌓으며 살아갑니다. 자신의 생각을 과대평가하고 심지어 소중히 여깁니다. 그런 식의 생각에 자부심을 느끼기도 하죠. 그러나 이 생각들을 아끼고 보호하려 하는 한, 깨달음은 올 수 없고 고통에서 자유로울 수 없습니다. 진지하게 받아들이는 생각들이 우리의 체험을 지배하기 때문입니다. 이런 생각이 창조한 세상에서는 재산과 유명세도 중요하지 않으며 백악관에 살거나 우주 공간을 여행한다

주제를 이해하는 데 핵심적인 내용을 다루고 있으며 닝마파의 주요 법본이다. (옮긴이)

해도 마찬가지입니다. 마음의 자유가 없기 때문입니다. 우리는 언제나 자신의 생각과 생각이 만들어내는 지점에만 갇혀 있을 뿐입니다.

정신현상이 자신이라고 믿는 한, 정신현상을 통제할 수 없습니다. '그는 나를 좋아하지 않아.' '사람들은 내가 잘해줘도 고마워하지 않네!' '왜 나에겐 항상 안 좋은 일만 생기는 걸까?'와 같은 생각으로 자신의 삶을 엉망으로 만듭니다. 그래서 우리의 삶은 판단, 걱정, 욕구, 공포로 가득합니다.

하지만 여러분이 청정본심에 안주하게 되면 생각은 힘을 잃습니다. 생각은 천천히 가라앉고, 부정적인 사고의 틀이 사라지기 때문에 마음은 편안하고 두려움이 없습니다. 여러분의 마음은 무척 고요하고 지복감이 넘칩니다.

마음이 청정한 것을 알 때 우리를 공격하는 내부의 적이 없습니다. 청정본심 안에서 우리는 삶이 안정되어 있음을 발견합니다. 생각에 바탕을 둔 일상심의 혼란 속에서 헤맬 필요가 없어집니다. 그러므로 내면의 악마를 길들이고 정화하는 길은 우리의 마음이 청정하고 생각이 정신현상임을 아는 것입니다.

청정본심을 재발견하고 그것과 친숙해지면 외부의 풍경, 소리, 인식에 의해 산란해진다 해도 여러분 존재의 본질적인 아름다움에 영향을 미치지 못합니다. 여러분의 마음이 청정하기 때문에 일체만물의 청정 본성을 체험합니다. 미팜 린포체는 외부적 조건, 산란, 모든 종류의 정신현상들이 모두 협력자가 된다고 말했습니다. 이런 것들은 더 이상 여러분의 마음의 적이 아닙니다. 여러분이 청정본심에 머물면 행복합니다. 청정본심에 머물면 살면서 피할 수 없는 역경이 오더라도 행복할 수 있습니다.

청정본심 안에서 쉬는 법을 알게 되고 이완하여 그 상태에 머물 수 있다면 모든 일어나는 외부적 체험은 청정한 체험의 연장선이 됩니다. 그것들은 근본적인 안락함에 영향을 미치지 못합니다.

모든 문제의 해결책은 청정본심에 어떻게 머무는가를 아는 것입니다. 불상이나 탱화에 집중하거나 신에게 기도를 하거나 외부의 오락거리에 만족하는 것은 일시적인 도움이 되지만, 청정본심의 발견은 영원한 것입니다. 진정으로 여러분의 것은 오직 자신의 청정본심뿐입니다.

태도의 변화가 선택권을 준다

청정본심을 깨닫게 되면 정신현상에 대한 태도가 바뀝니다. 정신현상들이 일어나도 그저 스쳐 지나간다는 것을 압니다. 정신현상은 나의 본질이 아니며 그 자체는 독립적으로 존재하는 것이 아님을 알게 됩니다. 이는 인식이 변화한 것입니다

우리는 더 이상 생각이나 감정을 참거나 그것들에 의해 통제되어야 한다고 느끼지 않습니다. 그러한 현상들이 일시적이라는 것을 지각합니다. 우리의 태도가 바뀌었기 때문에 정신현상들로써 자신을 정의하지 않습니다. 그렇기에 삶은 더 이상 정신현상에 좌우될 필요가 없습니다.

그것들은 더 이상 우리를 끌고 갈 힘이 없습니다. 우리는 스스로 설 수 있고 어느 정도 독립할 수 있습니다.

"아니, 그것이 내 경험이 되게 하는 것에 동의하지 않아. 너는 나를 너무 오랫동안 지배해왔지. 이제 나는 네가 지나가는 여행자라는 것을 알고 있어. 너를 내 안에 들이지 않을 거야."

이런 경험을 통해서 자신을 변화시킬 수 있는 힘을 발견하는 것은 참으로 경이로운 일이며 해방감을 안겨줍니다.

이런 해방은 정신현상에 대한 태도의 변화에 의해 생깁니다. 우리가 보았듯이 정신현상들에 종속되는 것은 고통, 불행, 문제, 갈등의 원인이 됩니다. 그러나 청정본심의 깨달음으로 정신현상에 대해 다른 태도를 기를 수 있습니다. 그 태도의 하나는 삶의 내적 체험의 차원이 변할 수 있다는 것을 아는 것입니다. 이는 위대한 노벨상 수상보다도 더 큰 보상이 될 수 있습니다.

우리가 보고 듣고 느끼면서 해로운 반응을 일으키는 것은 정신현상에 대한 인식의 부족으로 마음이 왜곡되었기 때문입니다. 마음이 왜곡된 것을 어떻게 알까요? 두려움, 불안, 분노, 스트레스, 질투, 갈망, 이기주의는 왜곡된 마음의 증상들 중 일부입니다. 왜곡되지 않은 마음은 외부 자극을 받더라도 이러한 생각과 감정을 겪지 않습니다.

이 깨달음으로 우리는 생각과 감정이 부정적이거나 나쁘다고 반응하지 않게 됩니다. 그 생각과 감정이 더 이상 강력한 힘을 행사하지 못하기 때문입니다. 그것들이 부정적이고 강력하고 통제력이 있고 악하게 보였던 것은 그 진정한 본질을 모를 때였습니다. 하지만 본질을 알면 그들에게서 벗어날 수 있다는 것을 알게 됩니다.

내면의 적이 마치 소나기, 안개, 번개처럼 지나가는 일시적인 현상이란 것을 깨닫고 이해합니다. 그러나 만약 긍정적이건 부정적이건 이러한 정신현상에 매달린다면 정신현상은 점점 커져서 청정본심을 완전히 뒤덮어 버리게 됩니다.

뭔가 나쁜 일이 생길 것 같은 기시감, 오래 전 기억, 방금 티브이에서 본 뉴스 등 정신현상에 매달리는 습관은 매일 매 순간마다 일어나고 있습니다. 이런 경험은 왜곡된 마음의 투사일 뿐이지만, 더 강하게 매달릴수록 더 실제적으로 느껴지고 삶 속에서 우리를 지배합니다. 정신현상이 나의 참 본성이 아니라는 것을 알아야 삶에서 올바른 선택을 할 수 있습니다. 명상을 통해 통찰력을 얻게 되면 이전에는 생각지도 못했던 선택권이 있다는 것을 깨닫기 시작합니다. 깨달음을 얻고 마음의 자연스러운 상태를 체험할 때 그 체험을 꿈이나 영화처럼 객관적으로 보게 됩니다. 마음에서 일어나는 정신현상들을 영화 보듯이 볼 뿐 그것에 빠져 갇히지 않습니다.

우리 마음의 본성이 청정하다는 것을 처음 깨닫게 되면 정신현상이 순수하고 변함없는 마음 상태인 청정본심에서 분리된 것임을 알게 되며, 이 정신현상을 놓아버릴 수 있습니다. 이런 습관적인 현상에 갇혀 계속 괴로움을 경험하길 원하나요? 정신현상과 그것이 주는 고통을 붙잡고 싶은가요? 아니면 그들을 관조하고 놓기를 원하나요? 마치 구름과 그 위에 있는 파란 하늘 사이에 공간이 있는 것처럼, 우리 자신과 정신현상 사이에는 틈이 있습니다. 우리는 이러한 정신현상으로부터 자신을 분리시킬 수 있고 정신현상을 사라지게 할 수도 있습니다.

어릴 적, 티베트에서 살았을 때는 하늘의 구름들을 자주 보았습니다. 저는 집 근처 높은 산의 초원에서 야크들을 돌보아야 했습니다. 티베트의 하늘은 눈부시고 맑고 파랗기 때문에 특히 여름엔 온종일 밖에 있었습니다. 가끔은 하루 종일 하늘을 볼 때도 있었어요. 구름들이 천천히 나타나서 모였다가 커지고 천천히 사라지는 것을 보았죠. 이 구름들이 나타나는 건 특정 환경의 조건 때문입니다. 조건이 바뀌면 구름들은 사라집니다.

그와 비슷하게, 생각과 감정과 다른 정신현상들이 마음에 나타나는 것은 그것이 일어날 만한 조건들이 형성되었기 때문입니다. 그러나 우리가 청정본심에 머물면 그 청정한 본성의 조건들이 정신현상에 호의적이지 않기 때문에 정신현상이 감소합니다.

명상을 하면 할수록 많은 생각과 강한 감정이 하늘의 구름이 사라지듯 서서히 사라지고 청정한 마음 상태가 드러납니다. 우리가 정신현상에 초점을 맞출수록 그 현상이 두드러지고 커지게 되는데, 마치 조그만 구름이 커져서 모든 하늘을 가리는 것과 같습니다. 그 후에는 비가 내리겠죠.

주의를 기울이기만 하면 언제나 그 자리에 있는 청정본심은 우리에게 다른 경험을 선사합니다. 하지만 청정본심의 존재를 알기 전부터 청정본심이 존재해 왔다는 것을 깨달아야 합니다. 그 깨달음은 청정본심 명상을 지속적으로 수행할 때 얻을 수 있습니다.

마음의 식단 조절

몸을 위해 먹는 음식에는 많은 관심을 기울이지만, 고통을 살찌우는 정신현상에 대해서는 그다지 신경 쓰지 않습니다. 정신현상이 많은 고통을 유발하고 기쁨을 막는 원인이 되는데도 말입니다.

이야기를 나누러 온 한 여성은 자신의 심각한 문제들에 대해 말했습니다. 그녀는 어린 시절 학대를 받아 불행했고 모든 것이 두려웠으며 누구도 자신을 좋아하지 않는다고 느꼈습니다. 수년간의 학대로 남겨진 나쁜 에너지를 몰아내기 위해 몇 차례 치유하는 의식을 치르기도 했습니다. 그녀는 그 치유 의식들이 도움이 되었을지도 모른다고 생각했습니다. 그렇지만 기분이 더 나아지려면 무엇을 해야 하는지 저에게 물었습니다.

불행하게도 이 여성은 형편없는 마음의 '식단'을 먹고 있었습니다. 신체의 질병은 원인을 찾아 치료하면 되지만 진정한 마음의 치유는 내면의 변화와 인식의 전환이 필요합니다.

늘 나쁜 음식만 먹으면 위장병이 생기는데, 식습관을 바꾸기 전까지 위장병은 낫지 않습니다. 마찬가지로, 여전히 과거에 기반을 둔 해로운 생각, 믿음, 인식을 가지고 있으면 외부적 치유는 그저 일시적인 안도감을 줄 뿐입니다. 번뇌가 남아 있는 한, 그것들은 계속해서 우리 삶에 독이 됩니다. 마음의 치유에는 내면의 변화가 필요합니다. 청정본심에서 일어나는 깨달음의 체험이 바로 이러한 변화를 일으킵니다. 그 깨달음은 일부러 많은 시간과

공을 들여 마음속 번뇌를 제거하려 하지 않더라도, 번뇌를 다른 정신현상들처럼 자연스럽게 녹일 수 있습니다. 그렇게 해서 내면이 변화하면 치유가 시작됩니다. 우리의 생각, 태도, 믿음이 다른 차원으로 발전되면 치유가 일어나게 되죠. 진정한 치유를 위해서는 이러한 변화가 반드시 필요합니다.

사람들은 보통 자신의 머릿속에 떠오른 일시적인 생각을 자기 자신이라고 정의해 버립니다. '나는 분노가 많아. 나는 슬프다. 나는 문제가 많아. 나는 우울해. 나는 참을성이 없어. 이게 나야.'라고 생각합니다. 자신을 이렇게 부정적으로 정의할 필요가 없습니다. 이런 해로운 정신현상의 속성을 이해하면 이를 멈출 수 있고 그 대신 우리 자신의 내면을 알게 됩니다. '번뇌는 그저 정신현상일 뿐이고 모두 지나갈 거야. 정신현상은 모두 일시적이고 피상적이며 그다지 강하지 않아. 그것들은 오고 갈 뿐이야. 그 이상도 그 이하도 아니지.' 정신현상을 이런 식으로 대하는 것이 훨씬 건강하고 더 정확한 방법입니다. 어렵고 불쾌한 체험들을 놓아버릴 수 있고, 기쁘고 긍정적이고 생산적인 좋은 기분과 경험들을 즐길 수 있습니다. 이렇게 정신현상을 선택할 수 있습니다. 나중에 청정본심이 진정한 자신이고, 정신현상은 자신이 아니라는 것을 깨닫게 되면 자신의 정신현상들을 스스로 선택할 수 있는 힘이 생깁니다.

청정본심을 깨닫게 되면, 생각의 독재정권에서 벗어나 자유 국가에 도착한 것과 같은 상황이 펼쳐집니다. 자신의 생각, 감정, 체험을 선택할 수 있습니다. 우리가 그것들을 좋아한다면 그대로 머물게 하여 긍정의 체험을 증가시킬 수 있습니다. 그러한 정신 현상을 좋아하지 않는다면, 사라지도록 둡니다.

마음의 소란 지우기

미팜 린포체는 이렇게 말씀하십니다.

하루 동안에도
수많은 개념과 생각들이 마음 안에 떠오른다.
그것은 바다의 물결처럼 셀 수 없을 만큼 많다.
무의미한 수용, 거부, 기대, 두려움이 계속된다.
지어내는 불행에 완전히 지쳐 있다
생각과 감정의 그물이 마음을 옭아맨다.
부주의한 반응은 자의식을 강하게 만든다.
꿈속에서조차 이 습관이 따라온다.
명징하게 생각했다면
누가 내게 이런 짐을 지웠는지 물었을 것이다.
이 고통에 자신을 몰아넣는 것은 무의미하다
그 누구도 아닌, 자신 스스로 이 짐을 지웠으니
이 짐을 그만 내려놓는 것이 어떠한가?

일상심에 있을 때 우리는 저장강박증에 걸린 사람처럼 살고 있습니다. 비유를 들자면 넓은 다리의 전경이 한눈에 들어오는, 강이 내려다보이는 언덕에 멋진 집이 있고 그 집의 넓은 거실에는 많은 창문들과 전망을 즐길 수 있는 편안한 소파가 놓여 있습니다. 정말이지 아름답고 편안하고 멋진 경험입니다. 그런데 만약 그 집에 계속해서 신문, 썩은 음식, 좀 먹은 옷과 같은 쓰레기를 모은다면, 쓰레기가 가득 차서 주방에서 거실까지 가기도 어렵게 되겠죠. 이것이 바로 생각과 감정, 모든 정신현상들과 자신을 동일시할 때 마음이 하는 일입니다.

우리 대부분은 '저장강박증'이 있습니다. 특히 마음에 무언가를 저장합니다. 우리는 오감이 있는 아름다운 청정본심을 가지고 있고, 이는 마치 세상을 향한 아름다운 창문 같습니다. 우리 마음이 청정할 때 청정한 관점에서 모든 것을 보고, 듣고, 만지고, 맛보고, 냄새 맡게 됩니다.

그러나 마음속에 잡동사니와 쓰레기를 모아 놓고 계속해서 잡동사니와 쓰레기를 모아 두면 세상에 대한 관점이 왜곡됩니다. 마음속에 해로운 생각, 나쁜 습관, 건강하지 못한 믿음 체계와 유독한 정보를 저장하면 마음에 어수선함과 게으름이 늘어납니다.

세월이 흐를수록 나쁜 습관, 번뇌, 해로운 생각의 더미를 쌓아 올립니다. 그러면 마음의 방향이 어디로 향해 있건 언제나 우리를 화나게 할 무언가가 기다리고 있을 것입니다. 이는 마치 매년 자기 파괴적인 습관과 비틀어진 믿음 체계를 수집해온 우리의 일상심과 같다고 말할 수 있습니다.

습관적으로 새로운 의견에는 의문을 제기하면서, 오래된 생각과 믿음에는 그렇게 하지 않는 경향이 있습니다. 그런데 청정본심의 견해에서 보자면 새로운 생각과 오래된 생각이 모두 똑같습니다. 10년 된 마음의 쓰레기는 새로운 쓰레기보다 특별하지 않죠. 그러나 일상심에선 우리가 모아온 생각과 믿음을 동일시하며 '이게 나야.'라고 생각합니다.

자신의 마음의 잡동사니와 동일시를 하게 되면 인생이 무척 힘듭니다. 하지만 청정본심의 깨달음을 통해 정신현상이 자신이라고 정의하는 것을 멈추면 강박증에서 벗어나게 됩니다. 우리 마음이 더 이상 쓸모없는 물질에 집착하지 않기 때문이죠. 우리의 마음은 맑고 아름답습니다.

해마다 쌓아놓은 잡동사니들을 모두 치우고 청소한 다음, 새로운 가구를 장만하고 예쁜 꽃들과 예술품들로 장식하면 어떨까요? 이렇게 하고 나면 너무 아름다워서 보는 즐거움이 생길 것입니다. 진작 이렇게 했더라면 하는 생각이 들겠죠. 다른 사람들이 우리 집을 방문할 때 쾌적하고 편안함을 느낄 것입니다.

이러한 생각들과 감정들이 그저 지나가는 정신현상이며 그것들에 집중하지 않음으로써 증폭시키지 않을 수 있다는 것을 이해하고 그 찌꺼기들을 치우게 되면, 우리의 경험이 매우 편안하고 충만하며 청정해집니다. 자신의 고유한 경험이 지속적으로 편안하고 상쾌해집니다. 세상을 경험하는 올바른 마음의 환경을 만들었기 때문입니다.

마음이 이러한 환경에 놓여 있다면 다른 사람들이 우리와 함께 있을 때 행복해 합니다. 마치 아름다운 집을 보며 '정말 아름다운 집이에요. 초대해줘서 감사합니다.'라고 말하는 것과 같습니다. 청정본심을 깨달을 때, 다른 이들이 우리와 함께하는 것을 즐거워합니다. 그들은 우리와 함께인 것에 감사하고 우리 주변에서 더욱 편안함을 느끼게 되죠. 우리 마음이 더 아름다워지면 모든 이들이 더 행복해 합니다. 이렇게 되려면 오랫동안 쌓아두었던 마음의 찌꺼기들을 비워야만 합니다.

청정본심을 개발하면 행복은 헤아릴 수 없이 늘어날 것입니다. 우리와 연결된 모든 사람에게 그 혜택이 돌아갑니다. 이 모든 것을 터득하고 경험한 후에야 비로소 집을 청소하는 것은 알았어도 마음을 청소할 줄 몰랐던 것이 얼마나 불행한 일인지 알게 됩니다. 삶의 건강에 있어 집을 치우는 것보다 마음을 깨끗하게 유지하는 방법을 아는 것이 훨씬 더 중요합니다. 적어도 집은 마음에 들지 않으면 이사라도 갈 수 있지만 마음은 어디로 옮겨 갈 곳이 없으니까요.

우리 마음이 청정한 것을 알고 정신현상에 매달리지 않는 것이 마음의 집을 청소하는 방법입니다. 매 순간 매일 이렇게 한다면 우리의 청정본심인 마음의 집을 깨끗하게 유지할 수 있습니다. 이 두 가지 깨달음을 개발하면 마음의 집을 청소하는 것과 그 본연의 상태로 복귀하는 방법을 알게 됩니다.

우리 마음이 청정한 것을 깨달을 때, 우리의 경험은 완벽하게 변하고 기분이 무척 좋아집니다. 정신적으로 감정적으로 상쾌하고 생기가 있으며 행복을 느낍니다. 하지만 마음에 유독한 정신현상이 남아 있는 한, 인생의 많은 상황을 힘들게 받아들일 확률이 높습니다. 아무리 그것들을 잠재웠다고 생각하더라도 이런 버거운 상황들은 계속 되돌아옵니다. 그것들을 놓아버리는 방법을 알게 되어 청정본심에 머물 수 있으면, 우리는 다시 마음의 정상적인 상태에 머물 수 있습니다.

지금 당장 배울 수 있는 가장 중요한 것은 지나가는 정신현상을 알아차리고 현재 상태에 머물며 정신현상을 녹이는 것입니다. 실제로 지금 당장 여러분이 할 수 있다는 것을 알고 계신가요? 마음을 지나가는 정신현상과 본래 마음인 청정본심의 사이가 분리되기 시작하면, 스스로 자신의 경험을 선택할 수 있다는 것을 처음으로 보게 됩니다. 이 방법을 배우면 여러분의 삶이 바뀝니다.

하지만 그 전까지는 마음을 청소하는 방법을 이해하는 데 어려움이 있을 수 있습니다. 집을 청소하는 방법은 알고 있지만 마음을 청소하는 방법은 어려워서 이해하기 힘들 수 있습니다. 그래도 우리는 일상심에 머물지 않고 깨달은 마음의 상태로 지내는 것을 선택할 수 있습니다. 여기서 이야기 하고 싶은 내용은 바로 이것입니다.

티베트에 이런 속담이 있습니다. '지옥 중생들이 실은 그들의 자리에 매달리고 있는 것이다.' 지옥에서 끔찍한 고문을 당하고 있음에도 불구하고 중생들은 그곳에 익숙해져서 애착을 가지고 떠나는 것을 망설입니다. 그러니 내면의 지옥에 집착하지 마시길 바랍니다. 이미 우리 안에는 보다 나은 경험들을 할 수 있는 가능성이 존재한다는 것을 알고, 그것을 찾으세요!

주의: 정신현상의 힘의 원천

때때로 청정본심을 경험하고 생각과 감정이 그저 지나가는 사건이란 것을 인식하는 것이, 우리가 겪는 모든 고통을 피하는 데 진정 도움이 되는지 의문이 들 수 있습니다. 불행하거나 화가 나고 스트레스를 받을 때, 그것은 그저 지나가는 감정이 아니라 진짜처럼 뚜렷하게 느껴집니다.

이런 마음의 상태가 그저 지나가는 현상임을 알아차린다고 가정해 봅시다. 이런 방식이 우리의 정신적, 감정적 동요를 다루는 데 충분한 도움이 될까요? 그렇게 쉬울 수 있는지 의심이 들 수 있습니다. 부정적인 정신현상이 자신의 심장 안에, 머리 안에, 몸 전체에 있는 것처럼 느껴집니다. 이렇게 강한 생리학적 반응과 감각이 일어나는 유일한 이유는 이 생각과 감정을 무척 심각하게 받아들이기 때문입니다. 즉, 그 경험을 인정하고 마치 그것이 실재하는 것처럼 의미를 둡니다. 우리의 관심은 그 경험에 집중되어 있기에 그 중요성을 창조하는 사람이 되었습니다.

생각과 감정을 심각하게 받아들일 때 그것에 힘을 실어 주게 됩니다. 그래서 마치 그것들이 생리학적 작용을 하는 것처럼 느낄 수도 있는데 사실은 '마음에서 일어난 일'일 뿐입니다. 심장 박동 수 증가와 같은 신체적 반응은 두 번째 반응입니다. 이는 강한 정신현상 때문에 생긴 에너지 파장입니다.

마음에서 어떤 일이 일어났을 때, 그것을 심각하게 여기면 에너지의 강한 파장이 생겨 마음에 흐르게 되고 신체적인 현상이 일어납니다. 생각과 감정 자체는 어떤 신체적, 생리적 특성을 가지고 있지 않습니다. 자신의 마음이 만들어내는 것입니다.

간혹 어떤 특정한 생각과 감정은 다른 생각과 감정보다 더 강력한데, 그것은 우리가 그 생각과 감정을 더 심각하게 여기고 다른 것보다 주의를 기울이며 키우기 때문입니다. 감정을 심각하게 여길수록 더 힘 있게 변합니다. 어떤 감정은 힘이 약하기도 한데, 우리가 신경을 덜 쓰기 때문입니다. 같은 감정이라도 심각하게 여기고 주의를 기울이게 되면 강해지고, 반대로 별로 신경 쓰지 않으면 약해질 수 있습니다.

생각과 감정이 강해지는 유일한 이유는 우리의 '관심'입니다. 생각과 감정은 독립적인 힘을 가지고 있지 않습니다. 우리의 관심과 집중은 그것들에게 힘을 공급합니다. 정신현상을 심각하게 받아들이고 주의를 기울이면 정신현상은 더 힘이 강해집니다.

생각과 감정에 사로잡히는 대신 청정본심으로 우리의 주의를 바로 돌릴 수 있다면 이런 현상들은 더 이상 힘을 발휘하지 못하며 마음과 감정과 신체에 큰 영향을 주지 못합니다.

다시 말하지만, 저는 여러분들에게 이론을 내세우는 것이 아닙니다. 제 말을 맹목적으로 받아들이고 여러분의 기분이 마법처럼 변하길 기대하지 마세요. 실제 그렇게 되는지 경험해보라는 것입니다. 충분한 명상을 통해 직접 볼 수 있습니다. 그것을 경험하고 나서 스스로 알게 될 것입니다.

어떤 일에 대해 강한 감정적 반응이 있을 때, 무슨 일이 일어나는지 지켜볼 수 있습니다. '정말 좋지 않아.', '정말 잘못 되었어.'

라고 생각하며, 일어난 상황을 심각하게 여길수록 이런 생각들에 더 주의를 기울이게 되고 절박하게 받아들이게 됩니다. 그러다 보면 모든 것이 더 악화됩니다. 심지어 공황 상태에 빠질 수도 있습니다.

예를 들어, 위험한 상황이 닥쳤을 때 함께 있던 부모가 당황하면 함께 있던 아이도 크게 당황하게 됩니다. 우리가 심각하게 여기기 때문에 아이도 그렇게 받아들이는 것이죠. 그러나 그 상황에서 당황하지 않으면 아이도 당황하지 않고 침착할 수 있습니다.

우리 마음도 아이처럼 반응합니다. 생각과 감정을 심각하게 여기지 않으면, 그것에 대한 반응도 약해집니다. 생각과 감정은 본질적으로 힘이 없다는 사실을 아는 것이 큰 도움이 됩니다. 그렇게 되면 믿음, 생각, 감정과 같은 모든 정신현상을 능숙하게 다룰 수 있습니다. 다음번에 문제가 될 만한 생각과 감정을 경험할 때, 이에 관심을 쏟지 않고 다른 일에 주의를 돌리면 그 정신현상이 사라지는 것을 보게 될 것입니다.

정신현상은 어떻게 해야 사라질까요? 우리의 관심이 경험에 영향을 주기 때문에 관심을 갖지 않으면 정신현상이 용해됩니다. 이것이 그것들의 속성입니다. 정신현상은 우리가 그것들에게 관심을 갖고 집중함으로써 지속됩니다. 정신현상은 고유의 실체가 없습니다. 지금 말하는 것은 직접 체험이 가능하고 관찰할 수 있는 사실입니다.

기억해야 할 유의 사항: 제가 이 책을 통해 정신현상은 내재된 실체가 없다고 했는데, 그렇다고 해서 생각, 감정, 믿음을 비난하는 것이 아닙니다. "어떤 생각이나 감정을 갖지 마세요. 생각과 감정은 나쁜 겁니다. 어떤 생각도 하지 마세요. 어떤 감정도 갖지 마세요."라고 말하는 것이 아닙니다. 우리가 정신현상에 주의를 기울이면 그것들이 힘을 가지게 된다고 말하는 것입니다. 정신현상에 힘을 주는 대신, 마음의 자연스러운 상태를 깨닫고 거기에 머무르는 것을 제안합니다. 이렇게 할 때, 생각과 감정은 천천히 자연해탈*되고 의도적인 노력 없이도 다룰 수 있게 됩니다.

마음 상태가 더 청정해질수록 해로운 생각과 감정은 어떤 기법을 쓰지 않아도 자연히 사라집니다. 우리에게 필요한 것은 청정본심의 자연스러운 상태에 머무는 것뿐입니다. 청정본심의 상태에 머물게 되면 해로운 정신현상은 미리 막거나 멈추게 하고 비난하지 않아도 자연히 사라지며, 그것이 바로 정신현상의 속성입니다. 이것이 바로 해탈입니다

---

* 자연해탈自然解脫

1. 자연해탈이란 자생의 본지本智 또는 각성覺性에서 스스로 출현하는 일체의 사념들을 어떠한 다스림 법도 쓰지 않고 자연히 해탈시키는 법을 말한다. 마치 뱀이 똬리를 스스로 풀어내듯이 스스로 일어나는 사념들을 자연스레 놓아둠으로써 물결이 물속으로 용해되듯 무분별의 법계 속으로 스스로 녹아들게 하는 것이다. 자기해탈自己解脫, 자탈自脫, 자해탈自解脫, 스스로 해탈 등으로 표현할 수 있다.(『완역 티베트 사자의 서』에서 발췌. 중암 역주)
2. 족첸 수행에서 번뇌가 자연히 사라지는 것을 뜻함. 한자 문화권에선 자해탈自解脫을 많이 쓰고 있다. (옮긴이)

신념의 사슬로부터 자유로워지다

신념은 여러 형태로 나타납니다. 이는 자신에 대한 믿음을 비롯하여 종교나 정치적인 견해, 자녀에 대한 교육관, 윤리와 도덕에 관한 것일 수도 있습니다. 예를 들어 정치에서 정부의 역할에 확신이 있다고 합시다. 이 확신은 사실에 근거를 두지만 이 사실의 '진리'는 우리의 관점에 달려 있습니다. 생각과 감정이 계속 변하더라도 우리는 신념을 붙드는 경향이 있습니다.

어떤 것이 자신의 신념에 도전할 때 감정적인 반응을 합니다. 마음이 이 신념들과 함께 묶여 있기 때문입니다. 이 굳고 딱딱한 구조를 통해 삶의 불확실성에 대항하고 방어를 하려고 합니다. 그리고 자신의 신념에 대한 확신을 통해 안정감을 얻으려 노력합니다.

또한 자신의 신념을 꽉 붙들며 이렇게 생각합니다. '이것은 영원하고 절대적인 진리이다.' 그 신념에 매우 강하게 집착하며 그것과 동일시합니다. 그래서 자신의 신념이 도전을 받거나 누군가의 신념이 나와 다른 것을 보면 위협을 느낍니다.

일상심 안에서 일어나는 많은 정신현상들 중 '신념'이 차지하는 비중이 제일 큽니다.

각각의 문화, 종교, 정당, 개인들은 옳은 것과 틀린 것, 적절함과 부적절함에 대해 서로 다른 신념과 의견을 가지고 있습니다. 환경이 기대와 다를 때, 우리는 위협을 느끼고 화가 나며 심지어 공격적으로 변할 수도 있습니다. 그러나 신념을 자신의 정체성으로 여기지 않아, 보다 유연해진다면 점차 신념의 사슬에서 풀려날 수 있게 됩니다.

모든 마음의 활동이 그저 정신현상이란 걸 보게 되면, 우리의 신념 체계도 정신현상이란 것을 알게 됩니다. 청정본심과 연결되면 신념체계가 주는 허깨비 같은 안전은 필요치 않습니다. 열린 마음과 자유를 얻고 세상의 본성에 대한 통찰이 생깁니다. 이는 우리의 신념 체계를 바꿔야 한다는 뜻이 아닙니다. 보다 열린 마음으로 자신의 신념 체계에 대해, 심지어 삶에서 가장 기본적이라고 여겼던 것들까지도 면밀히 살피고 자신의 관점들이 타당한지 알아봐야 한다는 의미입니다. 청정본심과 연결이 되어도 여전히 신념이 있을 수 있는데, 그 신념이 정신현상이라는 것을 아는 것이 중요합니다. 그것을 알면 우리의 신념에 반대하는 사람들과도 유연하게 소통할 수 있게 됩니다.

3

깨달음의 세 번째 단계 : 정신현상은 환영

깨달음의 세 번째 단계를 제대로 이해하기 위해서는 주의 깊은 설명과 숙고가 필요합니다. 마음의 청정한 본성을 깨달아 그 청정한 상태에 머물게 되면, 결과적으로 정신현상들이 우리가 생각했던 것과는 달리, 명확하게 정의되는 개별적인 경험이 아니라는 것을 이해하기 시작합니다. 그리고 점점 더 정신현상이 환영幻影에 불과하다는 것을 인식하게 됩니다.

깨달은 스승 직메 푼촉 린포체는 이렇게 말씀하셨습니다.

이 세상의 경계와 체험을 직접 들여다보라.
현상의 끝이 없는 환영들은 하늘의 별처럼 드러난다.
무시이래로 그들은 존재하지 않았으니, 마치 꿈과 같다.
이를 어떻게 받아들이든 실체가 없고 정체성이 없다. 그들은 진짜가 아니다.

이 깨달음의 세 번째 단계는 '행복, 슬픔, 좋음, 나쁨, 긍정, 부정, 생각, 감정'과 같이 떠오르는 모든 정신현상이 독립적으로 존재하는 것이 아니고 우리 마음의 투사라는 것을 깨닫는 단계입니다. 우리는 정신현상이 마법사의 환영술과 같다는 것을 알게 됩니다.

깨달음의 처음 두 단계에서 세 번째로 갈 때, 각 단계에 따른 경험들의 차이점을 아는 것이 중요합니다. 두 번째 단계에서는 정신현상을 붙들지 않고 지나가게 할 필요가 있다고 느낍니다. 그것들이 일시적인 현상임을 알았지만 여전히 현실감을 느끼고 실재하는 것과 마찬가지로 견디거나 받아들여야 한다고 생각합니다. 그것들이 지나가는 것을 기다리기 위해 어느 정도의 인내심이 요구됩니다. 그 이유는 여전히 정신현상들을 실재라고 생각하기 때문입니다.

그러나 청정본심 깨달음의 세 번째 측면에서는 정신현상이 환영임을 깨닫고 그것들이 지나가기를 기다리지 않아도 됩니다. 무언가 떠오르는 순간, 그것이 바로 환영이고 우리가 인식한 것은 존재하지 않는다는 것을 깨닫습니다. 깨달음의 두 번째 단계에 도달할 때, 일상심에서 주의를 끌었던 정신현상은 그 집요한 지배력을 상실합니다.

세 번째 단계에서 그것들은 우리에게 아무런 영향력을 행사할 수 없습니다. 그것들이 환영임을 알기에 당황하지 않습니다.

실상의 측면을 깨닫기 전에 우리는 영화를 보러 온 아이와 같습니다. 아이는 스크린에 투사된 영상을 실제라고 믿습니다. 심지어 어른들도 가끔 영화가 실제가 아니라는 것을 잊고 정신적으로, 감정적으로 빠져듭니다. 청정본심 수행을 하면 무지개가 상황에 의해 생겨나듯 인식에서 일어나는 현상들도 상황에 의한 것임을 우리 존재의 가장 깊은 부분에서 알게 됩니다. 무지개는 습도, 햇빛, 하늘의 상황에 의존하여 존재할 뿐 아니라 그것이 나타나도록 만드는 인식에도 의존합니다.

무지개의 모습은 그저 인식일 뿐입니다. 거기에 있는 것처럼 보이지만 실제로는 스크린 속에서 살아 움직이는 배우들과 마찬가지로 실재하는 것이 아닙니다. 영화는 실재처럼 보이게 하는 필름, 영사기, 스크린과 우리의 인식하는 마음에 의해 만들어진 환영입니다.

마찬가지로 정신현상들도 본질적으로, 독립적으로 존재하지 않습니다. 그것들은 쉽게 오고 가며 나타났다가 사라집니다. 청정본심 수행자들은 결국 모든 정신현상이 환영이 되는 체험을 하게 됩니다. 그것들이 우리의 인식에서 독립적으로 존재하지 않는다는 것을 경험합니다. 정신현상은 실체가 없습니다. 구름이나 무지개와 같은 상황입니다.

환영적 속성을 '아무것도 없다'라는 의미로 착각하는 이들이 있습니다. 아무것도 나타나지 않으면 환영으로 볼 대상이 없기 때문에 이를 환영으로 간주하지 않겠지요. 환영적 속성은 무언가가 거기에 있는 것 같지만 우리가 생각하는 식으로 존재하지는 않는다는 것입니다. 무언가가 나타나면 일상심은 그것이 존재한다고 확신합니다. 우리는 그것이 진짜라고 확신하지만 존재한다고 생각하는 것들은 실제로는 '그것이 보이는 방식대로' 존재하지 않습니다.

이는 마치 사막의 신기루와 같습니다. 열, 빛, 거리와 같은 환경과 사물을 인식하는 방법이 먼 곳에 물과 나무가 있는 오아시스를 만들어내지만 그곳에 도착해보면 관점과 인식이 변했기 때문에 오아시스는 없습니다. 이는 환영입니다. 우리가 느끼고 보고 듣고 만지는 경험을 하지만 그저 상황일 뿐입니다. 그 자체의 실체가 없습니다. 그래서 이를 환영이라 부릅니다.

대승 경전 중 널리 알려진 『반야경』에서 부처님께선 '색즉시공色卽是空 공즉시색空卽是色'이라 했습니다. 이 모든 현상이 환幻이다, 생각도 감정도 경험도 보이는 것도 모두 환이라는 뜻입니다. 깨달은 존재들은 만물을 환으로 경험합니다. 그들이 인식하는 마음에는 독립적으로 존재하는 것이 없습니다. 자신들의 생각에 속지 않습니다. 이렇게 궁극적 실상의 참 본성에 더 가까이 갑니다. 부처님께서는 『법구경』에서 이렇게 설하셨습니다.

아무것도 사실이 아니다.
그대의 지혜를 통해 이것을 볼 때,
고통은 더 이상 우리를 해칠 수 없다.
이것이 온전한 길이다.

우리가 보았듯이, 깨달음의 두 번째 단계에서 명상하는 동안 현상에 주의를 기울이면 그것들이 의미 있게 보이지만, 신경 쓰지 않으면 줄어들었다가 결국 사라지는 것을 경험적으로 깨닫게 됩니다. 분노와 다른 해로운 감정에 주의를 기울이면 그것들이 더 강해지지만 신경 쓰지 않으면 사라집니다. 이제 더 나아가 그것들을 모두 환영으로 봅니다. 그것들은 우리가 생각하는 방식으로 존재하지 않습니다. 우리가 청정본심에 오래 머물수록 이 인식은 더욱 가속도가 붙습니다. 그러면 무지개를 계속 좇을 필요가 없습니다.

이것이 환영적 속성에 대한 경험입니다. 논리나 분석으로는 깨달음에 도달할 수 없고, 부지런히 정진하여 반드시 직접 체험해야 합니다.

생각과 감정의 본질을 자세히 살펴보기

미팜 린포체는 이렇게 말씀하십니다.

> 무시無始 이래 지금까지
> 이 윤회계에서의 행복과 슬픔은
> 보이는 모습대로 존재하는 것이 아니며
> 마음의 힘이 환영처럼 만들어내는 것일 뿐으로
> 그대의 인식에서 끊임없이 만들어진 것이다.

이제 우리는 깨달음의 세 번째 단계인 정신작용의 환영에 대한 중요성을 살펴볼 것입니다.

계곡 저편에 아름다운 무지개가 있고, 그 너머에 구름이 엄청나게 많이 있다고 가정해 봅시다. 무지개는 무척 아름답고 빛과

색을 발산하여 계곡 전체를 뒤덮었으며 마치 한 편의 예술 작품 같습니다. 하늘의 구름들은 산처럼 굽이쳐 흐릅니다. 멀리서 볼 때 무지개는 화려하고 구름은 장대해 보입니다.

그런데 무지개에 가까이 갈수록 점점 더 희미해집니다. 실체가 없고 견고한 물리적 대상이 없기 때문입니다. 다채로운 색이 곡선으로 나타났지만 가까이 다가가면 사라집니다. 무지개는 특정 각도에서만 볼 수 있기 때문이죠. 마찬가지로 구름도 힘차고 장대해 보이지만 그곳에 있는 게 아닙니다. 구름 안으로 들어가 보면 오직 습기와 안개만 있습니다. 그 힘차 보이던 구름들에게 무슨 일이 있는 걸까요? 구름들은 결코 그곳에 있던 적이 없습니다. 우리가 그렇게 보기 때문에 그렇게 보일 뿐입니다. 멀리서 보면 그 거리가 인상적인 형상을 만들어내지만 가까이 가면 그저 습기와 공기뿐입니다.

마찬가지로 화나고 우울하고 슬프고 정신현상이 압도할 때, 우리는 이를 매우 생생하게 경험합니다. 예를 들어, 누군가에게 엄청 화가 났는데 '그는 진짜 머저리야. 그가 왜 그랬는지 모르겠어. 진짜 화가 난다.'라고 속으로 이렇게 말하면 화가 더 납니다. 그 사람에게 집중할 때 분노와 원한을 더 강하게 느낍니다. 그러나 분노를 이끌어내는 대상에서 주의를 돌려 '분노'라는 감정 자체를 가까이 관찰한다면, 그것이 진정 무지개나 구름처럼 상황에 의존한다는 것을 보게 됩니다. 그때에 분노를 가까이 가서 본다면 분노가 무지개와 구름처럼 사라지는 것을 보게 될 것입니다.

이렇게 대처를 할 때 분노의 에너지는 환幻이기 때문에 사라집니다. 분노는 무지개나 구름처럼 환일 뿐입니다. 상황과 인식이 분노가 나타나도록 만듭니다. 분노를 자세히 들여다 볼 때, 분노의 에너지에 초점을 맞춰 직접 바라보면 우리의 인식이 바뀝니다. '분노'라고 식별할 수 있는 실체가 없다는 걸 보게 되죠.

깨달은 스승 직메 푼촉 린포체는 이렇게 말씀하십니다.

생각과 감정의 물결이 당신의 마음에 일렁일 때
자연스런 명상 상태에서 그들을 직접 바라보라.
이 모든 현상들은 자연스레 열린 인식 안으로 사라질 것이다.
이것이 자연해탈의 이례적인 왕王이다.

분노의 감정을 자세히 들여다보는 이 훈련은 분노와 슬픔과 같은 유해한 경험을 포함한 모든 정신현상이 환幻에 불과하다는 통찰을 줍니다. 이는 단지 임의적인 해석이고, 사실 우리가 경험하는 모든 것은 상황에 의존하며 우리의 마음이 만든 것입니다. 그렇다고 해서 우리 감정이 정당하지 않고 억제해야만 한다는 뜻은 아닙니다. 이는 청정하고 열려 있는 청정본심의 광대한 견해에서 감정을 바라보고 감정은 우리 자신이 아니란 것을 안다는 의미입니다. 그러면 감정을 다룰 수 있게 됩니다.

정신현상은 상황에 의존합니다. 고유한 성품이 없고 변하는 상황에서 마음의 작용이 있을 뿐입니다. 마치 무지개처럼 특정한 상황과 우리의 시각이 만든 인상입니다. 마음속 에너지는 어떤 시점에서 보면 분노처럼 보이지만 다른 시점에서 보면 그곳에 있지 않습니다. 실상은 우리가 생각하는 것과는 다른, 덧없고 일시적인 상황에 대한 주관적인 해석입니다.

정신현상들이 우리를 화나고 우울하게 하거나 불행하게 만들 때마다, 실재하는 것인 양 그 경험에 매달리는 반응을 합니다. 정신현상에 집중하면 그것들에게 힘을 부여하게 되고 그 부작용의 결과를 매우 생생하게 겪습니다. 실제보다 훨씬 더 강력하게 느끼며 그것들에게 휘둘리게 됩니다.

우리가 청정본심일 때 이를 더 선명하게 알 수 있습니다. 우리에게 분노, 원한, 탐욕 등의 정신현상이 있지만 그것들에 많은 의미를 부여하지 않습니다. 감정의 대상에 집중하는 대신 감정 자체를 면밀히 관찰할 때 정신현상이 가라앉습니다. 우리의 진정한 존재, 청정본심 안에서 고요하고 만족하며 두려움 없이 머물 수 있습니다. 이것은 정신현상을 자신과 동일시하고 그것들이 우리의 중요한 부분이라고 믿는다면 있을 수 없는 일입니다.

정신현상들의 혼란 속에서 이리저리 끌려 다니며 부지불식간에 우리를 지배할 권한을 내맡기진 않으셨나요? 부지불식간에 그들에게 나를 지배할 통치권을 주었습니다. 하지만 청정본심 수행은 모든 것을 의미 있는 방식으로 보고 깨닫게 하며 우리 마음과 삶에 대자유를 누릴 수 있게 해줄 것입니다.

이 시점에서 여러분은 본서에서 토론하는 내용을 어느 정도 머리로 이해했을지도 모릅니다. 그러나 이 토론에서 의미 있는 혜택을 받으려면 반드시 수행을 해야 합니다. 그렇지 않다면 아무런 의미가 없습니다. 청정본심 수행으로, 화나고 슬프고 두려울 때 우리를 화나게 하고 슬프게 하고 두려워하게 만드는 것에 사로잡히는 대신, 감정 자체를 면밀히 들여다보고 정신현상이 환영임을 봐야 합니다. 이는 정신현상에 힘을 부여하지 않으면 그것들은 힘이 없다는 것을 보게 도와줍니다.

그러므로 진정한 수행이란 우리 마음의 작용을 면밀하게 관찰하지 않고 계속해서 정신현상을 실재처럼 다루며 그저 5년이나 10년 동안 방석 위에 고요하게 좌선하는 것을 의미하지 않습니다. 이런 수행을 하는 이들은 긴장을 풀거나 일시적인 약간의 영적인 체험을 할지 몰라도 청정본심의 깨달음으로 나아가지 못하고 완벽하게 깨우치지 못합니다.

수행에서의 이로움을 얻으려면 정신현상 너머의 진정한 자신이 누구인가를 배운다는 자세로 임해야 합니다. 이 정신현상들은 진정한 우리가 아닙니다. 만약 정신현상을 자신이라고 생각한다면 삶이 불안전하고 불확실하게 될 것입니다. 반대로 청정본심은 이러한 정신현상에 얽매어 있지 않고 진리에 따라 살도록 도와줍니다. 그리고 거기엔 행복이 따라옵니다. 이런 이유로 환幻의 속성을 반드시 이해해야 합니다.

깨우친 사람들은 정신현상들이 어떻게 일어나고 머물다 사라지는지를 압니다. 그러나 보통 사람들은 이를 이해하지 못합니다. 자신들이 경험하는 모든 것을 실제로 보이는 그대로 받아들입니다. 그들은 만물의 생성소멸에 대해 모릅니다.

그들은 정신현상이 실재인지 아니면 인연조건에 의해 드러난 현상인지 알지 못합니다. 이는 그 둘의 차이를 모르기 때문입니다. 경험하는 것을 실재라고 생각하면서 모든 것을 진지하게 받아들입니다.

이는 모든 것들이 환이 아니고 실재라고 느끼게 만듭니다. 마치 음식의 성분을 고려하지 않고 주어진 것은 아무것이나 다 먹는 사람과 같습니다. 그들은 모든 음식의 영양가가 똑같다고 여깁니다. 차려진 음식을 다 먹고 잠시 후 아프다고 말합니다.

이는 여전히 일상심으로 사는 사람과 비슷합니다. 마음에 나타나는 모든 것들에 사로잡힙니다. 행복한 순간이 일어나면 '오케이, 나는 행복해.'라고 생각하고, 슬픈 순간에는 '이런, 난 슬프구나.'라고 생각합니다.

이 느낌이 무척 실제적이고 의미가 깊기에 이것이 환幻이라는 것을 모릅니다. 그래서 사람들은 스스로를 기만하고 자신의 인식에 나타나는 어떤 것이든 보이는 그대로 확신해버립니다. 이 경험들을 주의 깊게 들여다보지 않은 사람들에게 이는 매우 강력합니다. 그러나 들여다보고 더 가까이 갈수록 이들이 환인 것을 보게 됩니다. 설득력이 있고 분명해 보이지만 궁극적으로 실재하지 않습니다.

높은 깨달음의 경지에 오른 청정본심 수행자들은 어떻게 정신현상들이 나타나고 작용하는지에 대해 면밀히 이해한 대가들입니다. 그들은 외부대상에 집중할 때 정신현상이 강하게 나타나는 것을 압니다. 그러나 만약 정신현상의 에너지를 향해 우리의 본각本覺(3장에 표기한 역자 주 참조)으로 가까이 다가가면 정신현상은 사라집니다. 이에 능숙해질 때, 마음의 청정한 상태에 머물게 됩니다.

위대한 족첸 스승 롱첸빠는 이렇게 말씀하셨습니다.

어떠한 불행도 실제로 존재하는 것이 아니다.
실상의 본성을 들여다보고 해방시켜라!
극단*으로부터 자유롭고 광대하며, 무엇에도 걸림이 없다.
고통의 본성은 공성과 명징함이니
이것이 구경보리에 드는 문이다.

마음의 자연스러운 상태를 더 많이 체험할수록, 단지 머리로만이 아니라 더 깊게 환幻의 의미를 체득하게 됩니다. 예를 들어 한 번도 비행기를 본 적이 없는 사람에게 3백 명의 사람들이 거대한 회색 새 모양의 금속 상자를 타고 하늘을 날 수 있다고 설명할 수 있습니다. 그들이 알고 있는 선박과 같은 탈 것에 비유해서 설명할 순 있겠지만, 한 번도 비행기를 본 적이 없는 이들이 이해하기엔 어려움이 있을 것입니다. 그러나 그들이 실제로 비행기를 타 본다면, 비행기를 직접 경험하고 이것이 무엇인지 이해하고 진짜로 하늘을 나는 과정을 실감해 본다면 피상적으로 머리로만 안

---

* 극단: 극단에는 상견과 단견이 있고, 이 이원론(상견과 단견)에서 벗어나기 위한 네 가지 견해가 있는데 다음과 같다.
첫째: 현상이 존재한다. 둘째: 현상이 존재하지 않는다. 셋째: 현상이 존재하면서 존재하지 않는다. 넷째: 현상이 존재하지 않고 존재하지 않는 것도 아니다. (옮긴이)

것과는 차이가 클 것입니다.

미륵보살은 『대승장엄경大乘莊嚴經』에서 이렇게 말씀하십니다.

> 일체 법이 환幻임을 깨달은 이의 삶은 공원을 산책하는 것과 같다.
> 그들이 성공을 했든 실패를 했든, 번뇌와 고통을 두려워하지 않는다.

환영의 힘

생각과 분노, 욕망, 질투와 같은 감정들 그리고 다른 모든 정신현상들이 환영이라면 어떻게 힘을 갖고 있을까요? 그것들이 환영이란 것과 인연조건에 의한 현상이란 것을 모르기 때문입니다. 그것들을 실재한다고 받아들이기에 정신현상은 힘을 갖게 되고, 그러다 보면 아주 뿌리 깊은 습관이 되어 버립니다.

정신현상은 우리의 주의와 관심으로 힘을 얻게 되는데, 그 자체로는 독립적인 힘을 갖고 있지 않습니다. 하지만 실재한다고 인식하기에 그것들이 힘을 갖게 되는 것입니다.

어떤 이들은 환각, 환청과 그들이 느끼는 편집증을 믿기도 하는데, 이 경험들이 너무도 현실적이기 때문입니다. 하지만 이러한 환각, 환청, 편집증과 같은 느낌들은 현실에 기반을 둔 것이 아닙니다. 이런 극단적이고 특이한 사례와 마찬가지로 우리도 분노, 욕망, 슬픔, 좌절과 같은 일상심을 현실로 느끼기에 이를 진지하게 받아들이는 것입니다. 정신현상이 환幻이라는 것을 모를 때 생각과 감정은 힘을 얻게 됩니다. 분명 환영이고 존재하지 않지만 존재한다고 생각하는 습관에 의해 현실이 되어 버립니다.

특정 정신현상이 한 개인에게 지배적일 수 있습니다. 어떤 이는 심한 죄책감이나 분노가 있고, 어떤 이는 자존감이 낮으며, 어떤 이는 운이 좋아서 대부분 유쾌하게 지냅니다. 반복된 정신현상은 익숙해져서 우리의 삶을 지배합니다. 왜 그럴까요? 그 습관에 먹이를 주고 관심으로 재충전하기 때문입니다. 그래서 힘이 생깁니다. 습관은 실재가 아닙니다. 그 습관을 실재라고 생각하고 반응하기 때문입니다.

정신현상을 환영이라고 하면 생각과 감정을 부정하거나 무시한다고 생각하는 이들이 있습니다. 그래서 자기 방어적이 되기도 하죠. 정신현상을 환영으로 바라본다고 해서 그들을 무시하는 것이 아닙니다. 물론 그 현상들은 실제로 보이고 힘이 있고 우리 삶에 영향을 미칩니다. 하지만 그 현상들은 보이는 대로가 아니며, 강력한 힘을 부여할 이유가 없습니다. 그렇기에 환영의 속성을 이해하면 우리가 변할 수 있습니다. 만약 이런 습관을 이해하면 그것들로부터 자유로워질 수 있는데, 실로 엄청난 자유입니다.

깨달음의 세 측면을 이해하고 경험함으로써 우리의 마음은 진리에 더 부합하게 됩니다. 우리의 마음이 본래 순수하고 청정하다는 것을 인식하면 진리를 깨닫게 됩니다. 좋고 나쁜 생각과 감정은 의식을 그저 스쳐 지나갈 뿐입니다. 이를 인식하면 진리를 깨닫습니다. 생각과 감정은 환영이며 습관화된 인식에 의존합니다. 그렇다고 해서 여기서 말하는 모두를 받아들이라는 것이 아닙니다. 청정본심 수행을 통해 직접 체험하길 권해 드립니다.

4

깨달음의 중요성

깨달음의 세 가지 요소에 의해 수행이 깊어져야만 합니다. 그것은 나는 누구인가, 내가 아닌 나, 정신현상의 환영적 속성입니다. 이는 평생 해왔던 인식 방식에서 벗어나야만 한다는 것을 의미합니다. 이것이 바로 청정본심의 깨달음을 성취하는 길입니다.

깨달음을 얻게 되면 자동적으로 기존의 제한된 인식 방식과 그 한계의 본질을 보게 됩니다. 기존의 인식 방식이 실상에 대한 정확한 인식이 아니라는 걸 알게 되면 참된 수행의 발전을 이룬 것입니다. 그때에는 환영과 같은 현상에 의미를 줄 때 일어나는 왜곡된 인식에 지배되는 세상에 빠지지 않습니다. 그 결과, 이전처럼 불필요한 괴로움을 겪지 않게 됩니다.

깨달음은 실상을 보는 길의 방향을 알려줍니다. 이 통찰에는 엄청난 이득이 있습니다. 실상에 한 걸음 더 다가가면 제한된 개념과 생각이 점차 사라지고 열어지고 자유로워지고 가벼워집니다. 이 깨달음이 일어나기 시작하면, 자신의 수행을 평가해야 합니다. 비록 오랜 시간 수행을 한 사람도 만약 자신의 습관에 갇혀 있다면 그 수행은 삶을 개선할 힘이 없습니다. 그렇기 때문에 자격을 갖춘 스승이 필요하고, 스승에게 받은 지침을 꾸준히 수행해야 합니다. 이로 인한 보상은 말로 다할 수 없는 것입니다.

열반이 여기에

윤회와 열반은 특별한 세상이나 그 너머 어딘가의 '바깥'에 있는 것이 아니라, 우리의 특정한 마음 상태에서 옵니다. 이는 인식과 견해에 기인하며 우리가 살고 있는 바로 이 세상과 연결되어 있습니다. 만약 유익한 마음 상태를 가지고 있다면 열반은 지금 이 순간 여기에 있고, 그렇지 않고 번뇌가 가득하다면 바로 이 순간 여기가 삼사라입니다.

무엇이 올바른 마음 상태일까요? 이는 단지 고요한 상태를 말하는 것이 아닙니다. 올바른 마음 상태란 마음의 자연스러운 상태를 깨닫는 것과 모든 생각과 감정이 환영과 같은 정신현상임을 깨닫는 것입니다.

올바르지 못한 마음 상태는 좋고 나쁜 모든 정신현상을 나와 동일하다고 생각하는 것과 정신현상이 실제로 존재한다고 믿는 것입니다. 이 왜곡된 현실을 믿고 계속해서 이런 식으로 생각한다면, 돌고 도는 망상의 혼란스런 세상인 삼사라에 있는 것입니다. 마음의 꾸밈없는 상태를 자각하고 생각과 감정이 환영과 같은 정신현상임을 아는 것이 마음의 올바른 상태이며 열반에 있는 것입니다. 이때 우리는 진리를 보게 됩니다.

청정본심은 꾸밈이 없는 마음 상태입니다. 이 견해를 가지고 있으면 열반을 경험합니다. 그 진리를 깊이 인식하고 수행이 깊어질수록 열반을 더 깊이 경험하게 됩니다. 이 '깨달은 마음 상태'를 가진 이는 힘들고 혼란한 세상에 살더라도 지금 여기에서 열반을 체험하고 있는 것입니다.

열반을 성취한다고 할 때, 우리가 갖지 않은 무언가를 '성취'하는 게 아니란 점을 아는 것이 중요합니다. 이는 올바른 마음 상태가 우리에게 힘을 부여해서 현재 이 순간에 쉽고 직접적으로 열반에 접근하고 체험할 수 있는 것을 뜻합니다.

가장 중요한 것은 우리의 마음 상태가 현실에 영향을 미친다는 점입니다. 외부 환경이 아름다운 장소에서 살더라도 마음 상태가 왜곡 되었고, 망상이나 정신현상에 사로 잡혔다면 열반을 체험할 수 없습니다. 이런 경우에는 심지어 일상의 행복이나 만족도 온전히 느끼지 못합니다.

대조적으로 청정본심에 머무는 사람들은 어려운 외부 상황에 놓여 있더라도 마음의 평화와 고요를 유지합니다. 상황이 그들에게 영향을 주지 못하기에, 있는 그대로의 상태를 경험합니다. 환영은 청정본심에서 경험하는 아름다움과 환희심을 파괴할 힘이 없습니다. 이것이 열반에서 일어나는 일입니다.

단박에 깨침과 점진적인 깨침〔돈오頓悟와 점오漸悟〕

깨달음의 세 단계를 체험할 때, 두 가지 다른 경우가 있습니다. 첫째는 단박에 깨우치는 경우입니다. 수행자가 꾸밈없는 마음의 본성을 깨달을 때, 생각과 감정이 자신이 아닌 환영이란 것도 깨닫게 됩니다.

이는 족첸의 선지식인 빠뛸 린포체의 헌신적인 제자인 뇨슐 룽톡의 일화에 잘 나와 있습니다. 그는 자신이 청정본각을 깨달았는지 확신이 없었기에 스승에게 족첸에 관해 여러 번 물었습니다. 가끔 빠뛸 린포체는 족첸 사원 위 언덕에 돗자리를 깔고 누워 밤하늘을 보며 수행을 하곤 했습니다. 그와 함께한 룽톡은 가까이에 서서 스승에게 족첸 가르침에 대해 질문할 기회를 엿보고 있었죠. 어느 고요한 밤에 빠뛸 린포체는 룽톡에게 물었습니다.

"룽톡, 너의 본성을 깨달았느냐?"

룽톡은 이렇게 답했습니다.

"스승님, 저는 아직 잘 모르겠습니다."

이에 빠뛸 린포체는 말했습니다.

"룽톡, 내 옆에 누워 하늘을 보거라."

룽톡은 스승의 지시대로 했습니다. 스승이 물었습니다.

"하늘에 빛나는 별들이 보이는가?"

"네, 보입니다."

"족첸 사원에 개 짖는 소리가 들리는가?"

"네, 들립니다."

"우리 목소리가 들리는가?"

"네, 들립니다."

"룽톡, 이게 바로 선정禪定이란다."

이 간단한 지침으로 뇨슐 룽톡은 자신의 마음의 본성을 깨우쳤고, 계속해서 그의 청정자각에 온전히 머물렀습니다.

이렇듯 스승에게 헌신적인 제자가 깨달음을 얻고자 정진할 때 마음의 본성을 깨닫도록 돕는 것이 진정한 스승의 힘입니다. 마음의 본성에 대해 높은 깨달음이 있는 자격을 갖춘 선지식과 감사와 헌신을 갖춘 제자에게 드물게 갑작스런 깨달음이 일어날 수 있습니다.

계속해서 수행을 하게 되면, 자신의 생각과 감정과 경험이 그저 오가는 정신현상일 뿐임을 알게 됩니다. 마음의 청정한 상태에 가까워지고 점차적으로 자신의 정신현상이 환영이었다는 것을 깨닫습니다. 이 '돈오'와 '점오'는 수행자의 '근기'와 적절한 '인연조건'에 따라 일어납니다.

만병통치약

모든 문제는 정신현상에서 비롯됩니다. 우리는 청정본심 수행을 통해 정신현상을 다루는 법을 익혀 문제를 해결할 수 있습니다. 이는 사실 모든 정신적, 감정적 고통을 치료하는 만병통치약과 다름없습니다. 마음의 본성이 왜곡되어 나타나는 모든 정신적, 감정적 동요를 치유합니다. 우울할 때엔 어떻게 해야 좋을까요?

기분이 좋지 않을 때 어떻게 해야 할까요? 관계가 좋지 않을 때 어찌해야 할까요? 불안하고 스트레스 받을 땐 무엇을 해야 하나요? 짜증나고 화날 때엔 어떻게 해야 할까요? 이럴 때 해야 할 일은 현재 이 순간에 마음을 쉬며 청정본심에 머물며 정신현상은 일시적이고 환영이란 걸 상기하는 것입니다. 이렇게 하면 불안과 동요가 가라앉게 됩니다. 이 가르침에 따른 수행을 하면 이렇게 할 수 있습니다.

청정본심일 때는 우리를 둘러싼 세상이 혼란스럽거나 어려움이 가득하더라도 마음이 명징하고 일어나는 일에 대해 사랑, 연민, 즐거움, 평등으로 적절하게 대응합니다. 청정본심 안에서 우리의 의식은 정신현상이나 에고의 짓눌림 없이 자신이 모든 것과 연결되어 있다는 것을 압니다. 좋은 일이나 나쁜 일, 중요한 상황이거나 별 볼일 없는 상황이 모두 깨달음의 재료들입니다. 마음이 완전히 변했기 때문에 깨달음을 지닌 채, 영화를 보러 가고 밥을 잘 먹고 불행한 상황에 대응하고 새 신발을 삽니다. 우리는 깨달음과 일상의 즐거움을 모두 누릴 수 있습니다. 세간의 즐거움을 거부할 필요가 없습니다.

우리의 마음이 본래 청정함을 인식하고 나면 '멋진 남자 친구가 있으니 만족스러워', '좋은 직업이 있으니 마음이 평화로워'와 같이 정신적, 감정적 안정이 외부 환경에 의존하지 않다는 것을 이해합니다. 무조건적인 행복의 능력이 청정본심 안에 내재되어 있습니다. 깊고 지속적인 정신적, 감정적 안녕은 깨달음과 함께 옵니다. 우리가 청정본심을 깨닫고 체험할 때, 치유는 내면으로부터 자신의 의식으로부터 자신의 고유한 마음으로부터 옵니다. 누구도 우리의 청정본심을 빼앗아 갈 수 없습니다. 이것이 진정한 '자신'이기 때문입니다.

진실한 체험

청정본심에 연결되는 것은 일시적으로 영적인 차원을 잠깐 엿보는 지복의 순간이 아닙니다. 우리가 겪는 익숙하고 다양한 경험들처럼 가질 수 있는 실제 인식이자 체험입니다. 또한 환시, 다른 세상의 신비주의 체험이 아닌 실제로 체험이 가능한 것입니다. 마법의 장소에 연결되었다가 저녁 식사 준비를 하거나 설거지를 하기 위해 돌아섰을 때 연결이 끊어지는 차원이 아닙니다. 마치 전원 콘센트에 수행을 연결해 놓았다가 플러그를 뽑으면 다시 왜곡된 인식으로 돌아가는 것과 같은 것이 아닙니다. 이는 평범한 인간이 할 수 있는 체험이며, 삶과 분리된 것이 아닙니다. 주방에서 사무실에서 심지어 침대에서도 일상 안에서의 청정본심 수행은 제2의 본성이 됩니다.

어떤 이들은 '오늘 아주 특별한 영적인 체험을 했어.' 혹은 '10년 전에 삶을 바꾸는 영적인 순간이 있었어.'라고 말합니다. 신성한 존재를 보거나 우주와 하나가 되었다고 느낍니다. 하지만 이후 그들의 삶과 인식에 실제 변화가 없다면 이는 그저 스쳐 지나가는 긍정적인 정신현상의 순간일 뿐입니다. 만약 정신적, 감정적 자유를 얻지 못했다면 진정한 깨달음이 아닙니다. 만약 청정본심이 일시적으로 변화된 의식 상태이거나 다른 차원의 경험이라면 실제 삶에 어떤 변화도 가져다주지 못합니다. 몇 년이 지나도 일상심의 같은 영향력 아래 있게 되고 습관과 인식이 같을 것이고 모든 것이 예전 그대로 유지될 것입니다. 아무런 변화가 없습니다. 실제적인 체험이 없을 것입니다.

그러나 마음의 본성을 깨닫고 이를 직접 경험하면 우리의 인식이 변합니다. 그렇게 되면 예전의 자신과 다르게 변하게 됩니다. 이 변화로 인하여 우리의 태도가 변합니다. 새로운 인식이 자신의 현실이 됩니다.

이 변화의 지속 여부는 개인에 따라 다릅니다. 어떤 이는 마음의 청정한 상태를 매우 잘 알고 있어서 그 인식과 하나가 되고 이를 절대 잊어버리지 않습니다. 어떤 이들은 이 상태에 대해 잘 알지 못해서 얼핏 보긴 했지만 그뿐이기도 합니다. 어쩌면 그들은 그 인식을 잊어버렸거나 다시 정신현상에 사로잡혔는지도 모릅니다. 초심자들은 쉽게 잊어버릴 수가 있지만, 청정본심에 접근하여 그 상태를 유지하는 사람은 절대 잊어버리지 않습니다. 그들은 언제나 청정본심 안에 머물고 있습니다.

미팜 린포체는 이렇게 말씀하십니다.

마음의 뿌리를 알아서 자기 마음을 다스린다면
이는 윤회와 열반의 최상의 선물이다.
그대는 본래부터 지니고 있는 하늘의 성城에서 벗어난 적이 없다.
모든 것은 그대 마음의 창조물에 불과하다.
모든 것이 그대 마음을 장엄하게 된다.
열린 자각 안에서 선악과 같은 모든 극단이 사라진다.
모든 속박, 모든 번뇌가 완전히 사라진다.

에마호! 이 큰 기쁨(大樂)을 경험할 때까지
최상의 연緣을 모두 성취했을 것이다.
궁극적으로 모든 것은 혼란과 미혹의 근원임을 알라.
아직 마음의 본성에 대한 확신을 얻지 못했다면
어떻게 두려움에 직면할 수 있겠는가
특히 다가오는 죽음의 공포를 어찌 대하겠는가?
두려움이 없는(無畏) 마음, 금강불괴金剛不壞의 마음을 얻는
자는 인류의 사자獅子가 된다.

3부

수행 : 청정본심을 향한 더 깊은 여정

자신의 본 모습 그대로에 머무르는 것이 깨달음이다.

_ 미팜 린포체

1

고요함 너머로

1부에서 우리의 참본성이 청정하지만 일상심에 의해 모호해졌다고 했습니다. 생각, 감정, 신념 체계, 사상이 정신현상을 이루고 '우리가 누구'라는 개념을 형성합니다. 정신현상에 빠져들어 에고를 발달시키고, 이 건강하지 못한 자의식은 자신의 진정한 중심부에 닿는 것을 가로막습니다. 그리하여 우리는 청정본심과의 연결이 끊어져 버리게 되었습니다.

2부에서는 청정본심 수행을 통해 마음의 청정한 본성을 직접 인식할 수 있다는 걸 설명했습니다. 우리는 청정본심의 세 가지 근본적인 깨달음에 대한 이해를 개발했습니다. 그 세 가지는 첫째, 진정한 자신은 청정본심이다. 둘째, 일시적인 정신현상으로 가득한 일상심은 진정한 자신이 아니다. 셋째, 정신현상은 환영이다.

청정본심을 이해했고 실상의 본성을 경험했으니, 이제는 청정본심과 더욱 친숙해지고 청정본심의 방대하고 심오한 체험을 위해 보다 깊은 여정을 떠날 차례입니다.

사마타(śamatha, 지止)

우선 마음을 고요하게 가라앉히고 안정시킵니다. 초반에는 정신 현상의 바람(풍기風氣)이* 끊임없이 세차게 불어옵니다. 그 강한 풍기는 우리를 여기저기 끌고 다닙니다. 청정본심에 다가가기 위해서는 생각과 감정의 거친 풍기를 잠재워야만 합니다. 마음을 고요하고 안정되게 가라앉히는 기법은 일반적으로 잘 알려진 '사마타'라고 합니다.

---

* 풍기(風氣, prana, rlung)

무상요가 탄트라의 두 차제는 '풍기風氣' 또는 생명 에너지를 통제하기 위해 수행하는 것이다. 불교 생리학에서 풍기란 단순히 움직이는 바람을 말하는 것이 아니다. 풍기란 생명 에너지로서 신체 내의 모든 움직임의 원인이 된다. 예를 들어 근육의 움직임이나 피와 수액의 순환, 배변, 소변, 호흡 등이다.

풍기는 육식(六識, 안이비설신의)의 기능에서도 도구로 사용된다. 의식은 마치 기수가 말을 타고 다니듯이 풍기를 '타고' 다닌다고 한다. 풍기를 타고 돌아다님으로써 의식들은 육경과 접촉하는 육근을 떠나 움직일 수 있다고 한다. 의식은 풍기가 움직임을 매개하지 않으면 작동이 가능하지 않으며 풍기는 마음이 없이는 특정 방향성이 없으므로 마음은 눈이 보이는 불구자와 같고 풍기는 다리가 성한 장님과 같다. 불구자는 장님의 등에 업혀 둘은 돌아다닐 수 있게 된다. 풍기는 마음의 작용을 매개하기 때문에 풍기가 요동치면 의식은 반드시 영향을 받게 된다. 따라서 의식을 통제하려는 밀교 수행자는 풍기의 움직임을 조정할 줄 아는 것이 매우 중요하다. 밀교 수행자들은 풍기에 대한 통제력을 얻기 위해 다양한 수행을 행한다. (참고; 『The highest yoga tantra』 번역, 허정훈)

부처님께선 초심자들에게 '사마타'를 알려주셨습니다. 이는 대상에 집중하여 현재에 머물며 마음을 가라앉히는 수행으로, 청정본심 수행은 아니지만 청정본심 수행을 할 수 있는 토대를 마련합니다.

사마타에는 다양한 기법들이 있습니다. 한 가지 일반적인 방법은 호흡에 집중하는 것입니다. 시작하기 위해 편하게 앉아 삼문(三門; 몸身, 말口, 뜻 혹은 마음意)의 긴장을 풉니다. 모든 좌선을 시작할 때 이렇게 합니다. 그런 다음 들숨과 날숨에 집중하세요. 숨을 들이쉴 때 그 들숨의 감각에 집중하세요. 다른 대상이나 마음의 현상을 따라가지 마세요. 숨을 내쉴 때는 그 내쉬는 감각에만 집중하시기 바랍니다.

현재 순간의 호흡에 계속해서 집중하게 되면 10분에서 20분 후에는 마음을 혼란으로 내몰던 거친 내면의 바람(풍기)이 조금 부드러워지고 생각과 감정이 일어나는 횟수와 강도가 줄어듭니다. 여전히 정신현상이 있지만 천천히 진행되고 덜 사로잡히게 됩니다. 점차적으로 우리는 더 이완되고 안정된 상태에 머물 수 있게 됩니다. 우리는 보다 현재에 있게 됩니다. 이는 고요함에 머무는 체험이며 사마타 수행의 목표입니다.

다른 비슷한 사마타 기법은 호흡을 세는 것입니다. 숨을 들이쉴 때 조용히 '하나'라고 세고, 내쉴 때는 '둘'이라고 셉니다. 다시 들이쉴 때 '셋', 내쉴 때는 '넷'이라고 합니다. 이렇게 해서 50이나 100까지 세거나 본인이 원하는 만큼 세고 나서, 다시 하나부터 호흡을 셉니다. 중간에 숫자 세던 것을 놓쳤다면 다시 처음부터 세도록 하세요. 이렇게 호흡에 집중하면 마음은 하나의 대상에 집중하므로 다른 정신현상들이 서서히 줄어듭니다. 그렇게 되면 마음이 점점 더 고요해집니다.

이 두 가지 기법으로 마음이 고요해지고 일상심의 왜곡된 정신현상이 줄어듭니다. 앞으로 보게 되겠지만, 마음이 호흡이란 대상에 온전히 집중하면 다른 정신현상이 일어날 기회가 없으므로 집중을 잃어 마음이 산란해지는 경우가 없습니다. 예를 들어 질투는 대상이 필요한데 그 대상이 없으니 우리 마음을 사로잡을 수 없습니다. 불행도 마찬가지입니다. 불행이 활발하게 일어나려면 대상이 필요한데 그 대상이 없으므로 살아남지 못합니다. 이 집중된 상태에서는 감정을 휘저을 것들에 집중하지 않기 때문에 모든 정신의 왜곡이 살아남을 수 없습니다.

사마타의 다른 기법으로 꽃, 그림, 글자와 같은 물리적 대상에 집중하는 것이 있습니다. 예를 들어 가, 나. 다와 같은 글자를 이용할 수 있습니다. 티베트의 글자 중 하나인 'Ah ཨ 아'자는 전통적으로 이런 집중의 대상으로 사용되고 있습니다. 대상에 집중된 상태가 지속되기 때문에 생각이 다른 방향으로 흘러가지 않습니다. 대상에 대한 집중에서 벗어나 마음이 산란하다면 다시 그 대상에 주의를 돌립니다. 만약 첫 번째 생각을 따라가게 되면 다음 생각이 계속해서 따라오게 되고 완전히 수행의 대상을 잊어버립니다. 생각이 일어나면 이를 알아차리고 다시 대상에 집중하세요.

이런 여러 기법들을 통해 우리는 같은 목표에 도달합니다. 마음은 천천히 좀 더 현재에 있게 되고 정신현상에 의한 심란함이 줄어들어 좀 더 마음을 잘 통제할 수 있게 됩니다. 수행을 하지 않으면 마음은 흐트러지고 충분히 절제하지 못합니다. 아무리 노력해도 이 무질서한 마음은 올바르게 작용되지 않습니다. 무질서한 마음은 우리를 혼란스럽고 비효율적이며 불행한 상태로 이끕니다.

화가 나거나 슬프거나 스트레스를 받거나 두렵거나 질투가 나는 것은 마음이 산란하고 거칠고 충동에 이끌리기 때문이란 것을 수행을 통해 알아가기 시작합니다. 정신현상은 눈덩이처럼 불어나 모든 심적 요소들이 소용돌이치고 번뇌가 일어납니다. 이것들이 반복되어 습관이 됩니다. 마음이 현재에 머물지 못하고 이탈하기 때문에 수만 가지 번뇌와 신념들이 일어납니다. 이런 내면의 조건에선 고요와 이완, 환희와 명징함을 찾을 수 없고 모든 것이 혼란스럽습니다. 하지만, 생각과 감정의 축적과 같은 정신현상들, 즉 고요함을 뒤덮은 습관의 구름이 사마타 수행을 통해 고요한 상태로 변할 수 있습니다.

사마타 수행은 이 무질서한 마음의 상태에 대한 해독제를 제공합니다. 앞에 말씀드린 사마타 기법들 중 한 가지를 10분, 20분, 30분씩 매일 한다면 마음이 훨씬 고요해집니다. 만약 이런 기법들을 더 배우고 싶다면 많은 온라인 사이트, 책들, 그리고 정보를 주는 곳들이 있으니 이용하시길 바랍니다. 그러나 여기에서 우리의 목적은 사마타 수행이 청정본심을 밝히기 위해 시작하는 준비단계임을 아는 것이 중요합니다. 고요함에 머물 수 있게 해주는 이 수행은 유익하지만 청정본심 체험인 경이로운 깨달음의 체험엔 미치지 못합니다.

우리 마음이 고요해지게 되면 사마타 수행에서 청정본심 수행으로 발전할 수 있습니다. 더 이상 호흡이나 다른 대상에 집중하지 않아도 됩니다. 집중하는 대상은 점차적으로 사라지게 되고 우리는 청정본심에 안주하게 됩니다.

강을 건너려면 배가 필요하지만 강을 건너고 나면 배가 없어도 되듯, 처음엔 대상에 집중하는 사마타 수행을 통해 마음이 고요해졌고 산란심 없이 대상에 머물 수 있게 되면 의지하던 기법을 놓아버릴 수 있습니다. 시간이 지남에 따라 마음이 자연스럽게 더 고요해지게 되면, 청정본심 수행을 하기 위한 사마타 수행의 필요성이 줄어들 것이라는 뜻입니다.

서양에서 『티벳 사자의 서』로 널리 알려진 구루 린포체 파드마삼바바는 우리가 처음 사마타 수행으로 마음을 고요하게 한 다음 청정본심 수행을 시작하는 것에 대해 길고 명확한 지침을 주었습니다. 이 과정은 부처님께서 전해주신 것으로, 2천5백 년 동안 여러 세대를 거쳐 헤아릴 수 없는 존재들을 해탈로 이끌었습니다. 처음에 호흡이나 다른 대상에 집중하여 마음을 고요히 하고, 마음이 고요하고 이완되고 안정되면 대상이 없는 청정본심 수행으로 옮겨갑니다.

이 두 단계 과정만이 청정본심 수행을 시작하는 유일한 방법일까요? 이 두 가지 방법의 과정을 따라도 되지만 바로 청정본심 수행으로 들어갈 수도 있습니다. 미팜 린포체는 많은 스트레스,

두려움, 불안이 가득한 이 세상에 호흡 집중과 같은 사마타 수행은 효과적이지 않을 수도 있다고 했습니다. 대신 곧바로 청정본심 수행을 시작해서 두 가지 이점을 모두 얻을 수 있습니다. 미팜 린포체는 이렇게 말씀하십니다.

> 그대가 수행을 할 때, 외부의 대상에 집중하는 것으로 성취할 수 있다.
> 호흡에 집중하거나 종자자*와 같은 상징에 집중할 수 있다.
> 이 과정이 익숙해짐에 따라 수행을 성취할 수 있다.
> 그러나 산란한 마음과 거친 번뇌가 일어나
> 빈번하게 성난 뱀처럼 끊임없이 위협한다면
> 생각을 멈추려 해도 더 큰 혼돈만 있을 뿐,
> 그때 낙담하여 수행을 포기할 수도 있다.
> 자신의 본연의 상태인 꾸미지 않은 마음에 안주하게 되면
> 이를 알아차리고 계속해서 그 자각 속에 머물게 된다.
> 그렇게 되면 감정의 폭풍이 몰아쳐도 그대를 방해하지 못하고 그것을 따르지 않게 된다.
> 마음의 본성은 허공과 같아 맑은 데서 가장 맑아진다.
> 생각과 감정은 바람과 같아 고요한 데서 가장 고요해진다.
> 그렇게 되면 자각이라는 호수는 일렁임이 없고 맑고 청정해

---

* 종자자種子字: 금강승에서 불보살들을 상징적으로 표현한 글자를 뜻한다. (옮긴이)

지며
고요히 머무는 수행과 청정본심 수행의 합일에서 오는 모든 공덕을 깨닫는다.

청정본심 수행의 목적

청정본심 수행은 다른 수행들과 어떻게 다를까요? 다른 수행들과 달리 '청정본심 수행은 어떤 대상에 집중하지 않습니다.' 호흡이나 다른 외부 상황이나 도움에 집중하지 않습니다. 대신 정신 현상을 넘어 자신의 더 깊은 부분에 연결합니다. 우리는 왜곡 없이 진실하고 완벽한 마음을 경험하고 그것이 항상 존재한다는 것을 봅니다. 수행을 통해 점차 마음이 본래 청정하다는 것을 무척 깊고 강하게 깨닫고, 청정한 상태에 머무는 능력을 더 쉽게 개발할 수 있습니다.

특정한 조건과 대상의 도움 없이 청정본심에 머무는 것이 실제 청정본심 수행입니다. 이는 '대상이 없는 수행'입니다. 청정본심 수행이 깊어질수록 우리의 본성이 더 깨어나게 되고 수행을 하는 동안이나 수행을 마친 후의 일상에 까지 확장되고 깊어집니다. 점차적으로 점점 더 많은 수행을 통해 선정이 깊어지게 되고 수행을 할 때나 하지 않을 때의 체험의 차이가 사라져, 청정본심의 상태 안에서 더욱 온전히 머물게 됩니다.

이 체험은 우리 삶의 모든 영역으로 확장됩니다. 금세 그렇게 되지 않을 수도 있지만 점진적으로 청정본심의 체험이 모든 것에

배어듭니다. 일상심이 만든 장애를 제거하면 진정한 본성을 체험하게 됩니다.

청정본심 수행을 시작할 때, 구루 린포체 파드마삼바바께서 주신 네 단계 수행을 합니다. 이것은 2장에서 논의한 깨달음의 세 단계를 성취하는 데 이용됩니다. 이를 '청정본심 수행'이라 부릅니다. 깨달음이 마음에 굳건한 뿌리를 내리면 우리는 청정본심에 머물게 되고, 이 머묾이 진정한 청정본심 수행입니다.

진정한 자신이 누구인지를 아는 것이 깨달음입니다. 진정한 자신에 머물고, 그 체험을 유지하는 것이 수행입니다. 청정본심 수행을 하면 깨달음과 수행이 함께 갑니다. 미팜 린포체는 이렇게 말씀하십니다.

"깨달음은 눈과 같다—진정한 자신이 누구인지 보게 한다. 수행은 다리와 같다—깨달음*에서 성불**로 데려다 준다."

깨달음과 수행은 성불의 여정에 필요한 양 날개입니다.

목표는 번뇌, 왜곡, 오염된 마음을 포함한 모든 정신현상에서 자유로워지고 우리의 가장 깊은 본성, 마음의 자연스러운 상태를 깨우는 것이며 그렇게 함으로써 궁극의 깨달음을 드러내는 것입니다.

---

* 깨달음: 올갠 초왕 린포체께선 이렇게 말씀하셨다. 깨달음은 세 측면이 있다. 마음의 자연스러운 상태를 인식하는 것, 모든 생각과 감정은 정신현상임을 인식하는 것, 모든 정신현상이 환幻과 같음을 인식하는 것이다. 이를 깨달음이라 한다.

** 성불은 완전한 깨어남이다. 일시적인 것이 아닌 궁극의 깨어남을 뜻한다.

인식이 완전히 청정해지면, 정신현상이 더 이상 우리를 생생하고 맑고 흠 없는 상태에서 벗어나게 할 힘이 없어집니다. 그 지점에 도달하게 되면 마음에 더 이상 불안이나 고통 두려움이 없게 됩니다. 예전에 있었던 마음의 성향들은 더 이상 힘이 없습니다. 마음의 청정한 상태를 온전히 성취하는 것이 청정본심 수행의 목표입니다.

이제 수행 과정에 대한 흔한 오해에 대해 언급하고 싶습니다. 이 책을 쓰는 동안 저는 영어 수업을 받았습니다. 어느 날 영어 교사가 저의 직업을 묻기에 수행을 가르치는 법사라고 답했습니다. 그러자 그녀는 저에게 질문을 했습니다. "좌선을 할 때, 긴장을 풀고 눈을 감고 있으라고 하는데 그러면 깨어 있기가 힘들지 않나요?" 저는 이렇게 답했습니다. "좌선을 할 때 눈을 감지 않고 기민하게 깨어 있어야 합니다." 이에 그녀는 약간 당황스러웠나 봅니다. 그녀에게 좌선이란 그저 눈을 감고 평화를 느끼며 긴장을 푸는 수준으로 생각하고 있었기 때문에 내 말을 듣고 놀란 것이죠. 물론 이렇게 하는 것도 기분이 좋아지고 건강에 도움이 되기도 하는데, 이렇게 해선 제대로 청정본심 체험에 다다를 수 없습니다. 어떤 수행은 단순히 마음을 이완하고 스트레스를 줄이는 것이 전부이지만 부처님께서 알려주신 수행은 그 이상의 것임을 명심하시기 바랍니다.

진정한 수행이란 그저 일시적인 휴식이 아닙니다. 수행을 할 때 오직 잠깐의 평화만을 바란다면 삶을 바꾸는 수행이 아닙니다. 이는 진실로 낮잠을 푹 자는 것보다 나을 게 없습니다. 우리가 청정본심 수행에 대해 이야기 하는 것은 낮잠 그 이상의 것입니다. 삶의 모든 영역을 변화시켜 우리 마음에 닿을 수 있도록 고안되었습니다. 진정한 수행을 제대로 하면 무조건적인 행복에 이르게 됩니다.

2

예비 수행 : 청정본심을 체험하다

2부에서 우리는 마음의 참본성인 청정본심을 깨닫기 위해 예비 수행을 해보았습니다. 청정본심이 마음의 진정한 본성이고, 일상심은 진정한 자신이 아니며, 정신현상은 실체나 속성이 없다는 것을 깨닫기 위한 내용이었습니다. 이제 우리는 두 번째 예비 수행에 들어갈 것입니다. 청정본심의 큰 혜택을 체험하기 위해 청정한 마음속으로 더 깊게 여행할 것입니다.

미팜 린포체는 이렇게 말씀하십니다.

생각하거나 되새기지 말고 마음을 쉬어라.
자각하는 현재 순간에 지속적으로 머무르라.
생각이 일어나더라도 생각을 따라가지 말라.
자신만의 선정禪定을 유지할 줄 안다면
마음의 본성은 하늘처럼 맑아지리니.
바람과 같은 정신현상이 잦아들면
맑고 청정하고 흔들리지 않는 의식의 호수는
지(止, 사마타)와 관(觀, 위빠사나)의 토대가 된다.

청정본심을 깨닫기 위해서나 청정한 마음속으로 더 깊게 여행하기 위해서 우리가 수행을 할 때에는 동일한 기법을 따라야 합니다. 우리의 참본성을 처음 깨달을 때 우리는 이러한 기법을 사용하고 참본성에 머무를 때도 동일한 기법을 사용합니다. 처음 수행을 시작했거나, 깨달음에 이르기 위해 청정본심 수행을 할 때에도 우리는 아래에 이어지는 네 가지 지침을 따라야 합니다.

준비를 위해 우선 방석이나 의자 위에 편하게 앉아 몸의 긴장을 풉니다. 앞서 말했지만 이것이 언제나 수행의 첫 단계입니다. 편안하기만 하면 어디에 앉건 상관이 없습니다. 몸의 긴장을 푸세요. 몸에 불편한 감각이 있거나 긴장했는지 살피세요. 눈은 반드시 뜨고 계세요. 목소리를 낮추세요. 말하지 않고 조용히 하며, 자연스럽고 긴장을 푼 호흡을 합니다.

'마음을 쉬는 것'은 늘어지고 나른한 상태를 말하는 것이 아닙니다. 몸과 마음이 예리하게 깨어 있어야 합니다. 우리는 스트레스로부터 벗어나 마음을 이완하지만 그렇다고 해서 혼침하거나 알아차리는 자각을 놓친다거나 잠이 든다거나 무의미한 몽상에 빠져서는 안 된다는 부처님의 가르침을 기억하세요. 잘 조율된 현악기의 줄처럼 너무 팽팽하거나 느슨해선 안 됩니다. 우리는 집중하려 애쓰고 예리하게 깨어 있어야 합니다.

예리하게 깨어 있으면서도 정신적으로, 감정적으로, 영적으로 고요할 수 있습니다. 모든 정신적, 감정적 잡담을 그치세요. 떠오르는 생각을 따라가지 마세요. 그저 기민하게 깨어 있으면서 알아차림을 의식하세요. 이것이 진정한 청정본심 수행의 체험에 필요한 준비입니다.

청정하고 맑고 고요한 마음 상태를 계속 드러내기 위해, 구루 린포체 파드마삼바바의 네 가지 단계를 수행해야 합니다.

첫째, 구루 린포체 파드마삼바바는 이렇게 말씀하십니다.

"과거를 좇지 말라."

기억, 생각, 감정, 과거와 연관된 잔상을 따라가지 말고, 마음을 현재로 가져오세요. 현재 순간에 더 쉽고 온전히 당도할수록 우리의 수행이 청정본심에서 더 오래 머물게 됩니다. 그렇게 되면 일상심이 현재 순간에 머물기 어렵게 됩니다. 우리를 과거로 데려가는 것이 일상심이 하는 일 중 하나입니다. 현재에 온전히 머물 때, 청정본심으로의 여정이 준비된 것입니다.

둘째, 구루 린포체는 이렇게 말씀하십니다.

"미래를 예측하지 말라."

마음을 미래의 근심과 계획을 향해 떠돌지 않도록 주의하세요. 만약 그 방향으로 간다면 방향을 돌려 현재로 돌아오시기 바랍니다. 지금 이 순간 수행을 하고 있기 때문에 미래의 어떤 것도 걱정할 필요가 없습니다.

우리가 이 두 단계를 따르면 마음은 더 이상 과거나 미래에 사로잡히지 않습니다. 대부분의 정신현상은 번뇌, 괴로운 일들, 불행, 슬픔, 과거, 미래에 초점을 맞출 때 생깁니다. 이러한 정신현상이 시작되기 전에 마음을 정리하기 위해서, 수행하는 동안 과거와 미래에 대한 끌림을 놓아야 하며 마음을 현재로 가져와야 합니다.

셋째, 구루 린포체는 이렇게 말씀하십니다.

"현재에 머물러라."

현재에 머무는 것은 능동적이고 적극적인 과정으로, 현재에 대한 알아차림과 인식을 높이는 여정입니다. 현재에 대한 알아차림에 장애가 되는 과거와 미래에 사로잡히지 마십시오. 우리는 현재의 인식 자체에 집중해야 합니다. 충분한 기간 동안 수행에 익숙해지게 되면 본래 지금 여기 존재하는 청정본심에 연결되기 시작합니다. 이는 혼침에 빠지거나 도거가 일어나는 체험이 아닙니다. 우리 모두 뜻깊은 동기와 열의를 가지고 최선을 다하여 정진해야 합니다.

구루 린포체의 지침 중 네 번째이자 마지막은 "마음을 내버려 두어라."입니다.

우리가 현재에 온전히 있게 되면 마음으로 무엇을 해야 할까요? 아무것도 할 것이 없습니다. 그냥 마음을 내버려 두세요. 앞에서 설명한 것처럼 계속해서 현재에 머뭅니다. 현재에 머물며 조작 없이 마음을 놓아두고 어떤 식으로든 꾸며내지 말고 그 상태에 그저 머뭅니다. 손을 내버려 둘 수 있는 것처럼 마음을 내버려 두세요. 손을 내버려 두면, 손을 흔들거나 손짓을 하거나 손가락을 비틀거나 컵을 들지 않습니다. 마음을 내버려 두는 것 역시 이처럼 아무 것도 하지 않는다는 의미입니다. 생각, 감정, 기억, 계획에 관여하지 말고 마음을 내버려 두세요.

위의 단계를 5분에서 10분 정도 하게 되면 진정한 청정본심 수행이 시작될 수 있습니다. 의식적으로 현재 순간에 머물고 몇 분 정도 마음을 내버려 두면 우리의 정신현상, 내면의 잡담, 생각과 번뇌가 서서히 가라앉습니다. 마음을 내버려 두면 그것들이 계속해서 있을 수 없기에 사라지게 됩니다. 정신현상은 대상이 있어야만 살 수 있습니다. 현재에 머물수록 정신현상은 가라앉습니다. 우리를 압도하는 정신현상과 소용돌이치는 폭풍 같은 번뇌들이 점점 힘을 잃게 됩니다. 온전히 현재에 머물며 마음을 내려놓을 수 있다면 모든 정신현상들이 진정됩니다.

정신현상이 가라앉으면 무엇이 남을까요? 감정, 생각, 신념 체계가 용해되면 무엇이 남게 될까요? 경계가 없고 왜곡되지 않은 청정한 의식, 순수자각인 청정본심만이 남게 됩니다. 마음의 자연스러운 상태에 머무는 순간마다 정신현상이 가라앉기 때문에 정신적, 감정적 허물이 없습니다.

마음의 청정한 상태를 체험하면 그냥 거기에 머무십시오. 이것이 수행입니다. 진정한 자신, 마음의 청정한 상태 이외에 수행할 '무엇'이 없습니다. 우리의 청정한 근본 의식은 본래부터 있어 왔는데, 수행으로 이를 드러내는 것뿐입니다. 언젠가 수행을 하지 않아도 어느 날 자연스러운 상태가 될 만큼 익숙해지도록 하는 것이 수행입니다. 이 상태에선 마음을 끌 만한 번뇌나 다른 정신현상이 없습니다. 마음이 일상심에 있을 때보다 훨씬 더 편안합니다. 감정 기복이나 좋고 나쁜 상태가 없고 파란 하늘처럼 청명합니다. 일상심의 동요에서 벗어나기 위해 낮잠을 자거나 일시적으로 쉬는 것과는 다릅니다.

청정본심의 고속도로를 운전하다

언젠가 법회가 있어 보스턴에서 몬트리올로 여행을 하게 되었는데 차에서 내비게이션을 사용했습니다. 내비게이션이 이렇게 말한 것이 기억납니다. '89번 도로를 타고 50킬로미터 더 가세요.' 목적지에 도착하기 위해 계속해서 고속도로를 달려야 했습니다. 고속도로에서 벗어나게 되면 다시 차를 목적지를 향해 돌려야만 합니다.

마찬가지로 30~40분 동안 수행할 때, 그 시간 동안은 계속 청정본심 고속도로에 있어야 합니다. 수행을 할 때, 내면의 내비게이션은 이렇게 말합니다. '30분 동안 청정본심에 있으세요. 나가지 마세요.' 만약 생각이 일어나 따라가게 되면 나갔다는 뜻입니다. 만약 뜻하지 않게 나가게 되었다면 다시 청정본심 고속도로로 돌아와야 하고 길을 잃지 않도록 계속 그 길을 달려야 합니다. 그렇게 해서 고속도로를 계속 달리게 되면 해탈을 향해 한 걸음 더 나아가게 됩니다. 생각이 일어나더라도 걱정하지 마세요. 생각은 출구 표지판과 같습니다. 생각의 출구로 나가지 않고 길을 잃지 않아야 합니다. 우리는 많은 출구들을 지나치겠지만 출구로 나가지 않고 고속도로에 있는 이상 문제없습니다.

청정본심 고속도로를 타고 멀리 갈수록 환경이 많이 변합니다. 동부 해안을 따라 달린 길은 무척 아름다웠습니다. 각각의 풍경을 지나갈 때 새롭고 아름다운 환경이 우리를 반겼습니다. 이와 마찬가지로 청정본심 고속도로에 있으면 주변 세상에 대한 견해가 점점 더 아름다워집니다. 가장 장엄한 체험을 통해 세상을 인식하게 될 때까지 모든 오래된 습관과 신념 체계와 마음의 찌꺼기들을 지나야 합니다.

마음을 내버려 두기

구루 린포체 파드마삼바바는 마음을 쉬게 하기 위해 '마음을 내버려 두어라.'라고 합니다. 수행을 할 때 마음을 조작하지 말고 꾸며내지 않으며 방황하지 않고 걱정하지 않아야 합니다. 그저 마음을 고요하고 맑은 물처럼 자연스럽게 있는 그대로 두세요.

마음에 너무 많은 것들이 진행 중이거나 산란하고 불행하거나 스트레스를 받을 때, 우울하거나 심란할 때, 필요한 것은 마음을 내버려 두는 것입니다. 이때에 마음은 먼지와 불순물들을 휘저어 놓은 흙탕물과 같습니다. 우리의 자연스러운 상태인 본래 고요하고 평온한 상태로 돌아가려면 반드시 먼지와 불순물을 가라앉혀야만 합니다. 이렇게 할 때 동요, 절망, 피로는 증발하는 신기루처럼 사라집니다.

어떻게 하면 흙탕물을 맑게 할 수 있을까요? 흔들지 않고 휘젓지 않으면 됩니다. 가장 좋은 방법은 그냥 내버려 두는 것입니다. 가라앉게 둘 수만 있다면 물은 저절로 맑아집니다. 모든 불순물이 가라앉고 나면 물은 서서히 본래의 투명함을 되찾습니다.

이와 같이, 마음에 구름이 낀 것처럼 불행하고 심난할 때 가장 좋은 방법은 가만 내버려 둬서 가라앉게 만드는 것입니다. 그래서 마음이 현재로 돌아오면 더 이상 극심한 정신적 변화가 없고 변덕이 없으며 분별이 없게 됩니다. 마음을 내버려두면 이 모든 왜곡과 동요가 가라앉고 마음은 서서히 고요하고 명징하며 경계가 없는 상태를 되찾습니다. 행복하고 명징하고 열린 상태가 떠오르게 됩니다.

마음을 내버려 두세요. 종종 마음을 어지럽히고 그 혼란스러운 상태에 자신이 휩쓸리는 일이 많습니다. 그래서 오랜 기간 동안 스트레스를 받고 두려워합니다. 우리가 현실로 받아들이는 일상심은 고통이라 부르는 많은 감정과 정신적 찌꺼기의 원천입니다. 청정본심 수행은 청정하고 변함이 없는 우리 본성의 정수로 이어주는 고속도로입니다.

가끔 이렇게 생각할 수 있습니다. '나는 문제를 만들지 않아. 그런데 스트레스를 받네.' 자신은 이 스트레스에 기여한 바가 없다고 생각합니다. 그저 불행하고 스트레스를 받고 화가 날 뿐이라 생각하죠. 자신의 이러한 상황에 대해 무고한 구경꾼이라 생각하지만 결코 그렇지 않습니다. 자신과 상관없다는 생각이 계속해서 고통을 만들어내고 있습니다. 우리는 소파에 앉아 겉으로는 소극적인 것 같지만 실은 매우 활발하게 생각하고 있습니다. '그가 이렇게 했어. 그녀가 이랬지. 그건 다 싫어. 어떻게 그런 일이 있지?' 내면에선 어마어마한 일들이 벌어지고 있는 중입니다. 수많은 상황을 곰곰이 생각하고 너무나 많은 문제들을 고민합니다. 이 모두는 원해서 하는 일이 아니고 어쩔 수 없이 하는 일이라 생각합니다. 모든 스트레스와 불안에서 벗어나기 위해서는 마음을 내버려두는 것이 필요합니다. 이렇게 되기 위해 다른 해독제는 필요 없고 청정본심의 현재 이 순간에 대한 인식만 있으면 됩니다.

여기에서 이해해야 할 가장 중요한 것은 집착이나 조바심, 미련 등은 우리 마음을 방해하는 요인들이라는 점입니다. 우리가 해야 할 일은 현재 상태에 머물며 어떤 식으로든 마음을 조작하지 않는 것입니다. 그렇게 되면 마음은 아무것도 하지 않아도 자연스럽게 더 맑아지고 느긋해집니다. 이 모든 일이 자연스럽게 이뤄집니다. 우리들 마음이 저절로 맑고 청정해지며 고요하고 맑고 경계가 없습니다.

어떻게 해야 마음을 적절하게 다룰 수 있나요?

마음이 고요하고 맑고 경계가 없는 상태에 머물 수 있게 되면 모든 것을 신선하고 새롭게 경험합니다. 청정본심에 머무를 때 우리가 보는 모든 형태, 듣는 모든 소리, 모든 맛, 경험하는 모든 감각들이 생생해집니다. 운동이나 요가를 하고 나서 샤워를 하면 편안하면서도 동시에 머리가 맑습니다. 현재에 있다는 느낌이 있죠. 마음이 청정한 상태에 머물 때 이와 비슷한 면이 있지만, 훨씬 더 심오합니다. 모든 것이 생생하고 경계가 없고 명징합니다. 모든 단계에서 청명함을 느낍니다. 생각, 감정, 오랜 습관들은 노화됩니다. 신념도 식상해지죠. 그러나 청정본심에 머물며 체험하는 모든 것은 똑같이 새롭고 신선하고 활발한 특성이 있습니다.

맑은 상태에 머무를 때, 분별과 가명假名이* 없으며 번뇌와 망상이 없습니다. 유일하게 해야 할 일은 현재를 인식하는 것입니다. 그렇게 되면 체험하는 모든 것이 청정본심의 색조를 띠게 됩니다.

직메 푼촉 린포체는 이렇게 말씀하셨습니다.

그대는 깊게 분석하고 조사할 필요가 없다.
분별없이, 그저 청정인식 안에 머물라.
밤낮으로 머물며, 마음을 쉬어라.
너를 옭아매는 수백 가지 믿음, 분별, 집착의 매듭을 풀어라.

청정본심에 머무는 것을 배우면 그 청정한 본성이 우리의 모든 체험과 모든 세상으로 확장됩니다. 그러므로 수행을 하는 이유는 단지 좌선 시간만이 아닌, 수행을 마친 후에도 청정본심을 유지하는 것입니다.

에고가 없는 지역

청정한 마음의 체험은 에고가 없는 곳에서 일어납니다. 에고가 없는 지역이란 건강하지 못한 자의식인 에고(자아)가 없다는 것을 의미합니다. 일상생활에서 에고는 언제나 작용하지만 청정본심에서는 에고가 없습니다. 번뇌, 습관, 믿음, 생각 이렇게 네 개

* 가명假名: 모든 현상은 여러 인연의 일시적인 화합에 지나지 않으므로 불변하는 실체가 없고 이름뿐이라는 뜻. (옮긴이)

의 길에서만 에고가 활동할 수 있습니다. 그러나 마음의 청정한 상태에선 이 네 개의 정신현상이 존재하지 않으므로 에고가 살아남을 수 없습니다. 에고가 없으면 낮은 자존감도 없고 솟아오른 자만심도 없으며 그릇되고 건강하지 못한 자의식이 없습니다. 청정본심은 불편한 자의식의 활동이 없기 때문에 매우 편안한 상태입니다. 자의식이 없어 긴장이 없는 상태입니다.

수행이 깊어져 선정에 들면 경직되거나 긴장 없이 에고가 없는 지역에 머뭅니다. 몸과 마음이 경쾌하고 유연하고 가벼워지는 경안輕安을 느낍니다. 우월감이나 열등감도 우리를 통제하지 못합니다. 청정본심에서는 이러한 긴장과 건강하지 못한 자의식이 작용하지 못하기 때문에 정신적, 감정적으로 긴장이 풀린 진정한 휴식 상태에 있습니다.

사실, 에고는 존재하지 않습니다. 이는 그릇된 인식일 뿐입니다. 우리가 깨달음을 얻고 수행을 통해 직접적으로 그 진리를 인식하면 에고라는 그릇된 인식은 살아남을 수 없습니다. 모든 정신현상이 사라지게 되면 진정한 우리의 본성만 남습니다. 에고를 구성하는 정신현상들은 일시적이며 인위적인 체험입니다. 이런 것들이 가고 나면 청정본심만 남게 됩니다.

수행이 진전되면 건강하지 못한 자의식이 점차 사라집니다. 극단적인 자의식인 자만심과 자기혐오가 수행 중에 사라집니다. 수행을 할 때 그 자의식은 희미해지지만 수행을 하지 않으면 자의식이 되돌아옵니다. 하지만 수행이 깊어져 마음의 본성을 잘 알게 되면 다시 변하게 됩니다.

청정본심에 더 연결될수록 그 상태에 더 확신을 느끼고 더 건강한 자의식을 발달시킵니다. 건강한 자의식이 있으면 심지어 그 자의식조차 정신적 투사임을 깨닫습니다. 인식은 유연하고 유동적이며 경직된 자의식에 의존하지 않습니다.

순항 고도

청정본심 수행으로 정신현상을 초월할 때, 마치 비행기가 순행고도에 이른 것과 같습니다. 마음에 난기류가 없습니다. 동요와 산란으로부터 자유롭고 청정한 상태에서 비행을 하며 완전히 고요하고 잔잔한 상태로 하늘을 가릅니다. 정신현상에 마음을 빼앗기지 않은 진정한 자신인 청정한 상태를 애쓰지 않고도 유지합니다.

비행기는 몇 시간 동안 순조롭게 비행할 수 있습니다. 마찬가지로 우리도 수행에 숙달되면 이와 같은 체험을 하게 되죠. 20분 정도 마음의 동요와 정신현상들이 없습니다. 온전히 경계가 없고 활발하고 성취감을 주는 체험입니다. 우리의 자연스러운 상태, 청정본심에 머무는 것이 바로 그러합니다.

자연스러운 상태에 머무는 것, 현재에 머무는 것은 아무것도 없는 빈 상태가 아니고 무딘 상태도 아닙니다. 우리는 감각을 차단하지 않습니다. 사실 그 반대입니다. 청정본심에 머물 때 감각은 훨씬 더 선명하고, 정신현상에 붙잡힐 때 보다 더 현재에 있게 됩니다.

정신현상 안에 있을 때 우리는 현재에 있지 않습니다. 그것들이 현재의 깊고 생생한 체험을 방해하여 자신의 주변에 일어나는 일을 잘 알지 못하게 됩니다. 하지만 현재에 있게 되면 우리가 있는 공간에서 일어나는 모든 것들을 알게 됩니다. 정신현상에 사로잡히지 않고 그것들을 알아차릴 수 있습니다.

수행은 무디거나 무아지경의 상태 혹은 공허하거나 무의식적인 상태가 아니며 잠이 든 상태도 아닙니다. 이와 반대입니다. 모든 마음의 얽힘에서 자유롭습니다. 이는 매우 편안하고 열린 마음을 만들어 현재에 머물며 편안하게 지낼 수 있게 해줍니다.

위없는 깨달음(성불)을 추구하지 않고 그저 행복, 즐거움 그리고 좋은 인간관계를 원한다 하더라도 청정본심 수행이 최상의 방편입니다. 내 자신이 보다 안정되고 타인과 편안하게 소통하고 싶다면, 우선 틀어진 자신의 마음을 정화해야 합니다.

수행은 자신을 정신적으로 감정적으로 영적으로 향상시킬 수 있는 최선의 길입니다. 더 나은 삶을 추구할 때, 수많은 길이 있지만 기적처럼 삶을 변화시키는 길은 바로 수행입니다.

수행을 하지 않으면 마음은 언제나 '에고 모드'이며 절대 쉴 수 없습니다. 만약 아름답고 편안한 마음을 갖고 싶고 그렇게 변한 자신으로 살고 싶다면 수행을 하세요. 청정본심에 더 오래 머물수록 타인과의 관계가 수월해지고 주변 사람들이 우리를 더 편안하게 느낍니다. 마음이 심란할수록 걱정거리가 많아지고 어려움에 연연하다 보면 어떤 상황이 와도 마음이 불편해집니다. 이 모든 문제들은 훈련되지 않은 정신현상의 결과이며 적절한 수행만

이 해독제입니다.

경계가 없는 체험

청정본심 수행은 대상이 없는 수행입니다. 현재를 인식하는 것이 가장 중요합니다. 그 인식을 자유롭게 허락하고 여러분의 인식에 주목하세요.

수행에서 가장 중요한 요소는 지금 이 순간에서 편안해지는 것입니다. 여러분의 마음을 너무 밀어붙이지 말고, 한 점이나 특정한 한 곳을 응시하며 고정시키려 하지 마세요. 몸은 움직이지 않을 수 있지만 마음은 완전히 헤맬지도 모릅니다. 늘 알아차림을 놓치지 않기 위해 노력해야 하고 알아차림과 익숙해지도록 애써야 합니다. 청정자각과 많은 시간을 보내면 그것에 대해 점점 더 많이 알게 됩니다.

10분에서 20분 동안 제대로 좌선을 한 후에, 경계가 없는 마음을 느끼고 그 체험을 유지합니다. 아무것도 하지 말고 거기에 머무르세요. 그 어떤 것도 수행의 대상으로 삼지 않습니다. 여러분의 인식이 꾸밈이 없고 자유롭게 유지되도록 하세요. 그 상태를 유지하는 것이 수행입니다. 그 수행에 익숙해지고 편안해지세요. 억지로 무언가를 하려 애쓰지 않습니다. 이 수행은 애쓰지 않아야 합니다. 청정자각과 함께 시간을 보내며 친숙해지면 됩니다.

이 수행을 해서 약간의 체험을 얻게 되면 어디에서 수행을 하건 시간이 무척 빨리 갑니다. 시간이 날아갑니다. 끝도 없이 계속 수행을 할 수 있을 것 같고, 계속 하고 싶어집니다. 선정에 계속 머물며 나오고 싶지 않습니다. 만약 계속 수행을 하고 싶다면 이는 매우 좋은 징후입니다.

3

수행 중의 체험과 장애

이 장에서는 좌선할 때 일어나는 좋고 나쁜 체험들을 자세히 살펴볼 것입니다. 그리고 이 서로 다른 체험들을 어떻게 연관시키면 좋을지에 대해서 말씀드리겠습니다. 청정본심 수행에 머물 때 어떤 일이 벌어질까요? 예를 들어, 수행 중에 소음을 듣는다면 어떻게 하시겠어요? 만약 생각이 일어난다면? 지금부터 이에 대해 살펴보도록 하겠습니다.

소음은 인식을 스쳐 지나고

청정본심 수행의 체험과 다른 수행 체험에는 상당히 큰 차이점이 있습니다. 특히 대상에 집중하는 수행과는 더욱 그렇습니다. 사마타 수행처럼 하나의 대상에 집중하고 있을 때 소음이나 외부의 산만함은 집중을 앗아갑니다. 그러나 어떤 한 대상에 집중하지 않는다면, 그 소음은 수행에 방해를 주지 않고 우리의 인식을 지나가 버립니다. 수행에서 하나의 대상에만 집중하려 한다면 우리의 인식이 확장되지 못하고 하나의 대상에 한정됩니다. 하지만 청정본심 수행에 안주하여 어떤 특정한 대상에 집중하지 않으면, 인식은 우리가 있는 공간 전체에 스며듭니다. 모든 소리도 인식을 스쳐 지나가지만 주의를 끌거나 인식을 제한하지 않습니다. 어느 정도 시간이 지나 청정본심에 머무를 때 외부의 감각들은 영향을 주지 않습니다.

바로 이렇게 되진 않겠지만 청정본심 수행에 점차 익숙해지다 보면 소음이나 다른 자극의 영향을 덜 받게 됩니다. 여러분은 어쩌면 의도적으로 외부 자극을 줄이고 수행하길 원할지도 모릅니다. 전화벨 소리, 티브이 소리, 자동차 소음, 공사할 때 나는 소리, 길에서 들리는 소음이 없는 조용한 장소가 수행에 도움이 될 수 있습니다. 숙련된 수행자들도 외부 간섭이 적은 적정처寂靜處에 들어가는 것이 도움이 됩니다. 그러나 성취한 수행자들은 외부 자극의 영향을 덜 받습니다. 그들에겐 충분한 정진력이 있기에 시끄러운 도시나 조용한 장소에 구분이 없습니다. 청정본심 안에서 평온함을 길렀기 때문입니다.

수행하는 이들은 외부의 환경으로부터 자극을 받기도 하지만, 자주 생각에 빠져들기도 합니다. 생각을 하는 자체는 청정본심 수행자들에게 문제가 되지 않습니다. 그렇다고 해서 수행을 잘하지 못한다는 뜻이 아닙니다. 그러나 생각을 따라가고 분별하고 판단하는 것은 문제가 됩니다. 생각이 떠오르는 것은 정상입니다. 우리는 언제나 생각이 일어나는 것에 익숙합니다. 생각하는 것은 자연스러운 일입니다. 생각이 일어나도 걱정하지 마세요. 하지만 생각을 따라가지 말고 판단하거나 해석하려 들지 마세요.

청정본심에 머문다면 생각이 일어나도 자연해탈(7장 참조)되어 스스로 녹아듭니다.

우리는 어떤 특정한 체험을 만들고자 애쓰지 말아야 합니다. 우리가 해야 할 일은 현재 고요한 상태에 머물고 계속해서 알아차림을 유지하는 것입니다. 어떤 일이 일어나게 하려고 노력하지 마세요. 우리는 그 상태에 대해 수행을 하는 것이 아니라 그냥 그 고요한 상태 안에 있는 것입니다. 이 수행을 더 많이 할수록 그 상태 안에 있는 자신을 더 많이 느낍니다. 그렇게 되면 일상적인 정신현상은 어떤 식으로든 우리를 휘두를 수가 없고, 순수자각의 상태에서 벗어나게 할 수 없습니다.

어떤 면에서 '수행 혹은 명상'은 행위, 즉 무언가를 성취하려는 시도를 암시하기에, 청정본심 수행에 대해 말할 때 '수행 혹은 명상'이란 단어는 정확하지 않습니다. 어떤 것이든 대상에 집중하는 수행은 무언가를 하려고 애씁니다. 예를 들어, 호흡에 집중하는 수행에선 오직 호흡에만 집중하는 것이 핵심이며, 수식관數息觀을 한다고 말할 수 있습니다. 하지만 청정본심 수행은 무언가를 하려 애쓸 필요가 없는 '수행 아닌 수행', '명상 아닌 명상'이며 어떤 것에도 집중하지 않습니다. 그저 인식할 뿐입니다. 정신현상에 휩쓸리지 않으면 청정본심의 상태에서 벗어나지 않습니다. 만약 정신현상이 일어난다면 그냥 지나가게 두세요. 그러면 우리의 인식을 방해하지 않을 것입니다.

이 마음의 청정한 상태에 닿고 머무를수록 정신현상과 정신오염에서 자유로워지고, 그 자연스러운 상태에 머무는 마음의 경이로운 체험을 더 많이 합니다. 우리는 무언가를 수행하는 것이 아닌, 청정본심의 상태에 머무를 뿐입니다.

고요하고 맑음

'구루 린포체 파드마삼바바'께서 전해준 네 단계 지침이 '수행'을 구성한다고 생각할 수 있습니다. 네 단계 지침을 따랐고, 청정본심 상태에 있게 될 때엔 이 모든 기법을 놓아버려야 합니다. 그 시점에서는 더 이상 기법을 따르지 않고 그저 그 상태에 머물도록 합니다. 이것이 진정한 수행인 청정본심 수행입니다.

족첸의 선지식 샵카르는 이렇게 말합니다.

어떤 것에도 집중할 것이 없다.
경이롭고 광활하고 경계가 없는 상태에서 마음을 쉬어라.
드넓게 열린 허공에 마음을 놓아버려라.
덧붙이거나 조작하지 마라.
그대의 식識이 본연심本然心*에 머물도록 하라.
집중해야 할 대상은 없다.
놀랍고 트여있고 경계가 없는 상태로 마음을 쉬어라.
마음을 광대하게 열려 있는 공간 속으로 풀어 놓아라.
꾸미거나 궁리하지 마라.

---

* 본연심本然心: 본래 생긴 그대로의 타고난 마음. (옮긴이)

그대의 자각이 있는 그대로 머무르게 하라.

매일 수행을 할 때, 우리가 해야 할 일은 그 상태에 안주하는 것임을 기억하는 것입니다. 이는 무언가를 하려 노력하는 것보다 더 자연스러운 것입니다. 대상을 둔 수행은 한 곳에 집중한 결과로 몸이 경직되는 경향이 있습니다. 반면에 청정한 상태에 머물면 몸은 더욱 이완되고 자연스러워집니다. 어떤 수행을 하느냐에 따라 서로 연관된 신체 언어도 다릅니다. 우리는 이를 직접 경험할 수 있습니다.

앞에서 말했듯이 일부 수행자들은 평화와 이완을 더 잘 느끼기 위해 눈을 감습니다. 그러나 청정본심의 목표는 그저 순간적인 평화와 이완을 느끼는 것이 아니고, 정신현상 너머 청정본심에 닿는 것입니다. 청정본심 수행을 할 때엔 보다 기민하고 수행에 대한 자각이 높아지도록 눈을 뜨고 합니다. 족첸에선 이를 '본연자각本然自覺'이라고 합니다. 이 청정본심 수행 여정의 핵심인 오염되지 않은 마음의 속성을 인식하는 것입니다. 이 인식하는 속성은 본래 우리의 일부이며, 우리는 이와 분리되어 있지 않습니다. 이는 성취해야 할 어떤 것이 아닌 진정한 자신을 찾아가는 여정이며, 수행에서 가장 중요하게 다루는 내용입니다. 이 고요하고 명징한 마음을 보기 시작하는 것이 가장 자연스러운 체험입니다. 이것이 진정한 자신입니다.

우리의 인식에는 제한이 없고, 마음에는 경계가 없습니다. 그 순간에는 자의식이나 망설임이 없습니다. 불안이 더 이상 우리의 일부처럼 느껴지지 않기에 우리는 매우 열려 있고 편안하며 행복을 느낍니다.

청정본심 수행을 더 많이 할수록 우리의 체험이 청정하고 맑고 고요하며 경계가 없다는 것을 이해하는 것은 무척 중요합니다. 궁극적으로는 그것이 마음의 주된 특성이 되는 것을 체험하게 될 것입니다.

청정본심 수행을 하면 선하고 즐거운 기분, 위대한 사랑이나 연민과 같은 긍정적인 감정이 일어날 수 있는데, 이런 긍정적인 체험에 집중하는 것은 청정본심 수행의 본질이 아닙니다. 긍정적인 감정 또한 대상입니다. 청정본심 수행은 대상이 없는 수행입니다. 연민, 헌신과 다른 유익한 마음의 특성을 개발하기 위해 고안된 특정한 수행이 따로 있으니 '청정본심 수행을 하는 동안에는 마음을 내버려 두세요.' 우리는 긍정적인 기분을 불러일으키려고 애쓰지 않고 그런 기분이 일어나더라도 따라가지 않도록 합니다. 즐거운 기분도 산란심일 뿐이며, 유익한 생각과 유해한 생각 모두 산란심입니다. 청정본심 수행을 하는 동안에는 타인에 대한 관용, 헌신, 연민, 사랑도 모두 산란심입니다. 심지어 부처님을 생각하는 것조차 그렇습니다. 흰 구름이든 먹구름이든 파란 하늘을 가리는 것은 마찬가지입니다.

물론 좌선이 끝난 후에는 생각, 감정, 느낌과 상호작용을 해야만 하겠죠. 이 시간 외에는 상황에 대처해야 합니다. 과거의 일들을 분석하고 미래를 위한 계획을 세우는 것이 필요합니다.

긍정적인 성향을 높여주는 다른 수행을 할 수도 있습니다. 그러나 청정본심에 친숙해지면 좌선 시간이 끝나도 생각이 자연스럽게 긍정적으로 변하고 생각이나 감정을 보다 잘 다스릴 수 있게 됩니다.

일체가 무상하여 늘 변하는데, 일체가 변하지 않는다는 경직된 생각과 고정관념이 줄어들며 마음이 여유로워집니다. 우리 마음 안에는 자비, 사랑, 다른 좋은 자질들이 풍요로워질 수 있는 무한한 속성이 있습니다. 감정은 점점 더 외부 조건에 의지하지 않게 되고, 수행과 일상생활이 서로 스며들어 하나가 되어가고 있습니다.

우리의 마음이 본래 청정하다는 걸 모른다면 고요하고, 맑고, 긍정적인 경험이나 편안한 느낌은 그저 일시적일 뿐입니다. 부정적이고 불안하고 요동치는 일상심과 자신을 동일시한다면 고요함과 명징함은 순간적인 것에 지나지 않습니다. 여전히 오염된 일상심을 자신이라고 동일시하기 때문에, 잠시 고요하고 맑게 느끼지만 이내 사라집니다. 고요함, 명징함, 광대함, 평온함, 내면의 평화를 경험한다 해도 모두 일시적입니다. 이런 경험들은 복잡하고 오염된 마음의 배경에 잠시 나타난 것입니다. 우리가 청정본심에 더 친숙해지면 진정한 자신은 고요하고 맑고 경계가 없다는 것과 부정적인 체험은 일시적이란 것을 알게 됩니다.

이렇게 다양한 체험에 대해 이야기하는 것만으로는 가치가 별로 없습니다. 청정한 마음을 진정으로 체험하는 유일한 방법은 청정한 마음으로 수행을 하는 것입니다.

미팜 린포체는 이렇게 말씀하십니다.

마음이 속박에서 벗어나 있으면
사나운 사념과 번뇌의 파도가 없어서
마치 고요한 바다와 같아진다.
자신의 마음을 다스린다면
마음은 저절로 긍정적이고 도움이 되는 방향으로 움직인다.

탁한 마음

사람들이 불안, 두려움, 분노, 회환, 절망을 느낄 때 마음은 우울하고, 생각들에 의해 흐려져 있습니다. 이런 탁한 마음에 있을 때에는 쉽게 화를 내고, 불안하며, 불행을 느끼기 쉽습니다. 오랜 기간 습관적으로 왜곡된 탁한 마음은 자극에 쉽게 노출됩니다. 이 왜곡된 마음은 불안정하기 때문에 근본적으로 신뢰할 수 없습니다.

누군가의 마음이 열려 있고 명징하다면 비록 몇 가지 정신현상이 있더라도, 보다 깨어 있고 청정하다고 말할 수 있습니다. 이 상태에서는 불안과 분노와 같은 부정적인 반응이 쉽게 촉발되지 않습니다. 마음이 무척 안정적이기에 이런 반응들이 쉽게 일어나지 않는 것입니다.

마음이 맑고 파란 하늘과 같을 때, 폭풍과 같은 감정에 빠질 확률이 적습니다. 마음에 두꺼운 구름이 끼지 않았고 약간의 구름만으로 흐린 것은 문제가 되지 않습니다. 약간의 구름으로는 비가 내리지 않습니다. 그러나 완전히 먹구름에 뒤덮였다면 쉽게 비가 내립니다. 어떤 이의 마음은 구름의 층이 무척 두껍습니다. 어떤 이는 심지어 천둥과 번개가 내리칩니다. 그러나 약간 흐린 마음은 청정본심 수행을 통해 상대적으로 쉽게 다룰 수 있습니다.

우리는 이 흐릿함을 수행할 수 있고 그 수행은 가치가 있습니다. 여전히 발전할 수 있기 때문입니다. 마음이 그 순간엔 흐리고 온전히 청정하진 않지만 수행으로 맑은 마음과 친숙해질 수 있습니다. 어쩌면 여전히 마음이 정신현상으로 흐릴 수 있습니다. 그러나 구름이 다소 끼어 있어도 어느 정도는 푸른 하늘을 볼 수 있습니다.

초심자로써 수행을 할 때 비록 마음이 흐리더라도 크게 문제되지 않는다는 것을 기억하세요. 이 정도의 흐린 상태에선 생각과 감정이 우릴 압도하지 못합니다. 완전하게 흐린 마음일 때엔 효과적으로 수행을 할 수 없지만, 처음부터 완벽하게 청정한 상태로 수행하는 수행자는 극히 드뭅니다. 대부분 흐린 마음을 가지고 있습니다. 그렇더라도 청정함이 내재되어 있다는 걸 알기에 잠시나마 청정한 상태를 얼핏 볼 수 있습니다. 생각과 감정의 엷어진 구름층을 통해 그 상태를 봅니다. 결국 그 구름들은 사라지게 되어 서서히 정신현상이 줄어들고 흐린 마음은 흠이 없는 청정본심이 됩니다.

청정본심 수행은 심지어 천둥, 번개, 폭풍우가 몰아치는 날씨로 가득 찬 사람들에게도 도움이 됩니다. 부지런히 정진하면 이 마음의 날씨가 고요해질 수 있습니다. 폭풍우가 몰아치는 날씨가 구름이 잔뜩 낀 날씨로, 약간 흐린 날씨로, 마침내 청정한 날씨로 바뀌어 갈 수 있습니다.

정신현상에 연연하지 말 것

수행 중에 완전히 청정한 마음의 상태가 될 필요는 없습니다. 마음이 완전히 파란 하늘과 같지 않을지도 모릅니다. 그러나 염려하지 마세요. 완전한 깨달음에 이를 때까진 마음엔 언제나 구름이 끼어 있습니다. 심지어 수행 중에 상대적으로 청정한 상태에 머물러 있더라도 약간의 정신현상이 지나갑니다. 하지만 정신현상이 일어나는 건 문제가 아닙니다. 초심자들에게 생각이 일어나는 건 당연한 일입니다. 어쩌면 수행 중에 이런 생각을 할지도 모릅니다. '난 생각이 너무 많아. 수행이 잘 되지 않는구나.' 그러나 생각이 일어나는 건 진정한 문제가 아니고 수행이 잘되지 않는다는 의미도 아닙니다. 우리는 수행을 하면서 생각을 멈추려고 노력을 합니다. 하지만 많은 노력을 해도 생각은 멈추지 않으며 일어나는 생각은 자연스러운 일입니다. 우리가 해야 할 일은 정신현상을 따라가지 않고, 그것에 사로잡히지 않는 것 입니다. 만약 생각이나 번뇌를 따라가고 휩쓸린다면 수행을 할 수 없는 장애가 됩니다. 생각이 많이 떠올라도 정신현상에 개입하지 않는 한 여전히 수행을 잘하는 중입니다. 우리가 해야 할 것은 청정본심에 안주하는 것과 마음을 내버려 두는 것입니다.

생각을 따라가는 자신을 발견하면 마음의 청정한 상태로 돌아오세요. 누구도 생각을 한 번에 멈출 수는 없습니다. 우리가 염려해야 할 것은, 한 생각이 일어나 다른 생각으로 이어지는 생각의 흐름에 잡혀서 청정본심을 놓치고 정신현상에 빠져드는 것입니다.

초심자들은 청정한 마음의 상태가 청각이나 다른 감각의 인식을 잃는 것이 아님을 유념해야 합니다. 단체로 수행을 할 때, 누군가 기침을 하면 그것을 인식하며 '누군가 기침을 하는구나.'라고 혼잣말을 할 수도 있습니다. 그러나 그 생각을 지나가게 두고 계속해서 청정본심에 머물면 수행이 발전하고 있는 것입니다.

이와 달리 '누가 기침했지? 기침을 한 사람이 누굴까? 아, 그 사람이구나. 왜 저렇게 크게 기침하는 거야? 무슨 일이 있나?'라고 생각한다면, 청정본심을 놓치게 되고 정신현상의 사슬에 사로잡히게 됩니다. 소리를 차단하라는 것이 아닙니다. 다만 청정본심에 머물 때 그러한 상황에 끌려가지 않고 자신의 생각을 따라가거나 더하지 않는 것이 중요합니다. 그 소리를 듣고 감지하지만 이야기를 만들어내지 않고 자신의 분별을 더하지 않고 청정본심에 머물도록 하세요. 누군가 기침하는 소리를 듣는 것과 그 소리에 대한 생각의 흐름을 만드는 것엔 큰 차이가 있습니다.

수행의 장애를 극복하다

수행의 장애물은 크게 '혼침惛沈과 도거掉擧' 두 가지로 분류할 수 있습니다. 혼침은 안으로 너무 집중되어 졸리고 나른하며 둔한 상태를 가리킵니다. 수행 중에 나른하다면, 그 나른함에 빠져들어 더욱 멍해지거나 잠에 빠질지도 모릅니다. 그럴 때는 시선을 위로 향하고 마음을 더 명료하게 하세요. 물을 마신다거나 찬물로 얼굴과 목을 씻거나, 나가서 바람을 쐬는 것도 좋은 방법입니다. 정신을 차리고 수행을 계속해야 합니다. 그래도 힘들다면 눈을 더 크게 떠보세요. 명료함을 높여 여러분의 인식이 나른함의 장막에 의해 구름이 끼지 못하도록 하세요. 깨어난 상태를 회복하고 나서 청정본심에 머무세요. 이렇게 하면 수행 중의 함정인 혼침, 나른함, 졸음을 이겨낼 수 있습니다.

좌선 중에 또 다른 큰 장애는 도거(들뜸)입니다. 때때로 마음은 무척 거칩니다. 이 거친 마음은 사방으로 다니기에 현재에 머물 수 없고, 어떤 소리나 감각들을 따라다닙니다. 지나치게 활동적이죠. 수백 가지 생각들이 주위를 맴돌고 자신을 압도하고 청정본심 상태에 머무는 것을 불가능하게 만듭니다. 마음은 이 쉬지 못하는 기운으로 가득합니다. 이럴 땐 시선을 내려서 코끝을 바라보세요. 아래로 내려다 볼 때 눈을 반쯤 감아봅니다. 완전히 눈을 감지는 말고 너무 크게 뜨지만 마십시오. 그렇게 하면 조금 더 깊게 안으로 집중할 수 있고 마음을 쉴 수 있습니다. 이는 마음을 고요하게 만들고 휴식할 수 있게 합니다.

처음에 시끄러운 소리가 나면 마음이 그 방향으로 가는 게 당연합니다. 누구에게나 있는 일이니 수행을 잘 못하는 것 같아 실망하거나 좌절할 필요는 없습니다. 여러분의 수행은 아직 부처님과 같지 않습니다. 아직 높은 깨달음이 없기 때문에 그 소음에 반응하고 따라가는 것입니다.

어떤 움직임, 반짝이는 불빛, 온도 변화, 거리의 소음, 피부의 가려움 등과 같은 감각이 일어나게 되면 마음은 그것들에게 반응하게 됩니다. 처음 수행하는 이들은 모두 이와 같은 체험을 합니다. 이는 나쁜 징조가 아니고 매우 정상입니다. 그러니 걱정할 필요가 없고 실망하거나 화내지 마세요. 이 오감五感의 체험 속에 빠져 너무 멀리 가거나 길을 잃지 않는 법을 배워야 합니다. 그저 청정본심으로 돌아오고 마음을 내버려 두세요.

혼침과 도거에서 벗어나기 위해 시선을 옮기는 것 외에 시선의 방향을 이용하여 수행에서 마음의 에너지를 조절할 수 있습니다. 구루 린포체 파드마삼바바께서는 하나에만 시선을 고정하는 것이 피곤하다면, 명료한 알아차림을 하기 위해 시선을 위 아래로 하거나 오른쪽이나 왼쪽으로 옮겨도 좋다고 했습니다. 이는 또한 여러분이 지루함을 느끼거나 시선을 한 곳에 고정하여 피곤할 때 시도해도 도움이 많이 됩니다. 하지만 청정본심에 계속해서 안주하는 한, 시선은 아무런 상관이 없습니다.

포기하지 마세요

청정본심 수행은 훈련이 필요합니다. 예를 들어 예전에 한 번도 하지 않았던 등산을 한다고 가정해 봅시다. 처음부터 사전 연습이나 훈련 없이 장거리 등산을 한다면 다리가 아픈 것이 당연하겠죠. 예전에 해본 적이 없어 익숙하지 않기 때문입니다. 이렇게 많이 걸어보지 않았기에 갑자기 근육이 긴장되고 아픕니다. 자연스러운 일입니다. 하지만 한 달 정도 꾸준히 노력하면 걷는 훈련이 되어서 근육통이 사라집니다.

마찬가지로 수행을 하려고 처음 앉았을 때, 많은 생각들이 마음을 질주하기 때문에 쉽게 낙담할지도 모릅니다. 그러나 이런 이유로 절대 포기해서는 안 됩니다. 등산하는 것처럼 근육통이 생겼다고 '아이고, 나는 소질이 없으니 포기해야겠어.'라고 한다면 좋은 몸 상태를 유지할 수 없을지도 모릅니다. 이와 비슷하게, 좌선하려 앉으며 '나는 생각이 너무 많아. 난 좋은 수행자가 아닌 듯해.'라고 생각한다면, 우리는 결코 청정본심이나 조건 없는 행복을 성취하지 못할 것입니다. 수행에 입문하는 초기에는 많은 생각을 넘어서기 위해 반드시 수행을 해야 합니다. 열심히 정진한다면 많은 정신현상들이 감소합니다. 그러면 점점 더 청정한 상태에 머물 수 있게 됩니다.

수행 중에 생각이 일어나 실망하는 초기 단계를 넘어서지 못한다면, 결코 진정한 체험을 할 수 없습니다. 초반의 단계를 잘 넘어서려는 노력이 필요합니다. 너무 쉽게 좌절하지 마세요.

때때로 생각이 일어나는 빈도가 늘어난 것을 볼 수도 있습니다만, 절대 좌절하지 마세요. 저의 깨우친 스승인 직메 푼촉 린포체께서는 이렇게 말씀하셨습니다.

> 그대의 수행이 잘 되어 간다는 징후는 생각이 이전보다 더 두드러진다는 것이다. 이것은 나쁜 징조가 아니라 좋은 징조다.

> 물살이 세게 흐르면 급류 아래 숨은 물고기나 바위를 보지 못한다. 그러나 물살이 느려지고 물이 맑아지면 수면 아래에 있는 물고기, 바위와 같은 모든 것을 뚜렷하게 볼 수 있다. 마찬가지로 마음에 주의를 기울이지 않고 생각과 감정을 다스리지 않으면 얼마나 많은 생각이 지나가는지조차 알지 못한다. 그러나 마음이 안정되고 고요해지면 생각들을 보다 분명하게 보기 시작한다. 그러니 낙담하지 말라. 이 징조를 보게 되면 용기를 내라. 자신을 너무 풀어 놓지도 말고 너무 조이지도 말라. 염려하지 말고 바른 방식으로 정진하라. 그리하면 수행이 점차 깊어지고 정착이 될 것이다.

잊지 마세요. 과거를 좇지 말라. 미래를 예측하지 말라. 현재에 머물러라. 마음을 내버려 두어라. 이 네 가지 단순하고 직접적인 가르침은 우리에게 정신현상을 넘어서게 하고 마침내 마음의 자연스러운 상태를 체험하는 기회를 줍니다.

초심자 단계에서는 정신현상의 풍기가 매우 거세기 때문에 꾸준하고 성실하게 수행해야 합니다. 정신현상의 풍기가 잦아들고 가라앉으면 애쓰지 않고 수행하게 됩니다. 우리의 수행에 가속도가 붙어 순항 고도에 이르게 되면, 수행이 자연스러워집니다. 수행을 하기 위해 애쓸 필요가 없는 바로 그 상태인 것입니다. 그렇게 어렵지 않습니다. 과거나 미래에서 길을 잃지 않고 매 순간 청정본심에 애씀 없이 안주하는 것, 그것이 바로 수행의 목표입니다.

청정본심 수행을 하는 초심자들의 발전을 더디게 하는 또 다른 장애 중 하나는 '게으름'입니다. '이건 너무 어려워서 도저히 못 하겠어. 이것을 잘하기에는 난 시간이 너무 부족해. 나중에 해야겠어.'라고 생각할지도 모르죠. 자신의 노력에 대한 결과가 만족스럽지 않아 실망할 수도 있습니다. 하지만 이는 단지 일상심의 작용일 뿐입니다.

'게으름'이라는 수행의 장애를 피하고 대응하려면, 1부에서 말한 사공가행을 떠올리고 깊게 숙고해야 합니다.

인신난득人身難得: 인간으로 태어나는 것은 드물고 소중한 기회이다.

제행무상諸行無常: 일체 만물은 항상恒常하지 않고 변하는 속성을 가지고 있다.

인과응보因果應報: 모든 행에는 결과가 따른다.

윤회개고輪廻皆苦: 존재하는 모든 것은 번뇌와 고통이다.

우리는 이 내용을 좌선 시간만이 아니라 항시 생각해야 합니다. 이에 대한 이해를 일상생활에 녹아들게 해야 합니다. 일어나는 모든 일이 정신현상과 청정본심 중에서 선택할 수 있는 기회임을 잊지 마세요. 이 근본적인 진리를 숙고하는 것은 게으름을 극복하고 꾸준하고 간절한 수행을 할 수 있는 영감을 줍니다.

줄어드는 정신현상

규칙적으로 수행을 한다면, 시간이 흐를수록 정신현상이 줄어들게 됩니다. 처음에는 정신현상이 자주 일어나지만, 마음이 맑고 현존하고 경계가 없는 청정한 상태에 오래 머물수록 정신현상이 일어나는 빈도가 점차 줄어듭니다. 마침내 20분에서 30분이 될 수 있고 1시간이 될 수도 있습니다. 그러다 2시간 수행하는 동안 정신현상이 약간 있거나 전혀 없고 마음이 무겁지 않을 수 있습니다. 이 두 시간 동안 지복감이 있고 마음이 쉬며 환희로운 상태에 있다는 의미입니다. 우리가 청정본심에 더 익숙해지고 어떠한 정신현상이 없이 편안한 상태에 있게 되면, 진정으로 수행에 감사한 마음이 피어오릅니다.

초반에는 경직되고 좌절하고 답답하고 무거운 정신현상이 사라지다가, 점차 미세한 생각과 번뇌까지 사라지게 됩니다.

정신현상이 일어나는 간격이 길어질수록 내면의 본성, 마음의 청정한 상태, 진정한 우리 자신이 표면에 떠오르기 시작합니다. 드디어 우리의 본성이 깨어나기 시작합니다. 정신현상이 일어나는 간격이 넓어질수록 깨달음에 더 가까이 갑니다.

창의력은 이 열린 틈에서 시작됩니다. 마음이 청정하고 열리고 경계가 없으면 자신의 창의력을 문화나 신념체계에 매이지 않고 자연스럽게 표현할 수 있습니다. 또한 마음에 공간이 있고 내면의 정신적 갈등이 없기에 인생의 여러 측면들을 쉽게 다룰 수 있습니다. 우리가 그렇게 편안하면 다른 이들과도 쉽게 소통할 수 있습니다. 함께 이야기를 나누는 사람이 부정적인 감정을 보여도 똑같은 반응을 할 필요가 없다고 느낍니다. 이는 반응을 보이지 않으려고 노력해서가 아니라 마음이 고요하고 청정한 상태에 있기 때문입니다. 때로 이 마음이 상대에게도 스며들어 그들의 마음도 고요해집니다.

정신현상 발생 빈도의 간격이 넓어지면 타인과 소통하는 데 장애가 없습니다. 말하고 행동할 때 꾸며낸 자신이 아닌 진정한 자신으로 대합니다. 두세 시간이나 네 시간 동안 청정본심에 머물게 되면, 그 상태와의 연결이 우리들 일상의 체험이 됩니다. 정신현상이 일어나는 것은 더 이상 정신과 감정의 체험의 일부가 아닙니다. 청정본심 체험이 늘어나고 확장될수록 이런 경향은 줄어들고 사라집니다. 미팜 린포체는 이렇게 말씀하셨습니다.

"1주일만 수행해도 정신적, 감정적 충동이 일어나는 빈도가 줄어든다."

수년 전 제가 이끌었던 안거에서, 4~5일만 수행해도 참가자의 삶이 변하는 것을 보았습니다.

만약 청정본심을 한 달 동안 수행한다면 삶이 예전보다 더 향상될 것입니다. 정신현상을 만들어내고 그것에 반응하는 경향이 현저하게 가라앉는 걸 보게 됩니다. 그곳에 가는 아주 간단한 방법만 알면 되는데, 그저 마음을 내버려두는 것입니다. 그것뿐입니다. 그렇게 복잡한 해결책이 아닙니다.

수행은 마음을 다루는 최선의 방편이며 혹독한 치료가 아닙니다. 모든 것이 자연스럽게 치유됩니다. 그리고 즐겁기도 합니다.

수행은 수영과 같습니다. 물에서 수영하는 것을 즐기는 것처럼, 수행자들은 청정본심 안에서의 수영을 즐깁니다.

구루 린포체 파드마삼바바는 이렇게 말씀하십니다.

> 바람의 영향을 받지 않는 대양처럼, 실상의 본성은 광활하고 고요하다.
> 이처럼 동요 없이 머물러라.
> 허공을 나는 새가 흔적을 남기지 않듯
> 이처럼 그대의 자연스러운 마음에 머물러라.
> 바람에 흔들리지 않는 대해大海처럼
> 진여眞如의 본성은 광대하고 고요하며 동요 없이 머무른다.
> 하늘을 날면서 흔적을 남기지 않는 새처럼
> 그대의 가공하지 않은 마음속에 머무르라.

4

좌선을 넘어

처음 좌선을 할 땐 조용히 앉아 있어야 하지만 청정본심을 체험하고 익숙해지게 되면 자세는 중요하지 않습니다. 앉고 걷고 먹고 무엇을 하건 상관이 없습니다. 청정본심의 현재 순간을 놓치지 않고 있으면 수행을 하고 있는 것입니다. 이것이 열쇠이며, 어떤 환경에서도 이 지침을 적용할 수 있습니다.

구루 린포체 파드마삼바바는 그의 상수 제자인 예세 초걜에게 이런 가르침을 전했습니다.

> 수행을 자신의 일상에 통합할 줄 모른다면 수행 시간은 그대를 옭아맬 뿐이다. 일반적으로 가장 효율성이 적은 수행은 몸과 마음을 감옥에 가두는 것이다. 그렇게 스스로 부과한 구속과 압박이 그대를 올가미로 묶는다.

예세 초걜은 여쭈었습니다. "그럼 이 문제를 어떻게 풀어야 하겠습니까?" 이에 파드마삼바바는 이렇게 답하셨습니다.

수행을 하는 동안 마음에서 벌어지는 모든 일에서 완전히 벗어난 상태에 머무르면서 진여眞如의 본성을 체험하게 되면, 수행 시간이 끝난 뒤에도 그러한 체험이 너를 따라다닐 수 있다. 걷거나 자거나 머물거나 앉거나 언제라도 어떤 행위를 하더라도 그대는 그 체험에서 떨어지지 않는다. 그때 너의 수행은 그것을 행하는 시간의 경계에서 벗어나게 된다.

일상생활에서의 청정본심

우리 마음에는 오직 두 개의 선택이 있을 뿐입니다. 왜곡된 마음에 사로잡히거나 청정본심과 친숙해지는 것입니다. 윤회와 열반은 이에 대한 용어입니다. 정신현상에 완전히 사로잡히면 윤회가 됩니다. 청정본심과 친숙해지는 것이 열반입니다. 청정본심을 더 많이 알게 될수록 어떤 환경에서도 그 상태에 안주합니다. 심지어 우리가 말을 하거나 요리를 해도 청정본심 안에 있습니다.

청정본심에 머물면 예전에 지루하거나 힘들다고 느꼈던 일들을 다르게 느낍니다. 예를 들어, 사람들은 설거지를 좋아하지 않는데, 청정본심과 친숙해지고 거기에 머무는 것이 가능해지면 설거지를 하더라도 하기 싫은 집안일을 돕고 있다고 느끼지 않고 청정본심에 머물 수 있습니다.

수행에 익숙해질수록 수행은 자신의 제2의 본성이 됩니다. 설거지를 하는 것에 거부감이 들지 않기에 그 시간이 쉽게 지나갑니다. 하고 싶지 않은 일을 해야 할 때 거부감이 들 때도 있습니다. 그러나 청정본심에 머물게 되면 설거지는 참을 수 없을 만큼 지겹다는 마음가짐이 없어집니다. 이런 마음가짐과 거부감이 없으면 시간은 빠르고 즐겁게 지나갑니다. 단지 자신이 하는 일을 지켜볼 뿐 아니라 청정본심에 있게 되는 것입니다.

청정본심에 머무는 법을 알고 나면, 설거지를 할 때 누군가와 대화할 때 외식할 때 등 어떤 환경에서도 청정본심에 머물 수 있습니다. 가령 우리가 외출이나 외식할 때 불안을 느낀다고 가정해보죠. 하지만 청정본심에 익숙하고 수행을 통해 이에 닿는 방법을 개발했다면, 우리는 쉽게 청정본심으로 돌아갈 수 있고 편안함에 머물 수 있습니다.

끊임없는 정신적 혼란의 과부하를 겪지 않기에 대화할 때 덜 우울하고 덜 불편합니다. 이제 더 맑아진 마음은 경쟁하듯 떠오르는 생각들의 폭격을 막지 않습니다. 의사소통에 필요한 유용한 생각들이 감정, 정신현상, 투사, 산란함 등 해로운 요소들과 섞이지 않기에 소통이 더 명확해집니다. 정신현상에 압도된 사람은 자신의 생각들과 여러 개의 대화를 동시에 나누고 있습니다. 이런 사람과 진정으로 의미 있는 대화를 이어나갈 수 없겠죠. 하지만 '생각 줄이기 다이어트'를 한다면, 유용하고 지적이며 도움이 되는 생각들이 어떤 순간에도 방해 없이 일어납니다. 저의 스승인 직메 푼촉 린포체는 이렇게 말씀하십니다.

오감과 의식은 물에 비친 별과 달의 그림자와 같다.
그들이 맑고 순수한 자각의 호수 위를 비추더라도

호수는 모든 정신현상의 파도에서 자유롭다.
이것이 바로 특별하고 행함이 없는 족첸의 길이다.

수행자의 마음은 이 호수처럼 고요하고 맑습니다. 동시에 수행자는 정신현상의 파도 없이 세상을 보고 듣고 일을 합니다. 만약 이 체험을 맛봤다면 무척 훌륭한 일입니다. 아직 맛보지 못했다면, 부지런히 수행하길 권합니다. 그러면 언젠가 그 맛을 보게 될 것입니다. 이는 일상적인 체험이 아닌 비범하고 경이로운 체험입니다. 제 경험상, 이것이야말로 우리 삶에 무조건적인 행복과 성취를 부르는 최상의 길입니다.

5

수행의 혜택을 누리다

수행을 하면 무언가를 계속 해야만 하는 강박적인 습관에서 벗어날 수 있습니다. 일을 하든 휴식을 취하든 이런 강박관념에서 벗어나면 마음이 편안해집니다. 우리는 언제나 뭔가를 할 필요가 없고, 하지 않더라도 여전히 편안할 수 있습니다. 일할 때가 되면 편하게 일하고 쉴 때엔 느긋하게 휴식을 취할 수 있게 됩니다.

중독에서 만족으로

우리는 외부 자극에 중독되어 있기 때문에, 세상일을 할 때는 기분이 좋지만, 외부 자극 없이 쉬려고 하면 어떻게 쉬는지 몰라 길을 잃고 불안하며 혼란스러울 수 있습니다. 진정한 자신과의 연결을 어떻게 하는지 모릅니다. 그래서 연이은 강박적 활동을 많이 합니다. 이런 중독된 습관을 수행으로 부술 수 있습니다. 그러면 우리의 본성에 편안하게 닿을 수 있고, 해야 할 일을 건강한 방식으로 할 수 있습니다. 그 청정한 상태에서는 스트레스를 받을 때나 요동치는 마음일 때보다 더 선명하게 세상을 볼 수 있습니다. 마음의 자연스러운 상태에 편안히 머무를 때 감각의 세계를 더 잘 알아볼 수 있습니다.

스트레스와 불안에 압도당하면 청정본심에서 쉴 때 느끼는 세상의 아름다움을 느낄 수 없습니다. 겹겹이 쌓인 불안의 층들은 청정본심에서 경험하는 생생함으로 세상을 보고 경험하는 것을 방해합니다. 정신현상이 활발할 때 부정적인 기운을 세상에 내보내게 되고, 그 부정적인 기운은 이 세상에서 부정적인 체험이 되어 나에게 다시 돌아옵니다. 만약 우리가 부정적인 기운과 우울, 긴장과 분노를 사람들에게 보내면 사람들은 이를 느끼고 우리에게 다시 되돌려 줍니다.

하지만 우리가 청정하고 마음의 진실한 상태에 머물면 긍정적이고 즐거운 기운을 세상에 보내게 되고, 세상은 이 긍정의 기운에 반응하여 이를 다시 보내줍니다. 이는 하루에 5분, 10분, 20분 청정본심에 쉬는 법을 익힐 때 일어나는 현상입니다.

청정본심을 가리는 불안의 층들 없이, 그 아름답고 청정하고 평화롭고 편안한 상태로 외부 세계를 보며 감사할 수 있습니다. 우리와 우주 사이에 어떤 것도 없습니다. 우주의 아름다운 본성과 우리 마음의 아름다운 본성이 하나입니다. 우리의 체험으로부터 우리를 분리시키는 이원론이 없습니다.

수행이 깊어져서 30분에서 1시간 동안 마음의 청정한 상태에 몰두할 수 있으면, 습관적인 불안이 일어나는 빈도가 확연하게 줄어듭니다. 이럴 때 아무것도 하지 않으면 행복을 느낍니다. 청정본심 수행은 주변 환경에 상관없이 우리를 편안하게 해줍니다.

아무것도 하지 않고도 여전히 편안하고 행복하고 만족을 느낄 수 있는 방법을 찾아야 합니다. 어떻게 해야 할까요? 수행이 해답입니다. 수행을 통해서 정신적으로 안정되면 아무것도 하지 않아도 행복과 만족을 찾을 수 있습니다.

제 자신이 수행에서 얻은 진정한 혜택은 불안한 에너지가 진정되었음을 알았던 때 입니다. 불안이 진정되면, 감각의 세상을 즐기거나 어떤 것에도 구속되지 않고 현재 순간을 즐길 수 있습니다. 우리가 청정본심 안에 있기 때문입니다.

'견해' 이해하기

수행을 통해 청정본심의 본성을 깨닫게 되면 우리를 아우른 현실을 무척 다르게 경험하게 됩니다. 청정본심을 수행하고 체험하게 되면 정신현상과 자신을 향한 태도, 행복과 슬픔을 대하는 방식이 완전히 달라집니다. 수행에서 얻은 힘이 생기면 그 힘으로 인해, 심지어 수행을 하지 않을 때에도 실상에 대한 이해가 완전히 달라지는데, 이 이해는 보다 심오한 단계에서 이루어집니다.

수행을 통해 청정본심에 익숙해지면 새로운 인식이 일어나는 변화가 생깁니다. 이런 인식이 있는 사람은 일반적인 사람과 다릅니다. 그들의 정신적, 정서적, 영적 체험은 매우 다릅니다. 우리가 이 인식을 가지게 되면 불교에서 말하는 '견해'*를 지녔다

* 견해見解: 족첸에서의 견해는 마음의 본성을 보는 것이다. 즉, 청정본심을

는 뜻입니다. 이런 견해가 있는 수행자는 높은 깨달음과 수행이 주는 특별한 인식을 합니다. 이는 청정본심의 풍요로운 체험입니다.

우리가 수행을 제대로 하는지 어떻게 알 수 있을까요? 수행을 마치자마자 마음이 바로 일상으로 돌아가고 수행을 시작하기 전부터 있었던 과거의 인식이 변하지 않고 그대로라면, 전혀 진전되거나 향상되지 않은 것입니다. 우리의 태도가 수행을 하지 않는 이들과 구별되는 점이 없다면 우리가 하는 수행은 일시적인 해결책이며 여전히 문제 많은 세상의 즐거운 한때일 뿐입니다. 만약 이렇다면, 예비 수행에서 언급했던 네 가지 지침을 보다 성실하게 수행해야 하며, 특히 마음을 내버려 두라는 가르침을 적용해야만 합니다.

수행이 잘 되고 있는지는 삶의 모든 측면을 통해 우리의 견해가 얼마나 향상되었는가에 의해 측정해볼 수 있습니다. 이 변화된 태도는 방석 위에서 좌선할 때만이 아니라 좌선 시간 이외에도 일어나야 합니다. 만약 우리의 인식에 아무런 변화가 없다면 자격을 갖춘 법사에게 지도를 받는 것이 필요할 것입니다. 만일 수행하지 않을 때조차 일상생활에 뜻 깊은 변화가 있다면, 수행으로 인한 긍정적인 변화 때문입니다. 이는 수행이 유익한 결과를 얻고 있다는 표시입니다.

직접 자각하는 것이다. 올갠 초왕 린포체. (옮긴이)

환상적인 몸매와 힘든 마음

사람들은 몸매에 무척 신경을 쓰고 아름다운 몸을 만들고자 운동을 하며 많은 노력을 기울입니다. 하지만 환상적인 몸을 가졌음에도 힘든 마음을 감내하고 사는 이들이 많습니다.

영화, 텔레비전, 신문, 잡지, 소설 미디어를 통해 현대의 문화는 우리가 어떻게 보여야 하는지에 대한 메시지를 퍼붓습니다. 사람들은 최신 다이어트와 운동을 해서 날씬한 몸매와 멋진 근육을 만들어야 한다고 생각합니다. 다른 이들에게 인정받으려면 매력이 중요하다고 믿기 때문입니다. 하지만 아름다운 마음과 정신적, 감정적인 평안을 갖는 것이 중요하다고 말하는 이는 무척 드뭅니다. 대중매체는 멋진 외모를 가진 사람들을 칭송하지요. 그런데 멋진 마음을 가진 사람들은 어디에 있을까요?

완벽한 몸을 가졌어도 정신적, 감정적으로 뒤틀렸을 수 있습니다. 그들의 마음엔 여유가 없을지도 모르죠. 비록 그들이 멋지고 건강한 몸을 가졌을지라도 정신적, 감정적으로 오염되었다면 인생을 즐길 수 없습니다. 가장 중요한 것이 빠져 있기 때문입니다. 행복 동전의 양면 중 육체적인 면은 있지만 정신적인 면이 비어 있습니다.

정신적으로 감정적으로 우리에겐 습관의 두터운 장막, 스트레스, 두려움, 거부감, 근심들이 있습니다. 좋은 성품이 결여되어 있다면 우리의 몸과 마음은 고통스러운 대조를 보입니다. 티브이에 나오는 아름다운 사람들이 즐거운 것 같아 보이지만 그들의 마음을 들여다보면 전혀 다를지도 모릅니다.

몸을 수련하는 것과 마음을 수련하는 것이 반대 방향으로 움직이면 극심한 긴장이 생깁니다. 삶에서 육체적, 정신적, 감정적인 요소들이 잘 정렬되면 매우 아름답고 멋진 체험이 될 것입니다. 육체적으로 우리는 운동이 필요하고 잘 먹어야 합니다. 그러나 정신적, 감정적, 영적 차원에선 정신현상들을 대처할 준비를 하기 위해 수행으로 마음을 훈련해야만 합니다. 그러다 보면 점차 왜곡된 정신과 번뇌의 무게가 줄어듭니다.

사람들은 이따금 우울하고 화가 나고 좋은 인간관계가 결여되어 있는 경우가 있습니다. 스트레스와 불행에 압도된 마음은 타인과의 관계에도 영향을 미치게 되죠. 그들의 마음은 정상이 아닙니다. 마치 운동은 전혀 하지 않고 불량식품만 먹는 사람과 같습니다. 수행을 하지 않으면 우리의 마음은 쉽게 스트레스와 정신현상의 변덕에 의해 조정되고 휘둘립니다. 정신현상은 너무도 강해서 우리는 그것의 노예가 되고 그것을 사라지게 할 힘이 없습니다.

수행의 모든 이점을 누리려면 일주일에 적어도 몇 번은 하시길 권합니다. 운동처럼 규칙적으로 하게 되면 정신현상이 마음을 휘젓는 걸 막을 수 있습니다. 오랫동안 운동을 하지 않으면 몸매가 망가지고 운동하는 습관을 다시 들여야 합니다. 하지만 정기적으로 운동하면 힘이 생기고 건강도 좋아집니다.

수행도 마찬가지입니다. 수행을 하지 않는다면 과식하고 운동하지 않는 것과 같습니다. 우리의 마음은 망가지고 건강을 잃게 됩니다. 마음을 건강하게 다시 되돌리기가 어려울지도 모릅니다. 정기적으로 수행을 하지 않으면 마음은 다시 오염되고 왜곡되기 시작합니다. 완전히 왜곡되어 버리면 다시 수행을 시작하기가 어려울 수도 있습니다.

그러나 정기적으로 수행하고 청정본심에 머무르면 정신현상의 사슬을 끊을 수 있습니다. 수행을 해서 정신현상의 사슬을 더 많이 끊게 되면 맑은 마음에 더 많이 닿게 됩니다. 마음이 차분하고 이완되어 있으면 아무리 많은 자극에 둘러싸여 있어도 불안정한 반응을 일으키지 않습니다. 우리는 더 많은 인내심을 가지게 될 것이고 짜증이 나는 상황에서도 웃을 수 있는 역설을 보게 될 수도 있습니다.

규칙적으로 수행을 하면 마음이 보다 이완되고 고요하고 맑아집니다. 그러면 모든 긍정적인 특징들이 표면으로 드러납니다. 이는 우리에게 건강하고 행복하며 관대하고 깨달은 마음을 가져다줍니다.

역경의 한 가운데에서 수행을 적용하기

청정본심 수행의 적용이 가장 필요할 때는 우리의 상황이 대단히 좋지 않아 고난을 겪는 시기입니다. 비참함을 느끼는 때조차 생각을 가라앉히고 청정본심을 갖는 것이 가능합니다. 역경의 한 가운데에 청정본심 수행을 적용할 수 있고, 고통과 도전에 시달리면서도 적용할 수 있으며 어떤 상황에서도 가능합니다.

상황에 관계없이 언제라도 이 수행을 적용하는 길은 구루 린포체 파드마삼바바의 지침을 따르는 것입니다.

과거를 좇지 말라.
미래를 예측하지 말라.
현재에 머물러라.
마음을 내려놓아라.

우리가 화가 나거나 상황이 어려울 때를 포함하여 어느 때든 어느 순간이든 청정본심에 닿는 법을 알면 문제와 어려움을 해결할 수 있는 능력을 갖추게 됩니다. 현재에 머물며 수행을 하면 불안은 서서히 줄어들어 용해되며, 마음의 청정하고 명징한 상태가 드러납니다. 우리를 괴롭게 하는 슬픔, 분노, 집착 등은 의식에서 서서히 사라지고 드러난 청정본심에 녹아듭니다. 수행을 성취하면 언제나 이렇게 할 수 있습니다. 특히 부정적이고 불편하고 상처받은 감정과 같은 정신현상을 멈추려 하지 않아도 되고, 좌선하지 않더라도 힘든 상황을 즉시 뚫고 지나갈 수 있습니다.

역경의 한 가운데에서 우리의 마음은, 녹여내야 할 왜곡된 에너지가 너무도 많기 때문에 쉴 시간과 안정이 필요합니다. 처음엔 생각과 번뇌의 방향으로 끌려가기 때문에 어려울 수 있습니다. 하지만 수행에 익숙해지면 아주 강한 감정과 오해들도 쉽게 사라집니다.

마음의 동요가 가라앉으면 많은 사람들과 좋은 관계를 맺을 수

있습니다. 완전히 편안하고 전적으로 이완되어 있기 때문입니다
미팜 린포체는 이렇게 말씀하십니다.

마음의 본성에 머무르는 것이 조금이라도 익숙해진다면
탐貪, 진瞋, 치癡는 그 힘을 잃는다.
죽음에 대한 두려움이 줄어들고
다른 역경들이 사라진다.

현재 순간에는 저항이 없다

수행을 처음 시작할 때는 좌선 시간이 영원할 것처럼 길게 느껴지지만 차츰 시간이 빨리 지나가게 됩니다. 이는 매우 좋은 징후입니다.

처음에 시간이 느리게 느껴지는 이유는 수행을 하려고 앉아 있을 때 거부감이 있기 때문입니다. 어서 끝나길 바랍니다. '이제 그만하자. 지금 몇 시지? 얼마나 지났을까? 얼마나 더 남았지? 무릎이 아프네. 더 이상 가만히 앉아있고 싶지 않아. 지루하다.'라고 생각합니다. 이렇게 반발하는 마음은 언제나 현재 순간과 맞서서 끊임없이 저항합니다.

청정본심의 경계가 없는 상태에 있을 때엔 현재의 모든 저항이 줄어듭니다. 그렇게 되면 시간이 빨리 지나갑니다. 자신의 저항에 의해 수반되는 스트레스와 불편함이 가라앉게 됩니다. '끝날 때까지 기다릴 수 없어. 정말이지 너무 길군.' 만약 이렇게 생각

한다면, 이는 불안한 감정을 만들고 좌선 시간이 엄청 길다고 느끼게 만듭니다.

그 스트레스로 인한 불편함은 마치 싫은데도 계속해야 하는 운동과 같은 느낌입니다. 그러나 청정본심의 경계 없는 현재에 머물면 저항이 없습니다. 저항이 없으면 불편함, 불안감, 긴장이 없습니다. 이는 시간이 빨리 지나가게 합니다. 한 시간이 지나도 수행 시간 자체가 매우 편안했기 때문에 몇 분 지나지 않은 것 같습니다. 침묵, 고요, 자기 자신, 자신의 마음에 편안함을 느낍니다. 수행을 잘하고 있다는 징후입니다.

수행할 장소와 시간

사람들은 저에게 수행 시간은 얼마가 좋은지, 몇 분까지 알려주길 바라는 사람들이 종종 있습니다. 운동 효과를 보려면 시간을 투자해야 하듯이 수행도 마찬가지 입니다. 특히 초심자들에겐 더욱 그렇습니다. 초심자들에겐 일주일에 두세 번, 20분에서 35분 정도 하길 권합니다. 처음엔 이 시간이 길어 보이지만 이보다 더 짧은 시간은 효과를 얻기가 어렵습니다. 마음이 가라앉고 자연스러운 상태로 들어가기 시작하려면 어느 정도의 시간이 필요하기 때문입니다.

운동을 할 때 준비운동을 하고 점진적으로 심장 박동 수를 높여나가야 합니다. 일정 수준까지 가지 않고 운동을 멈추면 온전한 효과를 볼 수 없습니다. 하루 15분만 운동하며 더 무거운 기구를 들지 않는다면 일정 수준 이상 올라서긴 어렵고 운동효과도 미미합니다. 이와 같이 청정본심 수행도 15분으로는 충분하지 않습니다. 정신현상이 여전히 존재하고 혜택을 얻지 못할 것입니다. 물론 10~15분만 수행해도 유익한 점이 있습니다. 정신현상에 집중하는 걸 줄이면 활력이 생기고 긍정적인 체험이 증가합니다. 그래서 시간에 관계없이 짧은 시간이라도 수행을 하게 되면 수행을 하지 않는 것보단 훨씬 낫습니다만, 수행의 이익을 얻길 원한다면 한 번에 적어도 20~35분 이상 하는 것이 좋습니다.

수행이 도움이 안 된다고 말하는 사람들이 있습니다. 아쉽게도 이런 수행자들은 청정본심에 조금 다가갔지만 온전히 닿기 전에 멈춘 것 같습니다. 이 초기 단계를 넘어서지 못한 것입니다.

그러나 15~20분 동안 지침을 따르면 정신현상이 잠잠해지고, 다시 15분 동안 청정한 상태에 들어가 머물게 되는데, 이렇게 하면 수행에 진전이 있게 됩니다. 자연스러운 상태에 들어가려면 시간이 걸립니다. 경험이 많은 수행자들은 쉽게 이 상태에 들어가는데 그렇지 않은 수행자들은 시간이 필요합니다. 우리 마음이 안정되도록 충분한 시간이 필요하고, 마음이 안정되어야 수행의 이익을 얻습니다. 그렇기에 보다 확실히 청정본심에 머물 수 있도록, 20~35분 동안 수행하라고 권하는 것입니다.

이 지침은 주로 초심자들을 위한 것입니다. 숙련된 수행자들을 위한 내용은 아닙니다. 초심자들은 청정본심에 들어가 그 상태에 머물기 위해, 마음을 안정시키고 단련에 필요한 시간을 갖는 것이 중요합니다. 이것이 청정본심에 익숙해지는 방법이고 진정한 수행을 위한 필수 사항입니다. 그래야만 수행의 혜택을 제대로 얻을 수 있습니다.

규칙적으로 충분한 수행 시간을 갖는 것 외에, 집에서 혼자 하는 것도 좋지만 함께 모여서 하는 것도 수행에 큰 도움이 될 수 있습니다. 그룹으로 모여서 하는 것은 서로에게 수행을 독려하는 동기 부여가 되어서 도움이 됩니다. 이는 마치 체육관에 함께 모여 운동이나 요가를 하는 것과 같습니다. 청정본심에 더 나아가기 위해서 우리는 함께 모여 수행하는 것이 필요합니다.

정해진 좌선 시간에 의자, 쿠션, 방석에 앉아 수행을 합니다. 초심자들은 종종 어디에서 수행을 해야 하는지에 대해 묻습니다. 많은 수행자들은 그들의 집에 분리된 공간이나 방의 구석과 같은 수행을 위한 특정한 장소가 있습니다. 오로지 수행을 위한 공간이 있으면 수행에 도움이 됩니다. 그곳에 작은 불상을 놓아도 되고 부처님이나 파드마삼바바의 탱화를 걸 수도 있고, 수행에 도움을 주는 물건이나 예술품들을 놓아도 됩니다. 불단은 우리에게 영감을 주기도 하고 규칙적으로 수행하는 것을 독려합니다.

하지만 실제로 정말 필요한 것은 그냥 편안한 공간입니다. 수행이 안정되면 어디에서든 할 수 있습니다. 어디에서든 어떤 일을 하든 어떤 환경에서든 수행할 수 있습니다.

청정본심 상태에서 죽는 것

청정본심 수행은 잠을 잘 때나 꿈을 꿀 때 그리고 임종의 과정이 포함된, 삶의 전 과정에 적용되어야 합니다. 죽음의 순간에 적용할 수 있고 중음 상태에서도 마찬가지입니다. 우리의 의식이 경험하는 모든 순간에 적용할 수 있습니다.

이번 생에서 수행이 안정되었다면 죽음의 순간에도 안정을 이룰 수 있습니다. 그 중요한 시기에 희망과 두려움과 집착으로 길을 잃지 않는 힘을 얻을 수 있습니다.

구루 린포체 파드마삼바바는 우리가 죽어서 몸과 마음이 분리된 후에 의식을 잃는다고 합니다. 의식을 완전히 잃게 되면 자각이나 정신 활동이 없습니다. 이것이 죽음입니다.

이 과정을 지나서 의식을 되찾을 때, 우리는 더 이상 이 세상에 있지 않고 이 몸도 없습니다. 다른 차원의 의식을 되찾은 겁니다. 이는 꿈과 같은 체험입니다.

그 순간, 모든 것이 우리 마음의 투영에 불과하다는 것을 인식하지 못하면 일어나는 현상에 완전히 빠져들어 헤매게 될 것입니다. 소리, 빛, 다른 체험들이 일어나게 되면 의식은 바람에 나부끼는 깃털과 같아집니다. 만약 우리가 이 생에서 청정본심의 안정감이 있다면, 사후의 어떤 체험에도 휘둘리지 않고 오염된 마음으로 인한 고통스런 왜곡의 대상이 되지 않습니다. 죽음의 순간에, 오염된 마음이 아닌 청정본심을 갖는 게 가장 중요합니다. 이것이 최고의 죽음입니다. 청정본심에 익숙한 사람은 두려움,

불안, 근심이 없이 죽습니다. 이와 같은 사람은 죽음의 순간에 의식이 더욱 생생하고 맑고 명료합니다. 우리가 수행에 확신을 얻게 될 때, 이미 죽음의 순간을 준비한 것입니다.

오염된 마음을 가지고 있는 것이 '지옥'입니다. 마음이 오염되면 모든 것이 오염됩니다. 오염된 인식이 없으면 지옥도 없습니다. 청정본심은 청정한 체험을 가져옵니다. 이 상태 이외의 다른 극락은 없습니다. 청정본심을 체험하는 것이 극락입니다. 마음이 청정하므로 임종 후와 다음 생의 탄생 사이인 중음 상태를 청정하게 경험합니다. 그렇기 때문에 청정본심에 닿음으로써 이번 생 동안 일상심을 정화하는 것이 특히 중요합니다. 이것이 우리가 해야 할 최우선 순위입니다.

임종 시 여러분이 청정본심에 머물 수 있게 된다면, 이는 무척 특별하며 깨달음을 얻는 체험이 될 것입니다. 그 체험에 대해 위대한 족첸 선지식인 롱첸빠는 이렇게 말씀하셨습니다.

> 비록 귀한 인간 몸을 받았더라도 언젠가 이 세상을 떠나야 한다.
> 그대는 죽음의 순간에 이 유용한 조언을 반드시 기억하라.
> 죽음과 환생의 사이는 그대의 인식이 자신의 가장 내밀한 깨달음에 대해 온전한 확신을 얻을 수 있는 기회이다.
> 그대는 그 체험의 빛 안에 자연스럽게 머물러야 한다.
> 모든 것이 자연스러운 현재 인식 안에서 훈련하기 위한 수행이 되어야 한다.

죽음의 순간에 오대 원소(지수화풍공地水火風空)가 흩어져 우여곡절과 상실을 경험하고, 그대의 인식은 급작스럽게 모든 것을 환영으로 보기 시작한다.
오대가 모두 흩어진다.
의식이 흩어질 때, 이 가르침을 기억하라.
죽음을 두려워할 필요가 없다.
면밀히 들여다보라. 누가 죽어가고 있는가? 죽음이 존재하는가?
육신은 네 가지 요소로부터 빌렸을 뿐이다.
의식 그 자체로는 탄생도 죽음도 없다.
청정한 자각과 내밀한 깨달음 안에서
면밀히 들여다보라. 누가 죽어가고 있는가? 죽음이 존재하는가?
어떤 것도 존재하지 않으니, 그러므로 죽음에는 실체가 없다.
그대는 이 수행에 확신을 가져야만 한다.
인식은 끊임없이 빛을 발한다.
지수화풍과 의식이 허공으로 녹아든다.
허공은 정광명 의식으로 녹아든다.
여섯 가지 감각과 의식은 실상의 본성 안에 녹아든다.
몸과 마음이 분리 되고 나면, 내부와 외부 세상의 모든 체험은 이 실상의 청정한 본성 안에서 청정 인식이 된다.
모든 사념과 번뇌는 청정인식 안으로 녹아드니, 완벽한 깨달음의 상태를 체험한다.

만약 이 순간에 그대 자신의 인식을 깨닫는다면 즉각적으로 깨달음의 반열에 들게 된다.

4부

선한 마음: 청정본심의 동행자

일체중생이 행복과 행복의 인因을 갖추기를 기원합니다.
일체중생이 고통과 고통의 인을 여의기를 기원합니다.
일체중생이 고통이 없는 위없는 행복을 여의지 않기를 기원합니다.
행복과 고통에 대한 집착을 여읜 대평등심에 머물기를 기원합니다.

_ 선한 마음을 기르기 위한
네 가지 무량한 태도(사무량심四無量心) 기도문

1

세 가지 요소 : 견해, 수행, 선한 마음

깨달음으로 가는 길은 견해, 수행, 선한 마음에 의지합니다.

그 길로 가는 처음 두 가지 요소는 이러합니다.

① 견해: 청정본심과 그 속성에 대한 '견해와 체험'

② 수행: 청정본심에 오래 머물러 청정본심의 상태에 점점 더 '익숙해지는 것'

깨달음을 향한 우리 여정의 처음 두 가지 주된 요소는 이미 살펴보았습니다. 첫째는 청정본심과 청정본심의 속성에 대한 이해와 체험을 모두 포함한 깨달음입니다. 둘째는 수행입니다. 수행은 점점 더 오랫동안 청정본심에 머무름으로써 청정본심의 상태에 더욱 친숙해질 수 있게 해줍니다.

③ 선한 마음: 우리의 여정이 성공하려면 그리고 청정본심에 영원히 연결되는 깨달음에 이르려면, 반드시 '선한 마음'을 길러야 합니다.

부모, 선생님들과 다른 사람들로부터 인자한 사람, 친절한 마음을 가진 사람이 되는 게 중요하다고 들었습니다. 물론 그렇습니다. 하지만 선한 마음의 중요성이 빠져 있습니다. 우리는 타인들에게 친절하고 자애심으로 대하라고 배웁니다. '거짓말하지 말라, 속이지 말라, 도둑질하지 말라, 남을 해치지 말라, 진실 되고 책임감이 있어라, 그리고 다른 비슷한 훈계들'은 도덕적인 의무입니다. 우리가 이렇게 하면 좋은 사람이고, 이렇게 하지 않으면 나쁜 사람이거나 도덕적 결함이 있는 사람입니다.

그러나 선한 마음을 가지는 것은 비단 도덕적으로 옳은 것만은 아닙니다. 이는 영적인 발전뿐만 아니라 일상생활과도 기능적으로 관련이 있습니다. 다른 말로 하면 '선한 마음'에서 도덕적 차원은 그렇게 중요하지 않습니다. 대신 선한 마음을 갖는 것은 우리 삶에서 필수적이고 실용적인 이점이 있습니다. 선한 마음을 가지면 삶은 행복하고 힘이 있고 기쁨이 넘치고 조화롭습니다. 우리가 깨달음을 원하든 원하지 않든 이것은 사실입니다. 따라서 선한 마음의 역할에 대해 선행을 강조하는 종교적, 사회적 관습과 동일시해선 안 됩니다.

선한 마음은 우리의 수행을 끌어올려 줍니다. 만약 부정적인 생각과 감정을 넘어서고 삶의 모든 것을 긍정적으로 바꾸길 원한다면, 선한 마음을 지녀야 합니다. 선한 마음은 정신과 감정에 힘을 줍니다. 선한 마음으로 살 때 내면의 체험이 더 밝아지고 더 가벼워지고, 깨달음으로 가는 길이 더 수월해집니다.

수행을 하는 동안에는 긍정적이건 부정적이건 모든 정신현상을 넘어서야 합니다. 사랑, 연민과 같은 긍정적인 감정에도 분노, 불행 같은 부정적인 감정에도 사로잡히지 않아야 합니다. 하지만, 긍정적인 정신현상을 개발하여 수행을 하기에 적합한 환경을 만들어 놓아야 합니다. 그렇지 않으면 우리의 마음에 청정본심을 경작할 비옥한 토지가 없습니다.

또한 행복과 만족을 위해 선한 마음을 갖는 것이 매우 중요하다는 것을 알아야 합니다. 선한 마음은 특별히 깨달음에 대한 열망이 없는 사람들에게도 조화와 기쁨을 안겨줍니다. 단지 좋은 삶을 살길 원하건, 궁극의 깨달음을 원하건, 여러분은 선한 마음의 길에 있어야 합니다. 이는 마치 캘리포니아 101번 고속도로를 운전하는 것과 같습니다. 샌프란시스코를 출발하여 산호세에 갈 수 있습니다. 그러나 계속 그 길을 간다면 로스엔젤리스까지 갈 수 있습니다.

세상은 우리들 마음에 의해 물들어 있다

우리는 의식적으로 선한 마음을 길러야 하는데, 그렇지 않으면 일상심의 왜곡된 렌즈를 통해 세상을 보게 됩니다. 세상은 우리들 마음에 의해 채색되어 있기 때문에, 마음의 상태에 따라 세상에 대한 인식이 결정됩니다. 마음이 부정적이면 세상이 부정적으로 보일 것이고, 마음이 긍정적이면 세상을 긍정적으로 볼 것 입니다.

마음은 극장의 영사기와 같습니다. 우리는 각자의 기질을 지닌 채 태어납니다. 외부 세계가 주는 수많은 자극은 내면의 상태를 형상화하기 위해 무의식적인 선택을 하게 만듭니다. 그런 다음이 선택한 이미지들을 세상에 대한 우리의 경험 위에 투사합니다. 만약 영사기가 두려움, 원망, 불안, 이기심, 불만, 의무와 같은 것으로 채워져 있으면 이러한 정신의 영상들과 습관을 바깥 세상에 투사해 놓고는, 바깥세상이 우리를 그렇게 만든다고 생각합니다. 우리가 자기중심적 이라면 세상을 자기중심적으로 보며 자신이 보살핌을 받지 못한다고 생각합니다. 하지만 실제로 그런 상태에 있는 것은 우리의 마음이지 바깥 세계가 아닙니다.

원망이라는 필터를 통해 마음을 세상에 투사하면, 우리가 보는 것은 원망으로 물들어 있습니다. 타인을 대할 때에도 원망을 자동적으로 투사하기 때문에 불쾌감을 느끼고 거칠게 행동합니다. 정신의 영사기가 부정적인 내용으로 가득하면 타인에게 부정적인 투사가 이루어져 마음이 불편해집니다.

이것은 차례로 자기실현적 예언*이 됩니다. 충족되지 못한 자격지심으로 인해 생긴 만성적인 원망이 주변에 투사됩니다. 사람들이 나를 원망하는 것 같고 친구, 가족, 동반자에게 결코 만족감을 느끼지 못합니다. 부풀려진 특권 의식으로 세상을 대하면 세상은 우리의 비현실적인 기대를 채워줄 수 없습니다. 우리는 세상이 나에게 화를 낸다고 생각합니다. '기대'라는 틀을 만들어 남에게 투사하는 것은 내 마음이 만들어낸 것입니다.

* 자기실현적 예언: 이는 사회심리학적 현상의 하나로, 누군가 어떠한 일이 발생한다고 예측하거나 기대하는 것인데, 이러한 예측 혹은 기대가 실현되는 것은 순전히 자신이 그렇게 될 것이라고 믿고서 행동을 믿음에 따라 맞춰가기 때문이다. 〈위키백과〉

일상적인 마음의 기질을 비추어 볼 때 선한 마음을 가지려면 어떻게 해야 할까요? 여기에 답이 있습니다. 우리 모두가 같다는 걸 이해하는 것입니다. 모든 이들은 나와 같습니다. 우리 모두는 행복하기를 원하죠. 이것이 마음의 부정적인 성향에 맞서는 방법입니다. 그러나 무엇이 선한 마음이고 어떻게 해야 가장 높은 잠재력을 개발할 수 있을까요?

선한 마음의 네 가지 요소

'선한 마음'은 하나로 이루어져 있지 않고 네 가지 구성 요소가 있습니다. 이는 자비희사(慈悲喜捨 사랑, 연민, 기쁨, 평등)입니다. 이를 사무량심四無量心이라고 합니다.

이 사무량심은 있거나 없는 것이 아니라, 모두에게 있습니다. 사람들은 이 사무량심을 각자 다양하게 경험할 뿐입니다. 사랑의 정도, 연민의 정도, 기쁨의 정도, 평등의 정도가 다를 뿐입니다. 우리에게 있는 이 각각의 수준이 높을수록 자신과 타인을 도울 수 있고 덜 이기적이고 더 진실합니다.

인류가 제공해야 할 최고의 것은 이 선한 마음의 특성에서 비롯되어야 합니다. 역사를 통해 가장 용감하고, 위용 있는 사람들은 이 사무량심을 지니고 있었습니다. 그렇기에 세상에 긍정적인 영향을 주었습니다.

모든 사람은 사무량심의 요소를 이미 어느 정도 가지고 있습니다. 우리가 할 일은 이를 향상시키는 것입니다. 긍정적인 태도를 향상시킬수록 더 많은 행복과 조화를 경험합니다.

세상에 많은 문제들이 발생하는 이유는 이 사무량심을 잊어버렸기 때문입니다. 사무량심을 기억하고 알아차림을 닦는 대신에 탐욕, 분노, 질투, 원망, 죄책감과 같은 부정적 성향들에 휘둘리기 때문입니다. 선한 마음을 이루려는 태도가 아니라 이런 부정적 태도를 고양시키면 불행과 부조화가 늘어납니다. 이러한 부정적인 성향들이 압도적이기 때문에 크고 작은 모든 갈등이 일어납니다. 적절한 주의와 훈련이 고통스럽고 불쾌한 감정을 바꿀 수 있다는 것을 알지 못하고 있습니다.

우리 모두는 한 비행기에 탔다

마음이 있는 곳이면 언제나 체험이 있습니다. 신체적 차원에선 감각을 느끼고, 정신적 차원에선 감정을 느끼고 생각을 합니다. 모든 개인이 동일합니다. 느낌, 감정, 감각이 있는 사람은 누구나 행복을 원하고 행복에 필요한 조건을 갖고 싶어 합니다. 사람들은 모든 고통과 고통의 원인을 피하고 싶어 하는데, 이것이 보편적인 진리입니다.

선한 마음은 삶에서 다른 사람들의 상황에 관심을 갖고 이해하는 것에서 비롯됩니다. 이는 우리 모두가 공통적으로 가지고 있는 것을 인식하는 데서 생겨납니다. 우리가 보는 노인, 아이, 중년 여성을 비롯한 모든 이들이 나와 같다는 걸 알아야 합니다. 그들도 역시 이 세상에서 행복하게 살길 바랍니다. 자신에게 원하는 것을 물을 때, 누구나 근본적으로 같은 답을 한다는 것을 압니다. '행복을 원하고 고통을 원하지 않습니다.' 이것이 선한 마음의 근원입니다. 보편적인 인간의 소망에 대한 가장 기본적인 이 사실을 이해하는 것이 선한 마음을 드러내는 데 필요한 관점과 태도입니다. 깨달음을 향해 나아가는 것뿐만 아니라 일상의 행복을 위해서도 마음의 이 측면은 매우 중요합니다. 이것이 없으면 진정으로 진화할 수 없습니다.

비행기를 타고 여행할 때 모든 승객들은 공통점을 가지고 있습니다. 어떤 커플들은 대화를 하고, 할머니는 책을 읽고 아이는 잠을 잡니다. 그러나 이 모든 승객들이 진정 원하는 게 무엇일까요? 모든 승객들은 난기류나 기상 악화 없이 무사히 목적지에 도착하는 것입니다. 승객들은 개인적으로나 집단적으로나 안전하고 편안하게 목적지에 도착하길 바라는 공통점이 있습니다. 낯선 사람이더라도 서로를 배려하고 큰 집단의 일원이 된다는 느낌이 있습니다.

마찬가지로 우리 모두는 이 지구에 태어나 함께 머물고 있습니다. 이 세상, 이 환경, 이 나라, 이 도시를 모든 사람과 함께 공유합니다. 모든 인류는 이 세상에 살기 위해 노력하고 있으며 행복과 행복의 원인을 갖기를 원합니다. 모든 이들은 행복을 바랍니다. 어느 누구도 고통과 고통의 원인을 원하지 않습니다.

다른 사람들이 원하는 이 관점을 더 많이 받아들일수록 그들의 동기를 더 이해하게 됩니다. 우리에겐 보편적인 인간성이라는 것이 있습니다.

진실은 '모든 사람이 같다'는 것입니다. 모든 사람이 우리와 같습니다. 우리가 행복을 원하는데 왜 다른 사람도 원하지 않겠습니까? 나는 고통을 피하고 싶은데 남들은 고통을 원할까요? 이 세상엔 나 혼자만 살지 않습니다. 이러한 태도가 선한 마음의 원천입니다. 이 진실을 이해하면 서서히 모든 사람들을 잘 대해야겠다는 생각에 이르게 됩니다.

그런 관점에서 다른 사람들을 만나면 그들이 행복한 삶을 원하고 고통을 원하지 않는다는 점을 보게 됩니다. 우리가 행복을 원하듯, 그들도 마찬가지입니다. 그들도 우리와 크게 달라 보이지 않습니다. 그들이 낯선 사람처럼 느껴지지 않습니다. 혼란스럽지도 않고 불확실하지도 않습니다. '저 사람은 누구지? 왜 여기 있는 거야?' '저 여자는 뭐가 문제지? 나한테 원하는 게 뭘까?' '저들은 이 세상에서 뭘 하는 걸까?'와 같은 생각을 하지 않게 됩니다. 이러한 의심스럽고 원망스러운 감정이 일지 않습니다. 대신에, '저들도 나처럼 행복하길 원하지. 왜 그 사람들을 화나게 하고 슬프게 만들겠어? 왜 그들을 해칠 일을 하겠어? 이는 그들을 불행하게 만들뿐이야.'라고 합니다. 자신을 해치고 싶지 않듯이 다른 사람에게 해를 끼칠 이유가 없습니다.

이와 마찬가지로 친구, 가족, 동료를 만날 때 그들도 나와 같다는 관점을 기르면 갈등이나 의견 차이가 있어도 갈등에 완전히 다르게 접근하게 됩니다. 갈등에 대응하는 특정한 방식은 상황에 따라 다양하겠지만, 상대방을 이기려 하기보다는 타인을 이해하려 노력하는 것에 기반을 둘 것입니다. 갈등 속에 있을 때 타인도 나와 같다는 이 관점을 가지고 있으면 상대를 좀 더 합리적으로 바라보게 되고 그 결과 상대는 우리를 보다 긍정적으로 대하여 갈등이 감소합니다. 우리가 보다 합리적이기 때문에 상대의 태도가 변하고 그들 역시 긍정적으로 행동합니다.

선한 마음은 우리를 친구들, 가족들, 모든 인류와 긍정적으로 연결해 줍니다. 다른 이들과 소통을 원하고 세상과 조화를 이루고 진실한 교류를 즐기려면 선한 마음을 지녀야 합니다. 선한 마음이 없으면 화합하며 교류하고 사는 도시가 아니라 뿔뿔이 흩어져 있는 고립된 개인의 섬에 살게 됩니다. 선한 마음은 세상에서 조화를 이루고 타인들과 함께 하는 행복의 열쇠입니다.

선한 마음이 있으면 정서적으로 안정되고 감정적으로 연결된 느낌이 듭니다. 정서적으로 고립되었거나 외롭거나 자신감이 없거나 기운이 없다고 느끼지 않습니다. 선한 마음이 없다면 정서적인 삶이 풍요롭지 않습니다. 풍요롭고 건강한 정서 생활을 위해서 다정함과 따스함을 지닌 선한 마음이 필요합니다.

이 세상의 모든 사람들을 사랑과 자비로 보게 될 때, 서로의 가슴은 감성적으로 연결됩니다. 우리의 가슴은 차갑거나 무감각하지 않습니다. 선한 마음이 없고, 연민과 사랑이 없다면 이 세상이 생소하고 이질적으로 느껴집니다. 우리 마음은 단절감을 느끼고 심하면 증오, 혐오, 편견을 가질 수도 있습니다. 선한 마음은 정서적 삶에 가장 중요한 요소입니다.

2

진정한 사랑〔자무량심慈無量心〕

친구, 가족, 이웃, 인류, 생명을 가진 모든 존재가 우리와 같다는 걸 진정으로 이해하고 인식하면 그들을 더 많이 사랑하게 됩니다. 사랑은 여러 가지로 정의될 수 있습니다. 진정한 사랑은 다른 이들이 행복하고, 온전하고 지속적인 행복을 위해 필요한 조건을 갖기를 바라는 마음입니다.

다른 이들이 삶을 즐기고 인생의 모든 단계가 성공적이며 의미 있는 일을 하고 좋은 관계를 맺기를 바랍니다. 사랑은 이 세상의 다른 모든 이들이 잘되길 원하는 것입니다. 이는 지극히 평범한 일에서도 마찬가지입니다. 어떤 이가 여행을 잘 다녀오길 바라는 작은 바람도 사랑입니다. 친구와 가족이 몸에 좋은 음식을 먹어 건강하게 살길 바라는 것도 사랑입니다. 다른 이들이 수행을 할 때 좋은 체험을 해서 속히 깨달음에 닿길 바라는 것도 사랑이죠.

선한 마음을 기르는 길은 보편적인 사랑의 경험이 우리의 모든 생각, 행동, 태도에 스며들기를 염원하는 것입니다. 우리는 이를 본능적이고 능동적인 내면의 경험이 되도록 노력해야 합니다. 이 내면의 필터를 통해 모든 이들을 봐야 합니다. 우리에겐 이미 이런 마음이 있지만 일상심에 의해 가려진 것입니다.

다시 말씀드리지만, 이는 단지 '옳은 일을 하는 것'이 아닙니다. 그보다는 매일의 행복과 수행의 성취를 위한 실질적인 전략이라 할 수 있습니다. 이는 깨달음을 증득하기 위한 필수적인 구성 요소입니다. 청정본심과 선한 마음, 이 두 가지가 없으면 깨달음에 이를 수 없습니다.

선한 마음으로 개발하는 사랑은 '무조건적인 사랑'입니다. 우리 모두가 같다는 이해가 없으면 사랑은 상황에 따라 달라집니다. 예를 들어 누군가를 사랑한다고 할 때 전형적으로 연인과 배우자를 지칭합니다. 이런 종류의 사랑은 조건에 따라 달라질 수도 있고 아닐 수도 있습니다. 그 사람과 멀어져서 더 이상 연인이나 배우자가 아니고, 더 이상 그들을 사랑하지 않으면 이는 조건적인 사랑입니다.

그러나 선한 마음의 사랑은 보편적인 사랑입니다. 언제나 무조건적입니다. 이는 특별한 관계를 바탕으로 하지 않습니다. 만약 배우자나 반려자를 사랑했는데, 관계가 끝난 후에도 사랑이 변하지 않는다면 이는 아마도 진정한 사랑일 겁니다. 모든 사람이 우리와 마찬가지임을 알고, 한 때 사랑했지만 지금은 곁에 없는 그 사람을 포함해서 모든 사람이 행복하고 행복의 원인을 가지기를 바랄 때, 그런 사랑을 하게 됩니다. 이것이 진정한 무조건적인 사랑입니다.

진정한 사랑은 언제나 우리 안에 있으며 상황에 따라 변하지 않습니다. 이는 믿음, 신뢰 등이 급작스럽거나 점진적으로 변할 수 있는 상황에 의존하는 것이 아닙니다. 누군가와 친밀한 관계가 있거나 없거나, 함께이거나 헤어졌거나, 다른 이들이 행복해지길 바라고 행복에 필요한 인생의 조건을 갖추길 진심으로 원하는 마음입니다.

이런 관점을 가지면 사랑은 더 깊어지고, 그 사랑에 의해 일어나는 경험은 심오하고 고무적입니다. 불행을 초래하는 나, 나, 나 오직 자신에게만 집중하지 않습니다. 타인을 기쁘게 하고 행복의 조건을 갖도록 돕는 길은 헤아릴 수 없이 많습니다. 도움이 되는 조언을 할 수도 있고 직업을 찾도록 도울 수 있고 수행을 하기에 좋은 분위기를 제공할 수 있습니다. 이것이 진정한 사랑입니다. 남들을 행복하게 만들 때 자신도 행복해지는 것은 멋진 후유증입니다.

로맨틱한 사랑

우리 모두는 낭만적인 사랑에 대한 관념이 다릅니다. 낭만적인 사랑은 소유욕이 강한 집착 형태의 정신현상입니다. 낭만적인 사랑은 열려 있지 않고 느긋하지 않으며 비좁고 긴장되어 있습니다. 그 본질이 욕망이므로 분노, 질투, 거부 반응이 쉽게 일어납니다. 선한 마음이 바탕인 무조건적인 사랑은 더욱 긍정적이고 오래 지속되며 열려 있고 관대합니다. 덜 자기중심적인 사랑을 하게 됩니다. 이 사랑은 풍요롭고 고무적입니다. 보리심을 성취하는 데에도 필요한 힘을 줍니다.

낭만적인 사랑은 모든 이들이 행복하기를 바라는 것을 포함한 오직 선한 마음이 바탕이 될 때에만 긍정적인 사랑이 될 수 있습니다. 이타적이고 열린 마음의 관점에서의 낭만적 사랑은 관계를 보다 돈독하고 오랫동안 지속되게 만듭니다. 그렇지 않다면 '사랑'은 그저 욕망의 자기중심적 형태일 뿐입니다. 마치 소유할 재산처럼 누군가를 원하면 좋은 만남이 될 수 없습니다. 선한 마음을 가졌다면 우리는 멋진 사랑을 할 수 있습니다.

때때로 인간관계가 나쁘게 끝나기도 합니다. 이런 일이 일어나는 이유는 대부분 맺고 있는 관계에서 어느 한 명이 일상심에서 오는 감정을 사랑보다 우선했기 때문입니다. 그것을 사랑이라고 오해하는 동기가 문제입니다. 이는 종종 육체적, 감정적 매력만을 바탕으로 합니다. 지속적인 사랑은 이런 종류의 사랑에 바탕을 둔 것이 아닙니다. 만약 사랑이 지속적이지 않다면, 건강하지 못한 일상심에서 자신의 안위만을 추구하는 사랑인 것입니다. 그렇기 때문에 수많은 관계들이 엄청난 실망과 고통으로 끝나게 됩니다.

그렇다고 해서 모든 관계가 반드시 영원히 지속되어야 하는 것은 아닙니다. 낭만적인 사랑이나 인간관계가 얼마나 지속될지 모르지만, 그 관계가 끝나더라도 그 이후에 조건 없는 사랑의 속성이 남을 수 있습니다. 실용적인 측면에서 볼 때에도 이는 불필요한 감정과 갈등 없이 상대방과 의사소통을 수월하게 해줍니다.

진정한 사랑을 더 많이 할수록 우리의 관계는 더 좋아지고 덜 복잡해지며 시야가 더 넓어집니다. 두 자아가 우위를 점령하기 위한 싸움으로 번지지 않습니다. 모든 것을 진실한 사랑의 관점에서 다룹니다. 그것이 훨씬 더 즐겁고, 충만하며, 관계를 발전시키는 토대입니다. 이 요소가 없는 사랑은 진실하지 않습니다.

우리의 사랑이 다른 사람들의 행복과 안녕을 바라는 배려와 관심이라면, 사랑이 보다 깊어지고 안정된 관계를 만듭니다. 이러한 관계는 금세 사라지는 감성에 기반을 둔 것이 아니기 때문에 더욱 진심어린 관계가 됩니다. 이로 인하여 관계에서 문제가 자주 발생하지 않고 만약 생기더라도 빠르게 해결됩니다. 사랑에 대한 이러한 깊은 이해는 타인과의 관계와 상호작용에 현격한 차이를 안깁니다.

사랑에 대해 여러 가지 잘못된 해석이 있습니다. 극단적인 예를 들자면 상대방에게 감정적, 성적, 신체적인 학대를 하고 심지어 살인도 저지릅니다. 끔찍한 범죄가 '사랑'이란 이름으로 매일 일어납니다. 낭만적인 사랑이 왜 이리도 끔찍하게 변할까요?

이런 사랑은 여기에서 이야기한 진정한 사랑에 기반을 두지 않았기 때문입니다. 사람들은 무아無我가 바탕이 된 사랑을 하지 않기에 로맨스는 전적으로 자기중심적인 사랑일 수밖에 없습니다. 좋은 느낌을 주길 바랐던 상대방에게서 에고가 행복과 충족을 느끼지 못하면 격분하게 됩니다. 물론 그 누구도 에고가 추구하는 만족을 줄 수는 없습니다.

서로 자기중심적인 느낌에 의해 관계를 맺으려 하면 상황이 복잡해질 수 있습니다. 상대방이 자신을 위해서만 존재하고 관계의 모든 측면은 자신의 요구를 반영해야 한다고 생각합니다. 이 관계는 세상을 함께 즐기려는 소원이 바탕이 아닙니다. 상대방을 행복하게 해주려는 바람이 없고 오직 받으려는 나의 바람만이 있습니다. 이런 희망이 좌절되면 쉽게 화를 내고, 관계는 더 악화되고 심하면 위험해질 수도 있습니다.

그러므로 관계를 맺은 두 사람이 모두 '선한 마음'을 갖는 것이 필요합니다. 그렇게 되면 관계는 더욱 건강해지고 충만해질 것입니다. 비록 두 사람이 더 이상 함께하지 않기로 결정해도 이 관점은 둘에게 도움이 됩니다. 사랑은 절대 헤어지지 않는 것을 의미하는 것이 아닙니다. 함께할 때엔 조화를 이루는 것이 중요하고 헤어질 때도 마찬가지 입니다. 그러므로 모든 사랑은, 특히 낭만적인 사랑은 선한 마음을 기반으로 할 때가 가장 최선입니다.

진정으로 열린 마음

진정한 사랑 안에서 우리 마음과 심장은 모두에게 열려 있습니다. 특정 집단, 개인, 문화에 편견이 없습니다. 진정으로 모든 존재들에게 열려 있습니다. 가장 숭고한 경험은 진심으로 모든 존재들이 행복하길 바라는 것입니다. 모든 존재들이 평등하게 행복하고 행복의 원인을 가지길 바랍니다.

그렇다고 해서 다른 존재들과 갈등이 없다는 건 아닙니다. 갈등이 있더라도 그 사람을 사랑하지 않는다는 의미가 아닙니다. 갈등은 두 사람 사이에서 의견이 다를 때 일어나는데, 진정한 사랑은 그 갈등을 초월합니다. 누군가와 갈등이 있더라도 여전히 그들이 행복하고 행복의 원인이 있기를 바란다면 우리의 사랑은 무조건적이며 상황을 뛰어 넘은 것입니다.

우리는 부모님, 형제, 자매와 갈등이나 어려움을 겪기도 합니다. 심지어 그들과 같이 있고 싶지 않을 때도 있습니다. 하지만 여전히 그들이 행복하길 바라는 마음이 있을 수 있습니다. 비록 누군가와 시간을 보내고 싶진 않지만 그들의 행복을 바란다면 여전히 그들을 사랑하는 것입니다. 여전히 그들의 행복과 행복의 원인을 바라는 것은 나에게 사랑이 있기 때문입니다. 사랑은 관계의 우여곡절을 초월한 영원한 상태입니다. '의견이 맞지 않기에 더 이상 그녀의 행복에 관심이 없어.'라고 생각하지 않습니다. 수많은 의견 충돌이 있고 심지어 싸울 수도 있지만 여전히 그들의 행복을 기원합니다.

열린 마음을 가졌다는 것은 유연하고 융통성이 있다는 뜻입니다. 사소한 일에 흥분하지 않습니다. 선한 마음을 가질수록 도발적인 상황에 덜 반응합니다. 그렇다고 해서 화가 나지 않는다는 것은 아닙니다. 화가 날수도 있지만 여전히 그를 이해하고 잘되길 바랍니다. 사랑은 결코 우리를 떠나지 않는 영원한 상태입니다. 열린 마음의 관점이 있기에 쉽게 용서하고 잊어버리며 앙심을 품지 않습니다.

사랑하는 이들과 친밀하게 연결되고 타인과 효과적으로 소통하고 궁극적으로 깨달음을 얻길 원한다면 우리는 열린 마음, 인내 그리고 보편적인 사랑을 반드시 개발해야만 합니다.

3

연민(비무량심悲無量心)

연민은 사랑이 가진 특성을 보완합니다. 다른 이들의 행복과 행복을 염원하는 것이 사랑이라면, 연민은 모든 존재들이 고통과 고통의 원인에서 벗어나길 바라는 마음입니다.

위기의 상황만이 아닌 평상시에도

연민은 누군가 심하게 다쳤거나 중병에 걸렸거나 끔찍한 상황에 처했을 때에만 느끼는 것이 아닙니다. 사람들은 누군가가 아프거나 고통스러울 때 '저런, 저 사람이 너무 불쌍해.'라고 생각하는 경향이 있습니다. 이는 연민의 한 측면일 뿐입니다. 여기에서 말하는 연민은 훨씬 더 깊고 광범위합니다. 사랑처럼, 우리가 모든 사람에게 항상 느낄 수 있고 보편적이며 지속적입니다. 연민은 어떤 특정한 상황에 따라 일어나거나 일어나지 않는 것이 아닙니다.

우리는 정신적으로 육체적으로 건강하고 어려움에 직면하지 않은 이들에게도 연민을 가질 수 있습니다. 그들이 이 세상에 살고 있는 한, 피할 수 없는 신체적, 정신적, 감정적으로 많은 문제에 부딪힐 것을 압니다. 그들은 의심할 여지없이 실망과 슬픔, 분노, 적대심, 그리고 바람직하지 않은 상황들을 경험할 것입니다. 이는 살면서 피할 수 없는 삶의 일부분입니다. 우리의 연민은 그들이 이러한 문제들과 그 원인에서 최대한 자유롭기를 기원합니다.

현재나 미래에 가혹하고 원하지 않는 상황에 처한 모든 이들에게 연민을 가질 수 있고, 고통에 이르게 하는 조건이 늘어나지 않기를 바랍니다. 그들이 고통 받지 않고 모든 경우의 신체적, 정신적, 감정적인 어려움을 겪지 않기를 간절히 바라는 것이 연민입니다.

이런 연민의 토대는 무엇이고 어떻게 해야 기를 수 있을까요? 이는 앞에서 말한 진정한 사랑을 기르는 것과 흡사합니다. 우리는 다른 이들도 우리와 같다는 것을 깊게 이해했습니다. '그들도 내가 원하는 것을 원한다. 나는 행복을 원한다. 고통을 원치 않는다. 신체적, 정신적, 감정적 고통이 없고, 불편하거나 불행한 상황을 원치 않는다. 다른 이들도 마찬가지다. 친구들이나 모르는 이들, 생명을 가진 모든 존재들이 모두 나와 똑같다. 그들은 내가 그런 것처럼 고통을 원하지 않는다. 이런 점에서 우리 모두는 같다. 그러므로 그들이 괴로울 때, 이는 내가 고통 받을 때와 똑같다.'라는 것을 알아야 합니다.

다른 사람들이 우리와 같은 입장에 있다는 것을 깊고 의미 있는 방법으로 이해해야 합니다. 그들이 겪는 일을 경험적으로 이해할 수 있습니다. 이는 우리가 자신에게 그러하듯, 그들도 원하지 않는 모든 것들에서 자유롭기를 진심으로 바라게 만듭니다. 같은 방식으로, 우리는 비행기를 놓치길 원치 않고 노숙자가 되길 원하지 않으며 마음이 바람에 흔들리는 깃털처럼 환경에 의해 동요되길 원치 않는데, 다른 이들도 마찬가지입니다. 그들의 고통은 우리의 고통과 같습니다. 이를 알고 그들의 경험을 존중해야 합니다. 만약 그들을 돕게 되면 내 마음이 따뜻해짐을 느끼게 됩니다.

친구나 가족, 또는 우리가 동일시하는 공동체나 집단을 생각할 때 이러한 연민이 일어나는 것은 상대적으로 쉽습니다. 그들이 육체적, 정신적, 감정적으로 원치 않는 모든 상황과 어려움으로부터 자유로워지기를 진심으로 바랄 수 있습니다. '아버지께서 불안하거나 두렵지 않으면 좋겠어. 어머님이 의심이나 망설임이 없으면 좋겠어.' '내 친구가 중병에 걸리지 않길 바라. 친구들이 질병과 문제에서 자유롭고 불안, 슬픔, 분노, 공격성 다른 모든 번뇌가 없길 바라.'라고 생각하는 건 쉬운 일입니다. 모든 이가 행복을 원하는 것을 이해하고 누구도 고통을 겪지 않기를 진심으로 기원하면 모든 존재들을 마음에 품는 넓은 마음을 갖게 됩니다.

우리에게 사랑과 연민이 있으면, 비록 누군가와 갈등이 시작된다 하더라도 연민, 이해, 관용을 자각할 수 있는 좋은 기회가 될 수 있습니다. 충동적으로 반응하는 대신 자신에게 이렇게 말할 수 있죠, '내 친구가 번뇌에 사로잡힌 것 같아. 번뇌가 그의 세계관을 지배하고 있어. 내 경험상 그는 아마도 혼란스럽고 고통 속에 있을 거야.' 우리는 이렇게 그 상황을 인지하고 좀 더 인내할 수 있습니다. 비록 갈등이 계속되더라도 여전히 그 사람도 나와 같아서 고통을 피하길 원한다는 관점을 유지할 수 있죠. 이는 단지 우리가 보다 더 합리적이고 자비로울 수 있을 뿐 아니라 마음을 더 행복한 상태로 만듭니다.

우리 주변의 모든 이들이 내가 원하는 걸 똑같이 원한다는 관점을 가질 때, 보다 객관적이고 현실에 타당한 시각을 갖게 됩니다. 이기심, 두려움 및 다른 왜곡된 정신적 편견을 갖지 않습니다. 연민은 에고의 역동과 스트레스의 균형을 잡는 역할을 합니다. 우리가 자비롭다면 누군가에게 화가 나더라도 그들이 잘되길 바랄 수 있습니다. 자비로운 사람들은 인간의 행동을 잘 이해합니다. 그들은 자기중심주의와 이기심에 사로잡혀 있지 않기 때문에 정신적인 부담이 덜 합니다.

연민은 단지 친구들과 가족들이 육체적, 정신적, 감정적으로 불편하지 않기를 바라는 것만이 아닌 모든 이들이 고통에서 자유롭기를 바라는 마음입니다. 연민은 각계각층의 사람들, 낯선 사람들, 만나게 될 사람들, 만난 적이 없는 사람들, 적으로 여기는 사람들에게도 적용됩니다.

모든 문제의 시작은 항상 자신의 행복은 끊임없이 추구하지만 다른 사람들도 우리처럼 행복을 원한다는 사실을 부정하거나 무시하거나 진정으로 이해하지 못하는 이기심 때문에 일어납니다. 문제와 불화는 이런 자기중심적 태도에서 비롯됩니다. 부당한 대우와 학대는 종종 '자신이 타인과 같다'는 이해가 부족할 때 발생합니다. 그래서 이 세상의 많은 문제들은 타인과 근본적으로 같다는 것을 부정하는 이들에게서 비롯됩니다. 그러나 '우리 모두가 같다'라는 이 가장 근본적인 존재의 원리를 깊이 있게 이해하고 진정으로 감사하게 되면, 연민은 언제나 우리 안에 있습니다. 연민이 우리의 일부이기 때문입니다. 우리의 모든 행동과 말이 그 연민에서 비롯됩니다. 이런 태도를 가지면 갈등이 자주 일어나지 않기 때문에 자연스럽게 타인들과 잘 지낼 수 있습니다.

구루 린포체 파드마삼바바는 이렇게 말씀하십니다.

> "애쓰지 않고 타인을 돕는 열쇠는 무량한 연민을 닦는 것이다."

이러한 이해를 통해 연민은 언제나 우리의 일부로서 존재합니다. 자비로운 태도는 삶에서 갈등을 줄이고 더 많은 화합과 존중의 분위기를 조성합니다. 자비로운 행동은 전염성이 있어서 다른 사람들에게 영향을 주어 그들도 이와 같이 행동하기 시작합니다.

다른 이가 필요한 것을 살피기

연민이 있는 사람은 마음이 유연하고 자신만의 방식을 고집하지 않습니다. 그들은 자신이 원하는 것만 보는 게 아니라 상대방을 살핍니다. 감정적으로 더 여유 있고 타인의 관점을 더 잘 이해하고 포용할 수 있습니다.

연민이 있는 사람은 세상이 자신을 위해 존재한다고 생각하지 않고, 자신의 이익을 위해 타인을 이용하지 않습니다. 모든 이들의 성공을 바랍니다. 이와 같은 바람은 인연 있는 모든 이들에게 더 많은 성공을 가져다줍니다.

연민은 인간관계의 초석이며 원만한 관계에 필수조건입니다. 연민은 진실하고 조화로운 관계를 위한 핵심입니다. 연민이 없으면 고립과 절망감을 느낄 수도 있습니다.

우리 모두는 일상생활에서 모든 순간과 상호작용에서 연민이 일어나도록 노력해야 합니다. 연민이 없으면 에고가 우리 마음을 장악해서 자신에게만 몰두하게 되지만, 연민이 지배할 때 에고는 우세할 수 없습니다. 연민이 에고의 반대이기 때문입니다.

연민은 용기, 강인함, 인내

용기와 강인함과 인내는 연민과 관련이 깊습니다. 다른 이들이 고통과 아픔에서 자유로워지길 바랄수록 다른 이들을 돕기 위해 더 어려운 상황조차 직면하려 하기 때문입니다. 다른 이들에게 도움이 된다면 어떤 것도 어렵거나 힘들다고 느끼지 않을 것입니다. 연민은 삶의 원동력이 되고 인품의 강인함을 측정하는 척도입니다.

어쩌면 불교 경전에 나오는 '보살'이라는 단어를 들어보았을지 모르겠습니다. 보살은 아주 높은 경지의 깨달음을 얻었고 오직 중생들의 이익만을 위하는 것이 목적입니다. 보살은 특히 위대한 용기나 영웅적 행동으로 유명합니다. 무엇이 보살의 용기를 정의할까요? 크게 세 가지로 나타납니다. 첫째, 보살은 자신들의 의지로 수많은 겁劫 동안 기꺼이 이 세상에 환생합니다. 둘째, 보살은 세상에 살고 있는 무한한 존재들의 고통을 덜어주기로 결심했습니다. 셋째, 보살은 모든 존재들의 이익을 위해 많은 어려운 도전을 받아들입니다. 보살은 이 세 가지를 두려워하지 않습니다. 왜 그럴까요? 그들의 대자대비 때문입니다. 보살은 우리에게 영웅이나 롤 모델 역할을 합니다. 우리는 보살의 연민을 일으키고 싶다는 발원을 할 수 있습니다. 연민이 깃든 행위가 늘어난다면 이 경이로움을 성취할 수 있습니다.

강한 감정에 대해 말할 때, 분노와 같은 강력한 감정을 생각할 수 있습니다. 분노는 심지어 폭력이나 살인으로 이어지기도 하는 강한 감정입니다. 그런데 연민에도 그와 같은 큰 힘이 있고 이와는 반대로 쓰인다는 걸 알아야 합니다. 연민이 마음의 바탕인 사람은 연민의 힘으로 많은 위대한 일을 할 수 있는 힘과 용기가 있습니다.

인욕忍辱 또한 연민의 가까운 동반자입니다. 사랑과 연민이 많을수록 더 많은 인내심이 생깁니다. 우리가 가진 사랑과 연민의 정도가 우리의 인내심의 정도를 나타냅니다.

인욕은 결코 화를 내지 않는다는 뜻이 아닙니다. 다른 이들의 이익을 위해 삶을 바친 보살들도 화를 냅니다. 화를 내는 것이 연민과 양립할 수 없는 것이 아니고, 어떤 맥락에선 긍정적인 효과가 있습니다. 우선 화를 다루는 법을 알아야 하는데 그건 '반응'에 매달리지 않는 것입니다. 반드시 그 감정들을 놓아버릴 수 있어야 합니다. 그러면 다른 이들을 다그치거나 화를 내는 것이 경우에 따라 효과적일 수 있습니다.

인욕은 또한 힘든 일과 가치 있는 일에 수반되는 시간과 에너지를 아까워하거나 두려워하지 않습니다. 어려운 상황일 때조차, 자신의 노력이 타인에게 이익을 안겨주는 것을 보면 쉽게 그 일을 포기하지 않고 참아냅니다. 도중에 화가 날 수도 있지만 낙담하지 않고 계속합니다. 어려운 과제와 까다로운 사람들을 참아냅니다. 그렇게 끝까지 갑니다.

다른 사람들을 포기하지 않는 것도 연민의 주요 특징입니다. 우리는 다른 사람들과 어떤 형태로든 관계를 유지할 수 있고 항상 그들을 돕기 위해 일해야 합니다. 비록 어떤 상황에 의해 장애가 있더라도 문제를 해결하려 노력하고 그것에 의해 고통 받는 이들을 안심시키고자 애써야 합니다.

우리에게 대자비가 있으면 마음 또한 넓어집니다. 넓은 마음은 직면한 상황의 너머를 볼 수 있습니다. 지금 이 순간 너머를 본다는 의미입니다. 당장 발생할 것 같지 않아도 변화의 가능성이 있음을 이해할 수 있습니다. 이 때문에 우리는 다른 이들을 쉽게 포기하지 않고 계속해서 헌신합니다. 현재 상황의 좌절에 넘어지지 않고 큰 그림을 봅니다.

내려놓는 것이 연민

정신현상으로 소용돌이치는 복잡한 마음으로 이루어진 세상에는 언제나 윤회의 기만적인 속성이 사람들을 그릇되게 이끌고, 문제를 만들어서 자신의 행복을 추구하는 자들이 있습니다. 우리는 이런 사람들에게 계속해서 반응을 할 필요가 없습니다. 이런 상황에 대처하는 아주 효과적인 방법은 반응하는 데 사로잡히지 않고 마주치는 감정에 자극을 받지 않는 것입니다. 비록 반응을 하더라도 이를 놓아버리는 것이 중요합니다. 언제나 반응, 반응, 반응을 할 필요가 없습니다. 이 세상엔 마음이 복잡한 사람들이 많습니다. 이런 사람들에게 언제나 반응하는 것은 무척 피곤한 일이죠. 가장 중요한 것은 이것이 불필요할 뿐 아니라 청정본심의 체험에서 점점 더 멀어지게 만든다는 점입니다.

대신에, 중요하지 않은 정신현상에 대한 비이성적인 반응이 세상에 가득한 것을 이해한다면, 이에 대해 반응을 할 때보다 적절하게 인식하고 다룰 수 있습니다. 이러한 이해로 훨씬 쉽게 반응을 놓아버릴 수 있어서 자신에게 보다 자유와 관용을 줄 수 있게 되어 동요와 절망이 줄어듭니다. 이를 인식하면 다른 사람들의 심란한 정신현상에 휘말릴 때보다 훨씬 더 행복합니다. 타인의 정신현상에 반응하는 것은 삶을 무척 피곤하게 만듭니다. 이런 상황을 피하는 것이 우리에게 깊고 지속적인 연민을 기르는 데 도움이 됩니다.

이런 식으로 우리의 반응을 놓아버리는 행위 자체가 연민의 한 형태입니다. 이로 인하여 문제가 해결되기도 합니다. 상황을 더 복잡하게 만들지 않기 때문입니다. 마음속에서 이 상황을 계속 되뇌지 않고 이에 매달리지 않는 것이 좋습니다.

이렇게 할 수 없으면 상황에 갇히게 되고, 그 상황은 계속해서 고통으로 돌아옵니다. 하지만 이를 놓아버리면 끝나버립니다. 만약 할 말이 있으면 당사자에게 필요한 내용을 말하고 나서 놓아버리도록 하세요.

상대방이 자신만의 정신현상에 사로잡혀있다는 것을 알기에 용서하기가 쉬워집니다. 이는 상대방이 나에게 사적인 감정이 있어서 그런 것이 아니란 것을 알기 때문입니다. 누군가 이해되지 않는 일을 할 때, 이렇게 생각할 수 있습니다.

'감정과 에고의 지배를 받아 자신만의 방식으로 반응하고 있군.'

그 사람은 정신현상에 대해 반응할 때, 더 나은 선택권이 있다는 것을 알지 못합니다. 우리는 수행을 통해 정신현상에 사로잡히지 않는 선택을 할 수 있습니다. 이를 알게 될 때 다른 사람의 행동을 용서하기가 수월해집니다.

관용, 용서, 인내는 선한 마음의 특성입니다. 마음이 더 열리고 반감이 줄어들어, 마음이 청정본심에 더 다가가게 됩니다. 다른 이들을 위한 이런 연민과 무조건적인 사랑이라는 내면의 체험이 많아질수록 더 인내하고 용서하고 포용하는 것이 쉬워집니다. 이것이 진실하다면 그 자체로 보상이 따릅니다.

4

찬탄, 함께 기뻐함〔희무량심喜無量心〕

다른 존재들을 위한 진정한 사랑과 연민을 기르고 나면 그들의 성공과 행복을 부러워하거나 질투하지 않습니다. 대신에 그들의 성공을 인정하고 축하해 줍니다. 다른 이의 성공을 축하하는 것은 선한 마음의 찬탄, 기쁨의 측면입니다.

이런 기쁨을 갖게 되면 다른 이들의 승리가 부럽거나 탐나지 않습니다. 질투나 부러움 대신 그들을 위해 진정으로 기뻐합니다. 이는 다른 사람들과 자신을 위한 놀라운 경험입니다.

다른 사람들이 잘 지내는 것에는 여러 형태가 있습니다. 그들이 방금 멋진 휴가에서 돌아왔다거나 좋은 사람과 사랑에 빠졌고 승진을 했거나 그냥 오늘 기분이 좋을 수 있습니다. 선한 마음으로 이를 함께 기뻐합니다. 다른 이들의 행복을 바라는 건 사랑이고 그들이 이미 가진 행복을 기뻐하는 건 수희찬탄隨喜讚歎입니다. 이는 내가 가지고 있는 것만을 기뻐하는 에고가 만든 고통스럽고 불쾌한 감정인 '질투'의 반대입니다. 이런 질투하는 마음에서는 오직 '내'가 가진 것만이 나의 행복에 기여합니다.

'네게 멋진 여자 친구가 생겨서 정말 기뻐. 네가 좋은 집을 갖게 되어 정말 기뻐. 멋진 휴가를 보내고 와서 정말 기뻐. 좋은 삶을 살고 있어 정말 기뻐. 직장에서 성공해서 정말 기뻐. 네가 잘 지내서 정말 기뻐. 수행이 잘된다니 정말 기뻐. 깨달음의 공덕을 기르고 있으니 정말 기뻐. 너의 마음이 더 청정해지고 있으니 정말 기뻐.' 이렇듯 상대방의 행복과 안녕을 감사하고 함께 기뻐하고 나누는 것을 선한 마음의 한 측면인 '찬탄'이라고 합니다.

이런 찬탄할 줄 아는 선한 마음의 특성이 없으면 사람들은 타인의 행복과 성공을 축하하지 못하는 성향이 있습니다. 이런 성향은 종종 갈등을 빚습니다. 이 거부감은 느낄수록 더 강해지고 더 고통스러워집니다.

거부감은 분노로 변하기 쉽습니다. 우선 저항감이 들게 되고 이 상황이 많아질수록 그 사람과 경쟁하는 느낌이 들게 되고 그 느낌은 분노로 변합니다.

거부감이 더 커질수록 더 혼란스럽고 불행해집니다. 그렇게 되면 우리는 문제를 악화시키는 행동을 하게 됩니다.

시기와 질투가 생기면 평화와 행복을 위한 공간이 없습니다. 세상은 우리의 원망을 위한 자양분을 제공하고 '세상에 맞서는 나'라는 감각을 높입니다.

그래서 선한 마음이 없으면 언제나 마음이 괴로울 수 있습니다. 선한 마음을 배양할수록 저항 없이 쉽게 놓아버릴 수 있습니다. 우리를 둘러싼 세상이 혼돈 속에 있다 하더라도, 혼돈의 한 중간에서 선한 마음이 지지하고 촉진하는 평화와 이해 속에 남을 수 있습니다.

타인의 행복을 함께 기뻐하는 마음은 일이 잘 풀릴 때 오만해지지 않도록 우리를 보호해줍니다. 선한 마음으로 보다 더 자연스럽고 더 안정됩니다. 현재의 행운이나 고무된 감정이 영원하지 않다는 것을 인정합니다. 선한 마음이 없으면, 일이 잘 풀릴 때 타인보다 자신이 우월하다고 생각하며 금방 오만해져 자랑을 늘어놓습니다. 선한 마음은 이런 오만함을 막아 줍니다.

선한 마음을 지닌 사람들은 남을 화나게 하거나 질투하게 만드는 일을 조심합니다. 이와 대조적으로 오만한 이들은 다른 사람들을 화나게 하는 행동을 쉽게 합니다. 마치 자신이 남들보다 월등한 것처럼 행동하죠. 선한 마음을 가진 이는 이런 행동을 하지 않습니다. 선한 마음은 자신과 타인에게 있을 많은 오해와 잠재적 문제들로부터 우리를 보호합니다. 그래서 선한 마음은 행복과 조화를 만듭니다.

선한 마음이 없으면, 세상을 적대적이고 보상받지 못한다고 보는 경우가 많습니다. 그러나 선한 마음을 갖게 되면 다른 관점이 생깁니다. 세상을 보다 많은 연민과 사랑으로 보고 경험하게 됩니다. 비록 우리를 둘러싼 세상이 혼란스럽다 하더라도 선한 마음으로 상황을 대합니다. 그러면 어디를 가든 누구와 함께 있건 상관없이 조화로운 체험을 합니다.

5

평등[사무량심捨無量心]

선한 마음의 네 번째 구성 요소는 평등입니다. 타인을 향한 사랑, 연민, 기쁨이 어떤 특정한 단체, 인종, 국적이나 계급에 제한되지 않을 때, 이를 차별이 없다, 평등하다고 합니다. 앞서 사무량심四無量心 중 자무량심慈無量心, 비무량심悲無量心, 희무량심喜無量心에 대해 설명했는데 이제 마지막인 평등, 사무량심捨無量心에 대한 내용을 말씀드리겠습니다. '나는 여기 이 사람들만 행복하길 바라고 저쪽에 있는 사람들은 신경 쓰지 않아', 이런 제한적인 생각은 평등한 것이 아닙니다.

평등심인 사무량심捨無量心은 개인적인 편견이나 선입견을 갖지 않는 것입니다. 모든 이들을 향한 사랑, 연민, 기쁨이 동등하고 보편적이며 무조건적입니다. 평등심의 특성은 앞에서 설명한 선한 마음의 다른 모든 측면에 영향을 미칩니다. 예를 들어, 공평한 스승은 제자들을 차별 없이 동등하게 대하고 모두를 보살피며 모든 제자들이 각각 성장하고 발전하는 데 필요한 것을 갖추길 바랍니다. 스승은 모든 제자들에게 동등한 사랑과 연민이 있고 잘 되길 기원합니다.

여러분에게 다섯 명의 자녀가 있다면 그들을 평등하고 차별 없이 대합니다. 한 아이에게만 나쁘게 굴고 나머지 아이들을 잘 보살피진 않겠죠. 그러나 평등심은 자신의 가족이나 단체에만 국한되어 있지 않습니다. 진정한 평등심은 단지 인간뿐 아니라, 원시적인 생명체나 고등 생물에 상관없이 '마음을 가진 모든 존재'들을 보살피는 것을 의미합니다. 생명을 가진 존재들은 신체적으론 고통과 기쁨이 있고 감정적으론 행복과 슬픔과 같은 감각이 있습니다. 생명을 가진 존재들은 모두 이런 경험을 합니다. 그러므로 모든 생명을 가진 존재들을 동등하게 사랑하고, 모든 존재들을 향해 자비로운 마음을 내고, 모든 존재들을 위해 동등하게 기뻐합니다. 이 가장 위대하고 선한 마음은 종種의 경계를 넘은 사랑과 연민으로 확장됩니다.

인간에게만 사랑을 제한하거나 특별한 인종, 국가, 종교, 그 밖에 다른 특정한 대상만을 사랑하는 건 전혀 평등한 것이 아닙니다. 예를 들어 인간에만 관심을 가지고 개나 고양이들에게 신경쓰지 않는다면, 평등에 대한 나의 관점과 이해에 오류가 있는 것입니다. 개와 고양이는 사람은 아니지만 그들의 경험은 우리와 매우 비슷합니다. 우리가 느끼는 것을 그들도 느낍니다. 개들은 두려움을 느끼고 고양이들은 외로움을 느낍니다. 생명을 가진 모든 존재들은 정신과 감정적인 아픔, 욕구와 만족감을 가지고 있으므로 진실한 연민, 진실한 사랑, 진실한 기쁨에 어떤 편견이나 선입견을 부여해서는 안 됩니다. 그러므로 이 세 가지 무량심은 모두 선한 마음의 네 번째 구성 요소인 평등심에 포용됩니다.

가족, 친구, 동료와 같은 작은 집단부터 이 원리를 적용해 볼 수 있습니다. 우리는 그 집단의 모든 사람들을 동등하게 대하고, 동등하게 사랑을 주고, 동등하게 연민을 느끼고, 동등하게 기뻐하는 노력을 의식적으로 해야 합니다. 이 노력을 특정한 시간에만 하는 것이 아니라, 일상생활에 녹아들 수 있도록 늘 떠올리고 실천해야 합니다. 그런 다음 이 원리를 더 큰 공동체로 확장시켜 적용합니다. 궁극적으론 한 개인으로부터 집단으로, 집단에서 종種으로, 종에서 생명을 지닌 모든 존재로 확장해 나가야 합니다.

이는 조화로운 경험을 만듭니다. 여기에서 말하는 선한 마음은 단순한 의미가 아닙니다. 사람들이 서로에게 '어쩜 그렇게 마음씨가 고우세요. 오늘 정말 좋은 일을 하셨어요.'라고 말할 때, 거기서의 고운 마음이란 단어는 상대적으로 친절한 사람을 묘사하는 단순한 의미입니다. 그러나 여기서의 선한 마음은 많은 단계와 정도와 차원이 있습니다. 모든 이들이 나와 같다는 이해를 하면 보다 명확한 관점이 생깁니다. 우리의 인식이 표면적인 경계를 넘어서게 됩니다. 진정으로 선한 마음은 경계가 없습니다. 우리의 연민, 사랑, 기쁨은 감각이 있는 모든 생명체까지 확장됩니다. 선한 마음은 신체적, 정신적 감각이 있는 모든 존재들에까지 열려 있어야 합니다. 우리와 가깝거나 멀거나, 심지어 인간이든 아니든 그들의 특성과는 전혀 관계가 없습니다. 대신 그들의 느낌, 감정, 감각, 마음과 관련이 있습니다. 어떤 존재더라도 감정, 느낌, 고통, 즐거움의 감각을 지녔다면 보살피고 배려하는 대상이 되어야 합니다.

진실은 모두가 행복을 원하고 고통을 원치 않는다는 것입니다. 모든 이들이 똑같이 이를 원하기 때문에, 그들의 바람을 평등하게 존중하고 다른 이들이 이 바람을 이루도록 우리가 노력해야 합니다.

6

선한 마음의 이익

선한 마음에는 다양한 수준과 정도와 차원이 있습니다. 이를 단순한 것으로 생각한다면 그 중요성을 간과하기 쉽습니다. 선한 마음의 네 가지 요소인 사무량심을 갖추게 되면 우리 마음이 더 긍정적이고 따뜻해집니다. 모든 생각, 신념, 습관이 이 사무량심의 긍정적인 마음에 의해 물들게 됩니다. 그 결과 우리의 느낌, 감정, 체험이 더 부드러워지고 덜 부정적이며 혼란이 줄어듭니다. 모든 육체적 행동과 말과 정신활동들이 이 긍정적인 감정과 사무량심에 의해 영향을 받습니다. 그 정신상태일 때, 우리의 말과 행동은 선한 마음으로부터 나옵니다. 우리가 경험하는 세상은 웅장하게 열리게 되며 생생하고 활기차며 빛이 납니다.

그때 우리 마음의 상태는 차가운 바람이 불고 눈보라가 치며 온통 얼음으로 뒤덮인 겨울풍경처럼 거칠고 험악하지 않습니다. 봄처럼 온화하고 따뜻하며 꽃들이 피고 산들 바람이 붑니다. 우리의 마음은 더 이상 얼어 있지 않습니다. 마음속 날씨는 선한 마음일 때 가장 아름답습니다.

때로 부정적인 감정이 일더라도 그것이 우리를 지배하지 못합니다. 나쁜 습관과 부정적인 감정이 강해지면 갈등과 원망이 자주 생깁니다. 대조적으로 선한 마음을 기르면 관계에서 오는 문제들, 오해, 언쟁이 저절로 사라지게 됩니다.

선한 마음이 있으면 갈등이 쉽게 해결됩니다. 그러나 사랑과 연민이 없다면 언쟁과 다툼은 단지 의견 차이가 아니라 전면전의 성격을 띨 수 있습니다. 우리는 다른 사람이나 이면을 고려하지 않고 오직 상대방을 이기기만을 원합니다. 두 사람이 서로 이기려 한다면 작은 문제는 큰 문제가 될 수 있고 갈등이 시작됩니다. 선한 마음이 있으면 비록 큰 문제가 있어도 강도가 약해지다가 갈등이 사라집니다.

미팜 린포체는 이렇게 말씀하십니다.

거친 생각과 번뇌는
마음을 지배하고 많은 문제를 일으킨다.
이 세상의 모든 역경은
다스려지지 않은 마음, 거친 마음에서 나온다.
만약 마음이 길들여지고 고요하다면
모든 세속의 공덕과 열반의 공덕을 성취하게 된다.

모든 공덕의 원천

비록 우리가 선한 마음을 가지고 있다 하더라도 분노와 같은 부정적인 감정이 일어나 일시적으로 선한 마음을 가릴 수 있습니다. 그럴 때엔 정신현상과 번뇌에 사로잡혀 있다는 걸 알아차려야 합니다. 이 현상이 가라앉고 지나가면 평상시의 선한 마음으로 돌아갈 수 있습니다. 많은 시간 동안 선한 마음을 개발해 왔기에, 선한 마음으로 다시 되돌아가 생각하고 말하고 행동할 수 있습니다. 선한 마음은 우리의 한 부분이고 우리의 태도에서 드러납니다.

누군가의 실수나 부적절한 행동을 꾸짖을 때도 선한 마음으로 접근해보세요. 사랑과 연민에서 비롯된 비판은, 비록 그들이 비판을 좋아하지 않더라도 긍정적인 효과가 있고 상대방은 우리가 염려하고 있다는 것을 느낍니다. 하지만 질투나 다른 부정적인 감정에서 비판한다면 부정적인 결과를 초래합니다. '행위 이면에 있는 마음이 행위 자체보다 더 중요할 때가 많습니다.'

때로 연민심이 있는 사람은 언제나 평화롭고 미소 지으며 공손할 것이라 생각하지만 반드시 그렇지는 않습니다. 연민심으로 더 솔직하고 직접적으로 자유롭게 말할 수 있습니다. 자신의 선한 동기를 믿기 때문입니다. 상대도 이를 감지하고 책망보다 사랑을 더 느낄 것입니다. 공격적이지 않으면서도 누군가와 맞설 수 있습니다.

가끔 대자대비심은 솔직함이 필요하기에 매우 중요합니다. 아끼는 사람을 돕고 싶을 때 때로는 신랄하고 강력하게 말해야 할 때도 있습니다. 선한 마음이 있으면 분노는 에고에서 나오는 것이 아니라 연민에서 옵니다. 연민이 다른 형태로 나타난 것이죠. 무척 화난 것처럼 보이지만, 그 근원은 평화롭고 온화합니다. 분노로 드러나더라도 모두 마음의 본성에서 나오는 것입니다.

아이가 부모의 행동이 선한 마음에서 비롯된 사랑과 연민이라는 것을 알면, 훈육을 할 때 화를 내더라도 크게 마음의 상처를 받지 않게 되고, 선물을 주는 것만이 사랑의 표현이 아니란 것을 압니다. 아이들은 부모의 사랑이 때에 따라 여러 형태로 나타날 수 있다는 것을 배우게 됩니다.

자녀들을 양육하는 '방법'은 다양합니다. 부모들의 행동이 진정한 사랑과 연민에서 온다는 걸 확인하면, 특정한 훈육 방법은 그다지 중요하지 않습니다. 그러나 아이들을 돌본다고 해서 사랑과 연민이 기반이라고 확신할 수는 없으므로 사랑과 연민을 의식적으로 그리고 지속적으로 개발해야만 합니다.

이는 커플도 마찬가지입니다. 커플 모두 선한 마음이 기반이 된 관계일 때, 갈등과 언쟁은 관계를 위협하지 않습니다. 상호신뢰의 바탕 위에서 관계가 이루어졌기 때문입니다. 예를 들어, 서로에 대한 애정이 선물이나 특별한 이벤트 이상이란 걸 알게 되면 그들은 짧은 만남이 아닌 장기적인 관계를 고려할 것입니다. 서로에게 행복과 행복의 원인이 있기를 기원하고, 상대방이 고통과 고통의 원인에서 자유롭기를 빌어줍니다. 하지만 그 중 한 명이 자기중심적이라면 이런 저런 갈등으로 관계가 깨질지도 모릅니다. 만약 상호간에 사랑이 없으면 서로를 위해 좋은 일을 하더라도 도움이 되지 않습니다. 이는 사랑이 밑바탕이 되어 있지 않기에 서로를 기만하는 것입니다. 그저 커플이기 때문에 당연하게 사랑과 연민이 있을 것이라 생각하면 안 됩니다. 커플 모두 서로를 위해 의식적으로 신중하게 사랑과 연민을 길러야만 합니다.

모든 유익한 감정들은 선한 마음을 통해 충전되고 원만하게 작용됩니다. 만약 선한 마음을 지녔다면 유익한 감정들은 보다 강해지고 안정됩니다. 선한 마음은 우리를 선한 사람으로 만듭니다.

다른 사람들을 친절하게 대하고 쉽게 용서할 수 있습니다. 윤리적이고 참을성 있고 진실하고 신뢰할 수 있는 행동을 하도록 만듭니다.

선한 마음이 부족한 삶은, 가장 중요한 부분이 결여되어 있음으로 온전한 삶을 산다고 말할 수 없습니다. 만족스럽게 살고 죽기를 원한다면 일정 수준의 선한 마음이 필수입니다. 선한 마음은 우리가 살면서 가질 수 있는 모든 긍정적인 정서의 진정한 원천입니다. 또한 청정본심을 체험하는 데 필요한 필수 요소입니다. 선한 마음이 없으면 에고의 속박으로 청정본심에 닿을 수 없습니다. 선한 마음은 청정본심으로 가는 길을 열어주는 핵심입니다.

선한 마음과 결혼

현대 문화는 로맨틱한 사랑과 영성마저 물질만능주의의 관점을 갖습니다. 이런 태도는 우리 삶에 크나 큰 불균형을 초래합니다. 결혼식을 계획할 때, 완벽한 웨딩드레스, 고가의 결혼반지, 향이 좋은 꽃 장식, 맛있는 음식, 호화로운 파티 등과 같이 외적인 조건에 신경을 많이 씁니다. 그렇기에 내적으론 선한 마음의 미덕이 빠져버렸습니다. 물질적인 것에 대한 관심으로 결혼에 가장 중요한 요소들, 즉 진실 된 동기와 선한 마음을 놓쳐버렸습니다. 이것이 없으면 결혼식은 의미가 없습니다.

자신에게 이렇게 물어봐야 합니다. '나의 반려자에게 어떻게 하면 행복과 충족감을 안겨줄 수 있을까? 내가 어떻게 해야 상대방이 고통을 겪지 않을 수 있을까?' 자신만의 행복과 즐거움을 추구하는 대신 상대방에 초점을 맞춘 생각은 모든 결혼에서 가장 중요합니다.

만약 이 커플 관계의 중심에 이런 진정한 사랑이 내면에 없다면 결혼식은 전적으로 물질주의적 겉치레일 뿐입니다. 결혼식에 마음이 담겨있지 않기 때문입니다. 웨딩드레스는 한 번 입고 마는 천 조각이고, 부케는 몇 시간 지나면 시들게 됩니다. 예식이 끝나고 춤이 끝나고 케이크는 다 먹었고 하객들이 모두 돌아갈 때에 커플에게 진정한 사랑과 선한 마음이 없으면 서로 실망스러울 정도로 낯설고 공허하게 느낄지도 모릅니다. 일상심으로 추구하는 물질에 너무 많이 신경을 쓰면 선한 마음의 중요성을 놓치게 됩니다.

결혼하기 전이나 관계를 시작하기 전부터 사랑, 연민, 기쁨, 평등의 사무량심을 반드시 닦아야 합니다. 진정으로 타인의 행복을 염원하는 선한 마음은 모든 성공적인 결혼을 위한 핵심입니다.

스승-제자 관계

친구, 가족, 공동체와의 관계에서 가장 중요한 것은 선한 마음과 진심입니다. 스승과의 관계도 마찬가지입니다. 특히 수행을 이끌어주는 스승은 더욱 그러합니다. 제자는 스승과 가르침에 대해 열의와 진정한 존경심을 가지고 가르침을 받아야만 합니다. 그래야만 가르침을 받을 자격 있는 제자가 됩니다.

스승을 모신다는 것은 이기적으로 스승의 에너지를 느끼거나 가피를 받는 것만이 아닙니다. 많은 사람들이 "나는 현존감이 대단하고 에너지가 좋은 스승을 만나고 왔어."라고 합니다. 그들은 그 에너지를 몇 년째 즐기며 그 스승과 많은 시간을 보내지만, 가르침을 받는 것엔 전혀 관심이 없습니다. 사실, 많은 사람들이 이렇습니다. 가르침을 받고 숙고하는 대신, 그저 스승의 에너지와 가피만을 좇고 스승의 에너지와 축복이 자신들이 생각하는 영적 체험을 충전할 수 있게 한다고 생각합니다. 그러나 이는 제자가 되는 최선의 길이 아닙니다. 티베트 속담에 이런 말이 있습니다. '최악의 제자는 바다 밑바닥에 있는 바위와 같고, 최고의 제자는 깨끗한 물이 담긴 컵과 같다.' 바위가 아무리 오랜 시간 바다 밑에 있더라도 물에서 꺼내 놓으면 얼마 지나지 않아 말라 버립니다. 물을 흡수하지 않았기 때문입니다. 그러나 컵은 물을 담아놓을 수 있을 뿐 아니라 목마른 사람의 갈증도 채워 줄 수 있습니다.

만약 여러분들이 스승의 에너지와 현존감만을 찾아다니며 가르침을 가슴으로 받아들이지 않는다면 스승이 열반에 들거나 가까이에 없을 때, 가르침이 자신의 마음에 스며들지 않았기에 아무것도 남은 것이 없게 됩니다. 그러나 스승의 지혜를 마음에 담으면 자신을 이익 되게 하며, 선한 마음이 자연스럽게 다른 사람에게도 부어집니다. 그렇게 되면 비록 스승이 없더라도 자신만의 헌신과 지혜를 통해 가르침이 유지됩니다. 바닷가의 바위처럼 연민과 지혜가 마르고 텅 비지 않습니다.

스승과 함께 시간을 보낼 때 중요한 것은 스승의 에너지와 존재감이 아닙니다. 가장 가치 있는 것은 스승의 법맥, 지혜, 지침을 컵에 물을 담듯이 받아들이는 것이고, 수행을 성취하고 선한 마음을 개발하는 것으로 이 가르침을 실천하는 것입니다. 이것이 법맥 계승자가 해야 할 일입니다. 구루 린포체 파드마삼바바는 티베트에 25명의 제자들이 있었습니다. 제자들은 스승과 시간을 보낼 때 스승의 현존과 에너지에 감사했지만 가장 중요하게 여긴 것은 스승의 지혜 가르침을 받아들이고, 그 가르침을 티베트에 전하고, 미래 세대를 위해 가르침을 보존한 것입니다. 마찬가지로 부처님의 제자들도 부처님의 현존과 에너지에 감사했지만, 그들이 가장 중요하게 여긴 것은 부처님의 지혜 가르침이었습니다.

가르침을 흡수하고 수행하는 것이 스승에 대한 최상의 감사의 표현이며 스승을 최고로 행복하게 하는 것입니다.

구루 린포체 파드마삼바바는 이렇게 말씀하십니다.

그대가 스승의 가슴에 담기는 법제자가 되길 원한다면

스승의 가르침과 조언에 따라 살고 수행해야만 한다.

선한 마음은 단지 제자들만 필요한 것이 아니라 스승도 마찬가지입니다. 스승은 책의 지식만을 반복해서는 안 되며, 반드시 정통 법맥의 법사들로부터 가르침을 받았으며 깨달음, 수행, 선한 마음으로 살고 있는 자격 있는 스승이어야 합니다.

구루 린포체 파드마삼바바는 이렇게 말씀하십니다.

진여眞如의 본성을 알고 싶다면 자격을 갖춘 스승이 필요하다.

대 선지식 빠뛸 린포체Patrul Rinpoche는 보리심菩提心, Bodhicitta이라 알려진 최고의 선한 마음이 스승의 가장 중요한 덕목이라고 했습니다. 보리심은 그저 일반적인 선한 마음이 아닌, 선한 마음의 궁극의 표현입니다. 빠뛸 린포체는 보리심이 없는 스승은 위험해질 수 있다고 했습니다. 왜 그럴까요? 스승에 대한 믿음이 커질수록 스승은 더 강한 존재가 되고 제자에게 더 큰 영향을 주게 됩니다. 보리심이 없는 스승은 제자들을 잘못 이끌거나 조종할 수 있습니다. 그러나 보리심을 갖춘 스승은 절대로 제자들을 그릇된 방향으로 이끌지 않습니다. 자격을 갖춘 스승과 제자, 이 두 가지 조건이 만나면 청정본심의 체험, 무조건적인 행복, 구경의 깨달음이 나타날 수 있습니다.

교육과 선한 마음

우리 대부분은 선한 마음으로 살고자 노력합니다. 하지만 계속해서 선한 마음을 갖고자 노력하고 관심을 기울이지 않으면 발전하기 어렵습니다. 꾸준한 노력으로 선한 마음을 인생의 최우선 순위에 두어야 합니다. 선한 마음이 결여되면 이기적인 생각과 감정이 그 자리를 대신합니다. 이 부정적인 환경에선 선한 마음이 자라지 못합니다.

선한 마음을 가진 사람들은 우선 사랑과 연민의 가치를 배우고, 수행을 통해 사랑과 연민을 개발하는 데 헌신함으로써 이러한 자질을 연마해 갑니다.

선한 마음은 삶을 의미 있고 풍요롭게 합니다. 마음이 따뜻하고 충만하므로 온전하게 살고 있다고 느낍니다. 특히 오늘날의 부모들과 교육자들이 어린이들에게 이런 특성들을 기르는 방법을 가르칠 필요가 있습니다. 모든 세대에게 연민, 사랑, 함께 기뻐함, 평등의 유익함을 명백히 가르쳐야 합니다. 행복한 사회를 만들려면 이것을 가장 우선순위에 두어야만 합니다.

분노, 질투, 원망을 느끼는 이유가 무엇일까요? 자신을 부정적으로 표현하도록 부추기는 환경에 둘러싸여 있기 때문입니다. 우리는 원망하고 분노를 표출하는 수많은 습관들에 노출되어 있습니다. 아이들은 아주 어릴 때부터 원망을 배웁니다. '이렇게 된 건 너 때문이야.'와 같은 원망이 섞인 표현을 자주 합니다. '언니와 오빠가 행복했으면 좋겠어.'와 같은 말은 자주하지 않습니다.

그보다는 이런 말을 많이 합니다. '이 게임이 필요해, 장난감을 더 갖고 싶어.' 아이들은 일반적으로 사랑과 연민보다 원망과 권리에 대해 더 많이 배웁니다.

아이들은 사랑과 연민에 관해서는 전혀 듣지 못합니다. 그래서 선한 마음을 기르는 것을 당연시 여기지 않습니다. 다른 삶의 기술처럼 사랑과 연민도 반드시 배워야 합니다. 어릴 때 선한 마음을 기르는 방법을 배우게 되면 집단 따돌림이나 학교 폭력과 같은 반사회적 문제를 줄이는 데 분명 도움이 되리라 봅니다.

심지어 분노를 느껴도 선한 마음을 가질 수 있습니다. 하지만 이런 상황에서 분노에 마음을 집중한다면 분노의 힘이 강해져 버립니다. 이와 마찬가지로 연민도 마음을 집중해야 그 힘이 강해집니다. 우리가 마음을 기울이지 않으면 연민의 힘이 약해져 버립니다.

선한 마음을 기르는 데 필요한 사랑과 연민을 개발할 수 있는 올바른 환경 조성이 필요합니다. 사랑과 연민을 가진 사람들과 시간을 보내며 그들에게 영향을 받는 것은 우리 안에 사랑과 연민을 일으키는 데 도움이 됩니다. 진정한 연민을 가진 사람의 이야기를 듣고 책을 읽고 관련된 수행을 하는 것도 선한 마음을 기르는 데 도움이 됩니다.

충만한 삶

삶의 질은 마음 상태에 달려 있습니다. 마음이 좋은 상태라면 분명히 좋은 삶, 좋은 죽음 그리고 임종 이후의 체험도 좋을 것입니다. 누구나 좋은 삶을 원하지만 어떻게 찾는지 모릅니다. 사람들은 온갖 다양한 방법을 모색하고 시도합니다. 어떤 이는 유명해지지만 유명세도 별 효과가 없다는 걸 알게 됩니다. 많은 유명인들은 무척 불행합니다. 또 다른 이들은 물질적인 풍요를 누립니다만, 내면이 가난하다면 물질은 행복을 가져다주지 않습니다.

마음의 완벽한 상태는 청정본심과 선한 마음이 함께할 때 입니다. 이 가장 완벽한 마음의 상태일 때, 가장 선善한 삶을 체험할 수 있고 환희심은 무량하고 무한합니다.

이런 마음의 상태와 연결될 때, 환희심이 몸과 마음에 스며들어 매 순간 편안함과 행복을 느낍니다. 연민과 사랑이 피어나고 자라나면, 에고에 기반을 둔 자기 세계에 함몰되지 않기에 청정본심과 완전한 연결감을 느낍니다. 이 진정한 연결 덕분에 우리는 외로움에서 자유롭습니다. 이 상태에 들어서면 삶의 모든 것이 현실에 기반하고 있으면서도 깊은 만족과 평안에 젖어 듭니다. 마음이 진정으로 완벽한 상태에 들면 심지어 물질적인 것, 지위, 외부적 조건까지도 행복과 충만함에 기여합니다.

앞에서 논의했던 견해, 수행, 선한 마음은 우리가 이 세상에서 온전하고 진정한 삶을 사는 데 필요합니다. 삶이 완전하고 원만하기 위해 꼭 필요한 내용입니다. 이는 특히 죽음의 순간과 그 이후에 더욱 중요합니다. 이 세 가지 원리가 삶을 이끌어 정신적, 감정적 체험을 하게 되면, 이것이 행복과 충족감을 안기는 데 매우 중요한 요소라는 것을 알게 됩니다.

이 세 가지 요소가 없으면 우리의 마음은 혼란스럽고 머물 곳이 없고 습관, 믿음 체계, 번뇌에 의해 요동칩니다. 번뇌는 우리를 이곳저곳으로 끌고 다니고 어디서 끝나는지도 알려주지 않습니다. 마음은 정신현상 안에서 길을 잃습니다. 상황에 의존하기 때문에 목적지를 가늠할 수 없기 때문입니다.

우리가 견해, 수행, 선한 마음을 갖추면 무조건적인 행복이 늘어납니다. 이 세상에서 더 성공할 수 있고 어떤 상황에서도 만족하고 편안할 수 있습니다. 이 세 가지대로 살게 되면 평안하고 진실된 삶이 됩니다. 그렇기에 선한 마음을 기르는 것이 무척 중요합니다. 선한 마음을 기르게 되면 여러분의 견해, 수행, 행복이 세속적으로나 영적으로 모두 성장합니다.

파드마삼바바께서는 이렇게 이르셨습니다.

> 선정의 기쁨은 정신현상, 도거와 혼침에서 벗어나 있음을 깨닫는 것이다.
> 자비의 기쁨은 성향이나 편견에서 벗어난 평등이다.
> 경험의 기쁨은 곡해에서 벗어난 자신의 청정한 마음이다.
> 보시의 기쁨은 집착과 기대에서 자유로운 것이다.
> 부富의 기쁨은 모든 소유가 환영이라는 것을 깨닫는 것이다.
> 만일 자신의 본성을 안다면 마음이 쉬게 되니
> 이는 행함이 없는 기쁨이다.

5부

온전히 깨어난 청정본심

시간과 공간에서 깨달음을 구한다면 찾지 못할 것이다.
깨달음은 마음의 가장 깊은 본성이다.
그러니 다른 곳에서 깨달음을 구하지 말라.

_ 구햐가르바 탄트라

1

무엇이 깨달음인가?

많은 이들이 깨달음이란 신비롭고, 이면에 아무런 논리적 지식 없이 불가사의하게 일어난다고 믿습니다. 어떤 이들은 깨달음은 성취할 수 있는 상태가 아니며, 매우 드문 공덕을 지닌 이들만 성취가 가능하다고 생각합니다. 어떤 이들은 이례적으로 좋은 기분이거나 생각이 끊어진 상태라고도 생각합니다. 몇몇은 불현듯 일어나는 체험이며, 향정신성 의약품 복용처럼 갑작스런 의식의 변환이라고도 합니다. 깨달음에 대한 생각이 무척 다양하기에 진정한 깨달음이 무엇인지 이해하는 게 매우 중요합니다.

깨달음의 조건

필요한 조건이 갖추어지지 않으면 척박한 토양에서 꽃이 자랄 수 없듯, 깨달음은 일어날 수 없습니다. 꽃은 어둡고 얼어붙은 동굴에선 살 수 없습니다. 꽃이 자라기 위해서는 토양, 빛, 물, 온도와 같은 많은 요인들이 필요합니다. 이 세상의 모든 것들은 적절한 조건과 필요한 요소가 갖춰진 환경에서만 일어나게 됩니다.

마찬가지로, 깨달음도 피어나고 자라기 위해 올바른 조건과 환경이 필요합니다.

그렇다면 깨달음에는 어떤 조건들이 필요할까요? 올바른 마음 상태와 세 가지 요소가 필요합니다. 올바른 마음 상태는 열려 있고 자비로우며 긍정적이고 아름다운 상태이고, 세 가지 요소는 견해, 수행, 선한 마음입니다. 이 조건들은 우리 마음에서 비범한 환경, 즉 깨달음을 뒷받침하는 환경을 만들어냅니다.

구루 린포체 파드마삼바바는 이렇게 말씀하십니다.

만약 그대가 선한 행위와 조건을 배양하면
그대의 마음이 자연스럽게 올바른 방향으로 가는 데 도움이 된다.
마음의 올바른 방향으로 가게 되면
그대의 체험이 증진되고 향상하는 데 도움이 된다.
올바른 체험을 하게 되면
구경보리를 빠르게 성취하는 데 도움이 된다.
긍정적인 태도와 환경을 기르면
마음이 저절로 올바른 방향으로 나아가게 해준다.
마음이 올바른 방향으로 나아가면
선정 체험을 개선하고 증장하게 해준다.
바른 선정 체험을 키우면
원만한 깨달음에 빠르게 도달하게 해준다.

우리는 깨달음을 '얻는다', '성취한다'는 말을 많이 하지만, 깨달음은 멀리에 있는 어떤 것이나 먼 미래에 올 무언가가 아닙니다. 우리의 마음이 청정하다면 열반은 지금 여기에 있고, 지금 이 순간에 일어날 수 있습니다.

자신의 마음 상태가 지금 이 순간에 자신의 현실을 결정합니다. 그러므로 가장 중요한 것은 지금 이 순간에 올바른 마음가짐을 갖는 것입니다. 지금 깨달음과 우리 사이에 서있는 것은 정신현상입니다. 그뿐입니다. 왜곡된 정신현상이 존재하지 않을 때 깨달음은 추구하든 안 하든 깨달음 안에 있다는 것이 명백합니다. 깨달음은 왜곡이 없는 완벽한 상태입니다. 우리의 마음은 고통을 초래하는 부정적인 생각과 감정 없이 완벽하게 청정합니다. 이것이 깨달음의 진정한 의미입니다.

깨달음의 네 번째 단계

본서의 앞부분에서 우리는 깨달음과 수행에 대해 논의했습니다. 청정본심을 깨닫는 방법과 청정본심 안에서 수행하는 방법에 대해 설명 드렸습니다. 마음이 청정하다는 것을 깨닫는 데 필요한 기법, 깨달음이 어떤 느낌인지, 그 체험을 바탕으로 어떻게 수행하는지에 대해 말씀드렸죠. 그리고 무엇이 가장 중요한지와 어떤 방편을 활용해야 하는지에 대해 공부했습니다. 또한 선한 마음을 개발함으로써 이루어지는 중요한 역할에 대해 설명했습니다. 우리가 청정본심을 깨닫고 거기에 머문다면 수행을 하고 있는 것입니다. 더 긴 시간 그렇게 할 수 있고 선한 마음을 유지하고 확장시킬 수 있게 되면, 우리의 체험은 변화하게 되며 마음에 변화가 일어납니다.

그 변화는 불성佛性을 깨우는 과정입니다. 사실 변화와 깨어남은 모두 청정본심에 머물 때 일어납니다. 이 토대가 확립되면 이 수행을 바탕으로 일어나는 깨달음에 대해 설명할 때입니다.

제가 아는 깨달음에 대해 가장 명확하고 직접적인 설명은 족첸 스승인 미팜 린포체의 경이로운 저서 『지복에 이르는 광활한 길 The Spacious Path of Bliss』에 잘 설명되어 있습니다. 이 책에서 미팜 린포체는 깨달음과 깨달음에 이르는 길에 대해 자세히 설명합니다. 그의 설명은 자신의 체험에서 나온 것으로 매우 솔직하며 직접적입니다. 학술적으로 썼거나 머리로만 이해한 저술이 아닙니다. 또한 보편적이고 시간을 초월한 것임으로 누구나 알 수 있고 유익합니다. 이 책을 읽으면 모두 성불을 이해할 수 있습니다.

깨달음의 단계에 대해 말하는 많은 책들이 있지만 대개 모호하고 이해하기가 쉽지 않습니다. 반면 『지복에 이르는 광활한 길』은 직접적이고 체험적이면서도 심오합니다. 제가 이해한 것을 여러분들께 설명 드리고자 합니다. 이어지는 내용은 미팜 린포체의 위대한 가르침에 기초한 것입니다.

청정본심을 일깨울 때 일어나는 네 가지 단계가 있습니다. 이 네 단계는 깨달음으로 가는 길을 만들어 줍니다. 누군가가 깨달았는지 깨닫지 못했는지는 이 네 단계를 거쳐 발전했는지를 살펴보면 알 수 있습니다. 미팜 린포체는 여기에서 깨달음이 종종 불가사의 하거나 신비주의적이라고 혼동하는 이들에게 깨달음의 요인들을 명백히 밝힙니다.

때때로 사람들은 깨달음에 대한 판단 기준이 없기 때문에 이를 이해하는 데 어려움을 겪습니다. 이 네 단계를 이해하면 우리가 깨달음의 길 어디쯤에 있는지를 아는 데 도움이 됩니다. 어떤 이가 교육을 받았다고 주장한다면 그들이 다녔던 대학의 졸업장을 확인해 볼 수 있습니다. 또 누군가가 변호사라고 주장한다면 변호사 협회에 문의하여 기록을 확인함으로써 사실인지 알 수 있습니다. 깨달음에는 인증위원회가 없지만, 개인의 깨달음의 단계는 앞으로 설명할 깨달음의 네 단계를 통해 드러나게 됩니다. 이는 불가사의 하지 않고 정의할 수 있고 묘사가 가능합니다.

깨달음을 성취하는 과정에서 두 가지 주요한 변화가 일어납니다. 첫째, 번뇌가 힘을 잃습니다. 둘째, 청정본심의 체험이 자라나고 청정본심에 무척 가까이 다가가게 됩니다. 이 두 가지가 일어난다면 깨달음을 이룰 수 있게 됩니다.

구름이 흩어질수록 그 너머의 파란 하늘이 보입니다. 마찬가지로 일상의 생각들과 감정들이 사라질수록 청정심에 더 가까이 다가갈 수 있습니다. 정신현상이 녹아들수록 청정본심이 더 깨어납니다. 점차적으로 생각, 감정과 다른 정신현상들이 더 이상 통제하지 못합니다. 우리는 청정본심의 경이로운 체험에 다가갈 자유가 있습니다. 이 능력이 펼쳐지면 깨달음이 우리 안에서 드러납니다. 이 두 가지가 우리 안에서 일어나지 않으면 깨달음을 얻지 못할 것입니다.

깨달음은 단계에 따라 발전하는 과정입니다. 우리의 불성이 점진적으로 깨어나는 것입니다. 위없는 깨달음은 점진적으로 깨어나는 과정의 최종 결과입니다.

이제 미팜 린포체의 깨달음의 네 단계를 살펴보겠습니다.

2

깨달음의 첫 번째 단계

미팜 린포체가 묘사한 깨달음의 첫 단계는 청정본심 수행을 처음 시작하는 사람들을 위한 내용입니다. 이 단계에서 초심자는 자신의 청정본심을 자각하고 그들의 본성에서 쉬는 것을 일시적으로 경험하기 시작합니다. 그들은 조금씩 깨달음의 체험을 시작합니다. 그러나 아직 여러 면에서 윤회계에서 행복을 추구하는 일상심에 사로잡혀 있는 범부와 같은 상태입니다.

초심자들도 청정본심의 본성을 얼핏 보는 순간이 있습니다. 어쩌면 수행할 때 몇 분 정도 청정본심에서 마음을 쉴 수 있을지도 모릅니다. 그러나 초심자들은 아직은 혼란스럽고 대체로 자신을 제어하기가 어렵습니다. 깨달음의 첫 단계에서 비록 청정본심을 인식하고 이따금 접근할 수 있지만, 마음은 여전히 이곳저곳 표류하며 바람에 나부끼는 깃털과 같습니다.

이 첫 단계에서 미팜 린포체는 개념, 생각, 감정, 정신현상이 청정본심을 체험하는 데 해로운 장애가 될 수 있다고 합니다. 생각은 분별을 하고, 기분은 들뜸에서 우울까지 다양합니다. 여러 다른 생각들은 우리를 불안하고 초조하고 슬프게 만듭니다. 마음에는 끊임없는 동요가 일어납니다. 그러므로 일부 생각이 긍정적으로 보이더라도 생각 자체가 해로운 장애가 될 수 있습니다.

초심자들 간의 체험은 서로 비슷합니다. 약간의 청정본심을 체험했을지 몰라도 아직 청정본심에 이르진 못했습니다.

미팜 린포체는 이 첫 단계에 대해, 정신현상이 바다의 표면과 같아 생각이 계속해서 일어나며 진정시키기가 어렵다고 말합니다. 또한 감정, 습관, 번뇌가 너무도 많다고 합니다. 마음은 바람에 날리는 종이와 같아 상황에 따라 흔들립니다. 대부분의 사람들이 이렇듯 일상심을 가지고 있습니다. 사람들은 다양한 정신적, 정서적 불편함을 동반하는 기대와 두려움을 가지고 있습니다. 이런 상태에서는 누구든지 생각과 감정들을 제어하지 못하는데, 초심자도 마찬가지입니다.

이 첫 단계에선 습관, 생각, 감정들이 일어날 때 그것들이 단지 정신현상이란 걸 알아차리기 어렵다고 미팜 린포체는 말씀하셨습니다. 이 현상이 그저 마음의 투사와 인식이란 것을 알아차리기 어렵다는 뜻입니다.

초심자들에게 정신현상은 여전히 견디기가 힘듭니다. 오늘 수행을 시작했다고 내일 바로 편안해질 수는 없습니다. 편안해지려면 시간이 필요합니다. 우리가 부지런히 정진한다면 변화가 빨리 일어날 수 있지만, 초기에는 고군분투해야 합니다. 이는 극히 정상이며 결코 낙담해선 안 됩니다.

수행이 처음이라면 수행을 시작하기 전과 같은 기대, 두려움, 불안이 있습니다. 미팜 린포체는 이런 때일수록 인내심을 가지고 계속해서 청정본심에 머무르라고 합니다. 정신현상을 무작정 따라가지 말고, 정신현상이 장악한 인식을 관찰하라고 합니다. 정신현상이 마음을 흐리게 만든다면 이를 자각하고 그저 정신현상임을 상기하고 최대한 청정본심 안에 안주하도록 노력해야 합니다. 이때에 절망하는 것은 지극히 당연한 일이지만 결코 수행에 실패했다거나 진전이 없다는 의미가 아닙니다.

제자가 스승에게 여쭈었습니다.

"마음이 산란할 때 어떻게 해야 합니까?"

스승이 답했습니다.

"어떤 일이 일어나건 그저 이를 자각하고 돌아와 할 수 있는 만큼 청정본심에 머물러라."

마음이 방황하거나 소리나 감각에 끌려갈 때, 그 정신현상과 동일시해선 안 되며 이를 따라가거나 사로잡혀선 안 됩니다. 우리는 청정본심에 안주하려 노력해야 합니다. 그러면 모든 것들이 스스로 해결됩니다. 현재에 머물며 인식을 알아차리면 됩니다. 다른 것은 할 게 없습니다.

"많은 생각이 일어나도 성내지 말라."

미팜 린포체는 말씀하십니다.

생각이 일어나더라도, 낙담할 필요가 없고 수행이 잘되지 않는다고 생각해선 안 됩니다. 우리가 아직 생각으로부터 자유로운 단계에 이르지 못한 것입니다. 우리는 아직 수행의 효과를 보는 능력이 갖추어져 있지 않습니다. 수행의 효과가 작용하고 있지만 아직 알아차리지 못할 뿐입니다.

최선의 자세는 인내심을 가지고 계속해서 현재에 머물며 청정본심에 익숙해지는 것입니다. 시간 낭비를 하는 게 아니고 마음이 정착할 시간을 주고 있는 것입니다.

수행을 시작하고 이내 인내심을 잃는 것은, 하루 이틀 산책하고 이렇게 생각하는 것과 같습니다. '변한 게 없네. 나는 마라톤을 할 수 없을 거야. 건강이 나아지지 않을 거야. 운동해도 소용없군.' 기대했던 결과를 보려면 적절한 운동법을 배워야 하며 지구력을 기를 시간이 필요합니다. 수행을 시작할 때도 이와 마찬가지입니다.

처음에는 10분이나 15분의 수행도 힘들 수 있습니다. 수행을 처음 시작할 때 마음이 무척 활동적이기 때문에 시간이 매우 천천히 가는 것처럼 느껴집니다. 수행이 처음에 투쟁처럼 느껴지는 건 정신활동, 정신현상 때문입니다. 그래서 이 시기에는 특히 큰 인내가 필요하며 수행을 계속해 나가야 합니다. 포기하거나 희망을 잃지 말고 인내해야 합니다. 미팜 린포체는, 이 단계에서 인내는 깨달음의 길로 나아가는 열쇠라고 강조합니다.

3

깨달음의 두 번째 단계

청정본심에 머무는 시간이 길어질수록 점진적으로 마음의 환경이 변합니다. 첫 단계에서 정신현상이 우리를 통제했던 것과 달리, 두 번째 단계에선 생각과 감정이 눈에 띄게 힘을 잃습니다.

그렇다고 정신현상이 완전히 사라진 것은 아니고 정신현상은 아직 일어납니다. 하지만 깨달음의 세 가지 측면이 깊어지면서 청정본심에 머무는 시간이 길어짐에 따라, 수행 중에 혼란이 확연하게 줄어듭니다. 우리의 마음이 거의 매 순간 더 청정하기 때문에 수행과 깨달음의 힘은 마음이 깨어나도록 자극합니다. 마음이 완전히 청정하진 않지만 처음 수행을 시작했을 때처럼 완전히 가려져 있지는 않습니다.

약간의 생각과 정신현상의 안개로 마음이 뒤덮여 있지만, 생각과 감정의 힘이 약해졌기에 우리를 뒤흔들지 못합니다.

깨달음의 첫 단계에서 이따금 청정본심을 체험했어도 대부분 정신현상에 사로잡혀 있었습니다. 그래서 정신현상이 상대적으로 더 강했습니다.

깨달음의 두 번째 단계에서는 정신현상보다는 청정본심에 더 집중하게 됩니다. 그 결과로 생각, 감정, 기질은 예전처럼 두드러지지 않습니다. 이는 정신현상에 기생하는 에고에게는 나쁜 소식이지만 수행자들에겐 희소식입니다. 두 번째 단계의 결정적인 징후는 생각, 감정, 정신현상들이 힘을 잃는 것입니다.

이것은 또한 깨달음의 첫 번째 징후이기도 합니다. 이 징후를 들여다보면 수행이 얼마나 잘되고 있는지 알 수 있습니다. 정신현상이 얼마나 강한가? 특히 수년간 수행을 했지만 여전히 정신현상의 힘이 같다면 수행이 효과가 없다는 것입니다. 이때는 자격을 갖춘 선지식의 조언을 구해야만 합니다. 하지만 정신현상의 힘이 약해졌고 정신현상을 보다 잘 통제할 수 있다면 이는 수행과 마음이 발전했다는 의미입니다.

미팜 린포체는 이 두 번째 단계에서 생각, 감정, 여러 정신현상이 계속해서 일어나고 우리 마음 주위에 윙윙 소리를 내며 돌아다니지만 훨씬 견딜 만하다고 말합니다. 깨달음의 첫 번째 단계만큼 가혹하거나 견디기 힘든 정도는 아닙니다. 비록 생각과 감정의 파도가 때때로 일어났다 가라앉지만, 이들이 지나갈 것을 알기에 견딜 만하며 압도당하지 않습니다. 파리들이 말 주위를 윙윙 소리 내며 날아다녀도 말은 거의 신경 쓰지 않고 가끔 꼬리를 흔들어 쫓을 뿐입니다. 생각들이 우리 의식 주위를 윙윙거리며 날아다녀도 강하고 파괴적이지는 않습니다. 이를 알아차리고 그 알아차림을 계속 유지하여 잠시 끌려간다 하더라도 바로 제자리로 돌아올 수 있습니다.

청정본심에 오랜 시간 머물게 되면 마음의 상태가 변합니다.

미팜 린포체는 이를 봄바람에 비유합니다. 겨울에는 거칠고 찬바람이 뼈 속까지 파고듭니다. 그러나 봄이 되어 환경과 기온이 변하면 바람이 겨울처럼 거세지 않습니다. 봄바람은 부드럽고 산들바람처럼 가볍습니다.

마찬가지로 청정본심 수행을 통하여 우리 마음의 환경이 따뜻하고 부드러워집니다. 인식에도 현저한 변화가 있습니다. 정신현상이 비교적 부드러워지고 동요도 덜합니다. 정신현상이 일어날 때 바로 일어나는 것을 알게 되고, 일어나고 사라지는 현상의 속성에 대해서도 알게 됩니다. 그래서 큰 관심을 두지 않게 됩니다. 이제 정신현상은 부드럽고 온화한 느낌으로 다가옵니다.

이러한 변화를 보고 고무되어, 수행에 더 열의를 가지게 되고 수행의 기쁨을 맛봅니다. 수행에 대한 확신이 들기 시작합니다. 미팜 린포체는, 수행에 대한 열의와 확신을 얻는 것은 비교할 수 없는 큰 선물이라고 했습니다. 이는 아무리 많은 돈을 주어도 살 수 없는 귀중한 체험입니다. 깨달음을 향한 여정의 두 번째 단계에서 일어나는 소중한 선물입니다.

변화와 자유

우리가 깨달음을 얻기 위해서는 세 가지 변화가 반드시 일어나야 합니다. 청정본심의 체험이 깊어져야 하고, 왜곡된 정신현상의 힘이 약해져야 하며, 선한 마음이 확장되어야 합니다.

이들은 서로 밀접하게 연관되어 있습니다. 이 변화들이 진화함에 따라 우리의 인식 방법에 커다란 변동이 일어납니다. 이러한 상황에서만 깨달음이 일어날 수 있습니다.

이 변화는 다음과 같이 나타납니다. 부정적인 생각과 감정이 긍정적으로 변하고 마음의 구성 요소가 변합니다. 정신현상이 만들었던 세상을 향한 동요와 불안이 생생함, 명징함, 아름다움, 사랑으로 서서히 대체됩니다. 마음의 작용이 변하면 인식이 변합니다. 습관, 신념, 번뇌라는 일상심의 왜곡된 필터로 세상을 보는 대신, 더욱 선명하고 정확하게 봅니다.

인식이 변할수록 마음의 구성 요소도 변합니다. 인식과 마음의 구성 요소들 사이에 긍정적인 순환 구조가 생겨서 지속적인 발전을 만들어냅니다. 이는 깨달음에 이르기 위한 변화의 한 과정으로 서로 간에 자양분을 공급합니다. 수행에 전념하기 전에는 이들의 상호작용이 반대로 작용했었습니다. 예전엔 일상심의 두려움과 덧없는 욕망의 필터를 통해 만물을 부정적으로 인식했기에, 마음의 구성 요소가 부정적이었습니다. 그래서 세상을 더욱 부정적으로 인식했던 것입니다. 이제 그 과정을 뒤집을 것입니다.

우리의 본성을 더 인식할수록 초심자였을 때 삶을 지배했던 괴로운 경험들이 눈에 띄게 사라지기 시작합니다. 모든 습관과 번뇌들은 우리의 관심 없이 독립적으로 존재할 수 없기에 서서히 사라집니다. 왜곡된 인식에서 일어나는 습관과 번뇌는 차차 희미해지다 사라져 버립니다.

정신적 환경의 변화는 정신현상의 성질을 바꿉니다. 정신현상은 더 이상 우리를 괴롭히거나 혼란스럽게 만들 힘이 없습니다.

이제 더 이상 우리에게 영향을 미치지 못합니다. 마음이 보다 건강하고 자연스러워지는 중요한 변화가 일어납니다. 이러한 인식의 변화는 서서히 계속되고 완전한 깨달음이 한 걸음 더 가까이 다가옵니다.

내면의 날씨 알기

첫 번째 단계와 두 번째 단계에서 보게 될 중요하면서도 눈에 띄는 차이점은 왜곡된 정신현상이 힘을 잃기 시작한다는 점입니다. 또 다른 중요한 점은, 두 번째 단계에서 정신현상이 어떻게 일어나고 사라지는지에 대해 전문가가 된다는 것입니다. 우리는 정신현상이 어떻게 작동하고 기능하는지 정말 잘 이해하게 될 것입니다.

기상학자들은 기후 변화를 잘 이해하는 전문가들입니다. 그들은 기압, 기온, 구름의 상태나 특정 상황으로 인해 특정한 날씨가 만들어지는 걸 잘 압니다. 마찬가지로, 수행을 하면 할수록 점점 더 마음의 '기후 변화'에 익숙해지죠. 어떤 내면의 기후가 어떤 유형의 내면의 날씨를 만들지 알게 됩니다. 우리는 다양한 경험들이 나타나고 사라지는 것에 대한 전문가가 됩니다. 정신현상 작용에 대한 양상을 이해하고 점차 청정한 마음의 상태와 재연결이 됨으로써 파괴적인 영향이 줄어듭니다. 이는 우리가 세상을 경험하는 데 무척 큰 차이를 가져옵니다.

청정본심보다 정신현상을 따르게 되면 정신현상이 우리를 지배하는 힘이 강해집니다. 정신현상에 집중하고 이를 더 진지하게 받아들일수록 그 힘이 더 강해집니다. 하지만 이제 그 사실을 알게 되었고 정신현상이 어떤 방식으로 작동하는지 이해했기에, 정신현상이 우리를 지배하는 힘에서 자유로워질 수 있습니다. 그러므로 정신현상이 어떻게 나타났다 사라지는지를 알기에, 그 현상이 긍정적이든 부정적이든 우리에게 영향을 미칠 수 없습니다. 수행을 하면 정신현상은 수행을 하는 동안에는 작용할 수 없습니다.

매일 20분에서 40분 정도 수행을 하면 그 시간 동안만이라도 정신현상이 활동을 하지 못합니다. 정신현상은 자신들의 영역과 우리에 대한 통제권을 잃게 됩니다. 그들이 가끔 통제권을 되찾을 수도 있지만, 더 이상 완전한 통제권은 없습니다. 청정본심에 더 오래 머물수록 정신현상이 마치 전투에 패배해 후퇴하는 군대와 같다는 것을 보게 됩니다.

이 두 번째 깨달음의 단계에서는 머리로만 정신현상을 환영으로 생각하는 것이 아니라 실질적인 체험이 증가합니다. 파리가 말 주위를 윙윙거리며 돌아다니더라도 말은 파리에게 별로 신경쓰지 않습니다. 이렇듯 정신현상이 일어나더라도 우리의 자연스러운 마음 상태를 괴롭히지 못합니다.

깨달음은 이렇게 점진적으로 일어납니다. 우리가 보고, 듣고, 생각하는 모든 것이 시간이 흐를수록 점점 더 변합니다.

이 두 번째 단계에서 정신현상이 부드러워졌기 때문에 우리는 수행자로써 정신적, 감정적, 영적으로 더 강해졌고 보다 더 큰 평안을 느낍니다. 정신현상이 더 이상 체험을 통제하지 못합니다. 우리의 행복을 훼손하거나 방해할 수 없으며 마음은 안정됩니다. 정신현상이 힘을 잃으면 이 모든 일들이 자연스럽게 일어납니다.

4

깨달음의 세 번째 단계

일상심에서는 긍정적인 생각과 부정적인 생각이 모두 우리에게 큰 영향을 미칩니다. 그러나 이 세 번째 단계에서의 정신현상은 거의 아무런 영향을 주지 못합니다. 우리의 행복은 더 이상 정신현상, 외부 조건, 상황에 의존하지 않습니다. 이 단계에서 우리의 정신 환경은 완전히 다릅니다.

정신현상과 친구 되기

깨달음의 세 번째 단계에서 미팜 린포체는, 적대적 관계였던 정신현상이 해가 없고 심지어 우호적으로 변한다고 합니다. 우리 존재 안의 모든 것들이 매우 부드럽게 느껴지며 생각과 감정도 긍정적입니다. 정신현상은 깨달음의 첫 번째와 두 번째 단계에서보다 유해하지 않고 모든 면에서 영향력을 잃습니다.

수행을 시작했을 때와 달리, 깨달음의 세 번째 단계에서 일어나는 생각들은 해롭지 않습니다. 부정적인 정신현상은 사라졌고 남은 현상들은 내면에 긍정적인 영향을 줍니다. 깨달음의 첫 번째 단계를 포함한 일상심의 상태에서 부정적인 생각과 감정은 서로를 지원하며 힘을 실어 주었습니다. 이러한 부정적인 생각과 감정과 습관은 함께 작용합니다. 정신적 투사와 인식은 서로에게 먹이를 주며 힘을 키웁니다. 세 번째 단계에서 인식과 정신적 환경은 매우 다르며 현저하게 긍정적입니다. 그래서 부정적이거나 해로운 생각이 형성되기가 어렵습니다.

한 여름에 뉴욕 센트럴 파크의 호수가 얼어붙는다는 건 불가능하죠. 적절한 환경이 뒷받침 되지 않으면 얼음이 얼지 않습니다. 마찬가지로 깨달음의 세 번째 단계에 있는 수행자는 해로운 생각과 번뇌가 일어나기 어렵습니다. 정신적 환경이 부정적인 정신현상을 지원하지 않기 때문입니다. 그래서 어떤 정신적, 감정적 체험이 일어나더라도 해롭지 않고 난감한 결과를 가져오지 않습니다. 대부분의 상황에서 마음은 거의 청정한 상태입니다.

정신현상이 일어나도 거의 영향이 없습니다. 세 번째 단계에서 정신적 환경이 더 청정하기 때문에 정신현상은 우리를 돕지도 해를 입히지도 않습니다. 심지어 일상심일 때라면 도움이 되었을 만한 긍정적인 정신현상도 영향을 미치지 못합니다. 이는 마치 태양 아래 촛불 같아서 아무런 차이가 없습니다. 우리는 더욱 느긋하고 유연하며 강한 마음을 가질 수 있습니다.

깨달음의 세 번째 단계는 어떻게 일어날까요? 세 가지 깨달음의 체험을 개발할수록 정신현상 사이의 간격이 더 벌어지게 됩니다. 청정본심 체험이 더 많아질수록 정신현상은 더 많이 녹아들고 긍정적인 것들이 많이 남게 됩니다. 부정적인 생각은 더 이상 일어나지 않습니다. 지지되지 않는 환경에서는 기능할 수 없기 때문입니다. 일상심으로 다시 돌아가지 않는 한 예전의 정신현상은 반응하지 않습니다. 이 세 번째 단계에서 우리 마음은 매우 아름답습니다. 아직 남아 있는 정신현상이 일어나더라도 청정본심으로 쉽게 돌아갈 수 있습니다.

심지어 세 번째 단계에선 우리의 습관조차 우호적이어서 긍정적인 습관은 남게 되고 부정적인 습관은 사라집니다. 만약 이 단계에서 신념을 가지고 있다면 오판과 왜곡된 인식에서 비롯된 신념이 아니라 협소하지 않고 편견이 없는 현실과 일치하는 긍정적 신념으로 탈바꿈합니다. 생각이나 감정도 긍정적이며 도움이 됩니다. 연민, 무조건적 사랑, 진정한 감사, 경계가 없음, 성취감, 힘, 자기 확신, 정신적 감정적 평안으로 가득 차 있습니다. 깨달음의 세 번째 단계에서 마음의 환경이 이를 뒷받침하기에 마음 안의 모든 것이 긍정적입니다.

우리가 깨달음의 1단계, 2단계, 3단계로 발전할수록 청정본심의 체험이 점점 더 확장되면서 그 확장된 체험은 더욱 명백하게 나타납니다. 첫 번째 단계와 두 번째 단계에서 정신현상이 우리를 장악했다면 세 번째 단계에선 청정본심이 지배적입니다.

이 단계에 있을 때에는 수행을 하든지 하지 않든지 어떤 상황에서라도 청정하고 오염되지 않은 마음에 연결되어 있고, 그 마음이 지배적입니다. 생각, 감정, 정신현상은 인식의 중앙이 아닌 측면으로 밀려나 있습니다. 청정본심이 마음의 무대 중앙에 있습니다. 정신현상은 이따금 밤하늘을 가로지르는 유성과 같이 빨리 지나가 버립니다.

미팜 린포체는 이 세 번째 단계에서 마음이 우리에게 기꺼이 협력한다고 합니다. 만약 마음의 청정한 본성에 머물기를 원한다면, 쉽게 머물 수 있습니다. 만약 다른 일을 하고 싶다면 마음이 복잡하지 않기에 쉽게 할 수 있습니다. 마음을 다루는 것이 단순해졌습니다. 마음과 정신현상이 우리의 말을 듣습니다. 이는 수행을 하기 전, 에고가 지배했던 마음과 매우 다릅니다.

마음의 본성과 익숙해지고 안정을 얻으면 마음은 산처럼 동요하지 않습니다. 세간의 일을 해야 할 때엔 즉각적이고 완벽하게 일을 합니다. 우리가 정신현상을 완전히 통제하므로 마음에 무언가를 지시하면 그대로 이루어집니다.

허공에 부는 바람

청정한 마음 상태에 대한 체험이 더 안정되고 확장될 때, 정신현상은 허공에 부는 바람처럼 해가 없습니다. 세찬 바람도 허공을 해치지 못하고 그저 지나갑니다. 마찬가지로 마음이 드넓어졌을 때 정신현상이 일어난다 해도 우리에게 거의 아무런 영향을 주지 못합니다.

이 세 번째 단계에서, 마음에서 일어나는 모든 것이 청정본심에 연결을 지지해주는 친구가 될 때, 깨달음의 첫 번째 단계에서 일어났었던 체험을 돌이켜봅니다. 우리 내면이 놀라울 만큼 안정된 것을 보게 될 것입니다. 마음에서 기쁨과 행복이 차오르고 자신감을 얻게 됩니다. 미팜 린포체는 이것이 깨달음의 세 번째 단계에서 수행자들에게 일어나는 특징 중 하나라고 했습니다.

미팜 린포체는, 우리가 정신현상을 이겨낸다면 모든 것을 정복했다고 합니다. 더 이상 두려움이나 적이 없고 청정한 영역 외에는 남은 것이 없습니다. 이 단계에선 누구도 어떤 것도 우리를 이길 수 없습니다. 우리는 승리자입니다. 수행을 할 때만이 아니라 모든 상황에서 청정한 마음의 상태에 머물러 있습니다. 청정본심은 우리가 하는 모든 일에 이어집니다. 어딘가를 가거나 무엇을 하더라도 청정본심에서 비롯됩니다. 구름 한 점 없는 마음의 심오하고 경이로운 체험을 하게 됩니다. 정신현상이 일어나더라도 매우 긍정적이고 아름다우며 선한 마음을 드러냅니다. 이것이 깨달음의 세 번째 단계를 정의하는 내용입니다.

마음을 조복하다

깨달음이 깊어진 상태에서 정신현상은 중앙에서 밀려나 마음 한 편에서만 일어날 뿐입니다. 청정본심의 체험이 중심에 서게 되었습니다. 자신의 마음을 조복한 것입니다. 산처럼 일체의 요동 없이 평온하게 앉아 있는 불상을 본 적이 있으신가요? 우리가 마음을 조복하면 움직임 없는 태산이 될 수 있습니다. 그렇다고 해서 깨어난 존재들이 온종일 먼 곳만 바라본다거나 눈조차 깜빡거리지 않는다는 의미가 아닙니다. 불상들은 깨어난 마음의 요동 없는 안정을 나타냅니다. 사실, 마음이 자연스러운 상태에서 쉴 때

몸은 빨리 움직일 수 있고 여러 가지 일들을 거뜬히 해내며, 생각을 결단력 있고 효과적으로 사용할 수 있습니다. 우리의 마음은 긍정적이고 고요하고 명징합니다. 우리는 보다 유연하고 열려 있고 역동적입니다. 우리의 직관은 예리합니다. 우리는 의식적으로 생산적으로 적절하게 일을 해냅니다. 정신현상 앞에 속수무책으로 휘둘려 좌절하고 실망했던 것과 달리 긍정적이고 아름답고 경이로운 체험을 합니다.

미팜 린포체는 이렇게 말씀하십니다.

> 천신天神과 인간의 부와 행복은
> 자신의 마음을 길들인 것에 견줄 수 없다.
> 오감五感을 통해 즐거움을 찾는 것은
> 가려운 종기를 긁어 일시적인 편안함을 찾는 것과 같다.
> 진정으로 마음을 다스려 마음이 쉴 때
> 마치 종기가 사라진 것과 같다.
> 병이 나으면 안도감과 기쁨이 있듯이
> 마음의 바다가 잔잔하고 고요하고 맑을 때, 비슷한 체험이 일어난다.
> 이런 흠이 없는 행복은 천신조차 갖기 어렵다.
> 정신현상과 그 연緣의 그물에서 벗어날 때
> 마음 깊은 곳에서의 행복과 평안을 체험하게 된다.
> 이것은 그대가 얻을 수 있는 최고의 경험이며
> 천신과 인간이 지닌 가장 큰 재산이다.

정신현상 즐기기

이 단계에서 우리는 남아있는 정신현상을 온전히 통제할 수 있기에 이를 즐길 수 있습니다. 모든 존재를 향한 사무량심을 이루기 위해 정신현상을 늘이거나 줄일 수 있습니다.

깨달음의 첫 번째 단계에서처럼 일상심의 영향을 받을 때에 우리는 정신현상의 장난감입니다. 일상심은 우리 삶의 모든 측면을 통제했습니다. 우리는 끈으로 묶인 꼭두각시 인형과 같았습니다. 그러나 우리가 마음을 조복하게 되면 건설적이고 친절하게 정신현상을 지휘할 수 있습니다. 우리의 정신현상은 부드럽고 가벼워집니다. 안정된 새로운 마음의 환경 덕분에 혼란스럽고 자기 파괴적인 방향으로 몰아넣었던 마음이 힘을 잃었기 때문입니다.

우리는 정신현상과 마음의 방향을 선택할 수 있습니다 원하는 대로 정신현상을 일으킬 수 있고 사라지게 할 수 있습니다. 정신현상을 생산적으로 사용하여 건설적인 일을 할 수 있고, 마음이 푸른 하늘처럼 맑기를 원한다면 애쓰지 않고 이룰 수 있습니다. 사랑, 연민, 행복, 즐거움과 같은 느낌을 더할 수도 있습니다. 사라지게 하고 싶을 때도 문제없이 원하는 대로 할 수 있습니다. 정신현상을 다루고 통제할 수 있게 된 것입니다.

무조건적인 행복

구루 린포체 파드마삼바바는 이렇게 말씀하셨습니다.

> 모든 것이 자신의 인식임을 깨닫는다면
> 무조건적인 행복을 체험할 것이다.
> 자아와 분별로부터 자유롭다면
> 가공하지 않은 행복을 체험할 것이다.
> 집착에서 벗어나 꾸미지 않은 마음에 머무른다면
> 한량이 없는 행복을 체험할 것이다.

마음을 조복 받으면 우리의 행복은 동요가 없고 부술 수 없습니다. 우리의 마음은 조건에 의해 움직이지 않게 됩니다. 행복은 더 이상 상황에 따른 것이 아니고 특정한 조건이나 환경에 의존하지 않습니다.

궁극의 행복을 얻게 되면 그 기쁨은 평범한 상태에서 느꼈던 기쁨보다 훨씬 강합니다. 번뇌로부터 자유로운 마음일 때 느끼는 기쁨은 훨씬 더 강하고 생생합니다. 일상심에서의 기쁨은 순수한 기쁨이 아니고 행복도 순수한 행복이 아니며 사랑도 순수한 사랑이 아닙니다. 왜곡된 인식에 의해 오염되었기 때문입니다. 깨달은 상태에서의 기쁨은 단지 평범한 즐거움이 아닙니다. 왜곡되지 않은 인식에서 나오는 청정하고 완벽한 환희입니다. 깨달음의 세 번째 단계에서 모든 것이 보다 청정해집니다.

인식이 왜곡될수록 기쁨은 완벽한 기쁨이 아닙니다. 이는 자연스럽거나 진정한 것이 아닙니다. 그러나 왜곡이 없으면 모든 체험이 청정하고 진실합니다. 마음이 청정해질수록 삶은 더 순수하고 진실해집니다.

직메 푼촉 린포체는 이렇게 말씀하십니다.

청정본각은 본래 그 자리에 있는 것이니
불성佛性을 찾아 다른 곳을 떠돌 필요가 없다.
불성의 모든 공덕이 그 자리에서 피어오른다.
그래서 족첸 수행자들이 가장 행복한 사람들이다.

깨달음의 두 번째와 세 번째 단계에 이르기 전까지의 행복은 바람 앞의 촛불과 같습니다. 수많은 정신현상의 바람이 끊임없이 불어와서 행복이란 촛불을 꺼버려, 계속해서 초에 불을 밝혀야 합니다. 촛불의 불안정성은 밤낮으로 부는 수많은 정신현상인 일상심으로 행복을 추구하는 것과 같습니다. 하지만 바람이 잦아들게 되면 촛불이 계속해서 타오를 수 있듯이, 정신현상이 잦아들면 행복의 불꽃이 오랫동안 안정적으로 타오를 수 있습니다. 정신과 감정의 바람이 불지 않으니 행복의 불꽃을 재 점화할 필요가 없습니다.

연민, 사랑, 기쁨, 고요, 평안, 모든 긍정적인 체험은 정신적, 감정적 바람이 잦아들 때 안정됩니다. 긍정적인 특성은 장애가 없으므로 오래 지속됩니다. 마음이 청정할수록 더 자비로우며 깨달은 존재들에게 깊은 감사가 피어오릅니다. 우리를 이끌기 위해 횃불처럼 서 계신 부처님과 구루 린포체 파드마삼바바 그리고 다른 깨달은 존재들에게 마음 깊은 곳에서부터 감사를 느낍니다. 누구도 이 감사를 강요할 필요가 없습니다. 청정본심 체험 자체가 이러한 긍정적인 감정을 이끌어냅니다.

감각을 건강하게 즐기는 방법

깨달음의 두 번째와 세 번째 단계로 발전하는 사람은 감각의 즐거움을 진정한 방식으로 누릴 수 있습니다.

감각적 쾌락을 생각할 때 종종 우리는 성관계를 떠올립니다. 성관계는 육체적 쾌락 중 가장 강렬한 형태일 것입니다. 그러나 감각을 통해 즐기는 세상의 모든 것들, 좋아하는 노래, 맛있는 냄새, 영감을 주는 예술 등이 모두 감각의 쾌락입니다. 깨달음에 다가갈수록 오염되지 않은 방식으로 감각의 즐거움을 체험하게 됩니다. 우리는 더 완전하고 생생하고 진실 되고 갈등 없이 감각적 체험을 즐길 수 있습니다.

마음이 더 이상 왜곡된 정신현상의 지배를 받지 않게 되면 감각적 체험들은 더 이상 나쁜 습관, 부정적인 감정과 생각들에 의해 오염되지 않습니다. 결과적으로 감각적 체험에 의한 괴로움이 줄어듭니다. 우리 마음에 왜곡이 줄어들면 즐거움을 만드는 감각도 안정됩니다.

부연설명을 하자면, 감각적 체험의 정점은 타인과의 친밀한 관계에서 일어납니다. 우리 마음이 왜곡되지 않고 청정할 때, 친밀한 관계는 행복, 충만감, 특별함, 즐거움을 가져다줍니다. 하지만 마음이 번뇌, 에고로 가득 차 있다면 관계에 문제가 생깁니다. 사람들이 생각하는 것처럼 관계는 본질적으로 복잡하지 않습니다. 마음이 복잡하기 때문에 관계를 복잡하게 만드는 것이죠. 이것이 친밀한 관계를 만들기 어려운 진짜 이유입니다. 마음에 날이 서고 부정적인 감정이 고조되어 있다면 친밀함에서 오는 즐거움이 갈등, 분노, 실망으로 빠르게 변할 수 있습니다. 그러나 마음이 청정본심의 고요와 평등에 자주 머물 수 있다면 관계에 문제가 없고 감각적 체험을 있는 그대로 즐길 수 있게 됩니다. 좌절, 비현실적인 기대, 다른 부정적인 정신현상에 오염되지 않은 순수한 즐거움을 누릴 수 있습니다.

부처님의 초기 가르침은 장애로 여겨지는 감각적 쾌락의 유혹을 피함으로써 깨달음을 얻는 것입니다. 그러나 후에 더 높은 가르침에서 부처님께선 모든 감각적 쾌락을 피하지 않으며 그것을 깨달음으로 가는 길에 포함시켰습니다. 부처님께선 이 두 가지 다른 가르침이 두 부류의 사람들을 위한 것이라고 했습니다. 승려들은 깨달음을 얻는 데 있어 감각적 쾌락을 피하려 합니다. 그러나 다른 대부분의 사람들은 깨달음을 얻기 위해 감각적 쾌락을 포기하려 하지 않습니다. 부처님께선 청정본심에 살고 있다면 깨달음을 얻기 위해 감각적 쾌락을 포기할 필요가 없다고 했습니다.

우리 대부분은 오감을 통해 즐거움을 찾고 있습니다. 음악을 듣거나 TV를 보거나 경치를 감상하거나 손을 잡기도 하고 맛있는 음식을 먹습니다. 대부분의 사람들이 이런 감각을 즐기려 합니다. 그들은 만지고 감동받기를 원하고 좋은 향기를 맡고 싶어하죠. 감각적 쾌락을 창조하고 제공하는 데 수 많은 돈이 쓰이고 있습니다.

문제는 사람들이 감각의 자극을 받을 때 그것을 어떻게 다루어야 할지 잘 모른다는 것입니다. 우리는 매일 감각의 자극에 빠져서 살고 있습니다. 상점이나 식당을 비롯한 많은 장소에서 끊임없이 음악이 흘러나옵니다. 사람들은 어디를 가든 아름다운 음악을 듣고 싶어 하고 멋진 풍경을 보길 원합니다. 감각적 자극을 원하기 때문에 '감각적 쾌락을 포기하라.'는 조언은 그다지 도움이 되지 않습니다. 그러니 우리는 감각적 자극을 수행의 방편으로 삼는 것을 배워야 합니다.

깨달음을 얻기 위해 감각적 자극을 피하거나 포기할 필요가 없습니다. 대신, 이를 건강하게 즐기는 법을 배워야 합니다. 부처님과 파드마삼바바의 가르침을 따르는 것이 가장 정통적이고 진실된 방법으로 배우는 것입니다.

고통으로부터의 자유를 추구하면서 부처님은 수년간 금욕과 고행을 했고, 왕자로써 누렸던 감각적 쾌락과 화려한 삶을 포기했습니다. 그러나 부처님은 깨달음을 성취하는 데 있어 극단적인 금욕이 많은 도움이 되지 않는다는 것을 알았습니다. 온전히 깨어나기 위해서 번뇌와 같은 인식의 왜곡으로부터 마음이 자유로워야 한다는 걸 깨닫습니다. 이를 성취하기 위해선 '마음'을 다루어야 하며 반드시 수행을 해야 합니다. 이것이 부처님께서 깨달음으로 향하는 길에서의 주요한 전환점이었습니다.

수행을 통해 부처님의 마음은 완전히 청정해졌습니다. 부처님께선 깨달음을 얻기 위해 즐거움과 감각적 쾌락을 버리거나 거부할 필요가 없다는 것을 알게 되었습니다. 도리어 이들은 깨달음의 길에 도움이 되는 '장식품'이 될 수 있습니다. 경전에 부처님 당시에 살았던 인드라붓디 왕에 관한 유명한 일화가 있습니다. 부처님과 제자들은 신도들로부터 매일 점심 초대를 받아 늘 길을 나섰습니다. 하루에 한 끼만 먹는 일종식一種食을 하시니, 이 점심은 하루 중 유일한 한 끼입니다. 부처님께 신심이 있었던 인드라붓디 왕은 성으로 부처님을 초대했습니다. 부처님은 그의 초대를 수락했습니다. 그 만남에서, 인드라붓디 왕은 마음을 어떻게 바꾸어야 해탈할 수 있는지 물었습니다.

부처님께선 어떤 가르침이 그에게 가장 적합한지를 결정하기 위해 왕을 시험해 보기로 했습니다. 부처님은 이렇게 말씀했습니다.

"깨달음을 얻기 위해 왕국, 처첩들, 재물과 감각적 쾌락과 같은 세간의 애착들을 포기해야만 한다. 그대가 출가하여 승려가 된다면 내가 깨달음을 얻는 가르침을 설하겠다."

왕은 답했습니다.

"저는 간절히 깨닫기를 원하지만 즐거움이 없는 깨달음을 원치 않습니다. 이렇게 말함으로써 즉시 여우로 변한다 해도 후회하지 않을 것입니다. 세존이시여, 저는 쾌락 없이 깨달음을 구하지는 않겠습니다."

그러자 부처님께선 왕에게 어떤 가르침이 가장 이로울지 알았습니다. 부처님께선 그에게 감각적 쾌락을 깨달음으로 가는 길의 일부로 만드는 가르침과 방편을 알려 주었습니다. 그 결과 인드라붓디 왕과 그의 처첩들, 딸들, 관료들과 수많은 권속들이 한 생에 깨달음을 성취했습니다.

사람들은 부처님의 가르침을 따르는 것이 오직 승려가 되어 세간의 삶을 포기하고 사원이나 동굴에서 지내야 한다고 생각합니다. 그러나 동전에 양면이 있듯이, 여러분들은 요기yogi 전통에 대해 아셔야 합니다. 요기 전통에선 감각적 즐거움을 포기하지 않은 삶을 살면서도 깨달음을 증득할 수 있습니다. 반드시 출가 승려가 될 필요가 없습니다. 적절한 조건과 환경에서 올바른 가르침을 받아 정진하고 수행을 계속하고 깨달음을 추구하면서 감각적 즐거움을 누릴 수 있습니다.

부처님은 우리에게 출가 전통과 요기(남성수행자)와 요기니(여성수행자) 전통이라는 두 가지 길을 주셨습니다. 각기 다른 근기에 따라 정신적, 감정적, 감각적 체험을 가장 적합하고 아름다운 방식으로 다루도록 제안한 본보기입니다.

많은 사람들이 자신의 감각적 즐거움을 피하거나 변형시킬 줄 몰라 힘들어합니다. 감각적 즐거움과 그 즐거움에 대한 갈망을 적절하게 다룰 수 있는 방법이 없다면, 그 결과로 생기는 요동치는 정신적, 감정적 현상 앞에서 속수무책이 됩니다. 우리는 통제할 수 없는 열정, 질투, 갈등, 싸움에 빠져들고 심지어 극단적인 경우 살인 사건이 일어나기도 합니다. 부처님의 가르침은 종교적 원칙이 아닙니다. 도리어 우리의 감각적 경험을 다루는 것과 깨달음을 향한 여정에서 온전히 살아가는 방법을 알려주었습니다.

열정과 감각적 즐거움이 에고와 부정적인 생각, 감정과 섞어지면 매우 위험하고 유독하며 치명적일 수 있습니다. 하지만 열정과 감각적 즐거움 자체는 본질적으로 그릇된 것이 없고, 이는 모두 정신적 환경에 달려 있습니다. 마음이 에고의 영향을 덜 받아 번뇌가 적고 선한 마음이 있고 청정하다면 감각적 즐거움은 깨달음의 장애가 아니라 성취의 원천이 될 수 있습니다.

감각적 체험을 깨달음의 체험으로 변화시키려면 깨달음, 수행, 선한 마음이 있어야 합니다. 청정하고 왜곡되지 않은 마음이 필요합니다. 이 모든 것들은 감각적 체험을 즐기기 위한 열쇠입니다. 깨달음의 끝은 고난이 아닙니다. 이는 세상을 온전히 즐기는 방법입니다.

앞에서 밝힌 바 있듯이 정신현상을 자유자재로 사용하여 마음에 걸림이 없다면,* 마음이 청정할 때 음악이 청정합니다. 궁극적으로 음악이 청정한 소리이기 때문입니다. 그 청각의 체험과 청정본심이 온전히 하나가 되어 버렸습니다. 이는 오염되지 않은 마음의 체험이며 '청정한 정신현상'이라고 부를 수 있습니다.

일상심에 물든 시각을 통해 보는 형태, 청각을 통해 듣는 소리는 자신의 인식과 세상의 즐거움이 하나 됨을 방해하는 원망, 집

---

* 족첸에서는 이를 소리가 자연해탈 또는 자기해탈 되었다고 한다. (옮긴이)

착 등으로 나타납니다. 하지만 깨달은 마음으로 듣는 소리는 어떠한 소리도 청정하게 듣습니다. 깨달은 존재들은 청정한 상태에서 왜곡이 없고 선입견이나 동요 없이 듣기 때문에 온전히 음악을 감상할 수 있습니다.

『영원한 승리의 상징Symbol of Everlasting Victory』이라는 족첸 법본에 이렇게 나와 있습니다.

"모든 오감의 체험은 인식의 장엄이 될 수 있다."

마음이 보다 더 청정할수록 우리는 매일 더 많은 즐거움을 누릴 수 있습니다. 아침에 눈을 떠서 밤에 잠자리에 들 때까지 온전히 충만한 하루를 체험합니다. 삶이 주는 즐거움이 청정한 인식의 멋진 장식품이 됩니다.

청정본심을 갖는다는 것은 '세상을 즐기는 것', '적절하고 온전하게 사는 것', '혼돈과 두려움 없이 죽는 것'이 포함되어 있습니다. 청정본심을 갖게 되면 장애를 만들지 않아 진정으로 감각을 즐기게 됩니다. 친구와 가족과 주변 사람들과 완벽하게 연결됩니다. 우리는 깨달음에 연결된 것을 느끼고, 죽음의 순간에 두려움과 망설임이 없이 청정본심에 머물 수 있습니다. 세속적이고 영적인 것을 모두 포함해서 더 많은 청정본심을 갖는 것이 목표입니다. 이것이 진정한 수행입니다.

5

깨달음의 네 번째 단계

깨달음의 네 번째 단계는 가장 최상의 단계인 완전한 깨달음, 무상정등각, 구경보리, 위없는 깨달음입니다. 이 마지막 깨달음은 증득이 가능한 가장 수승하고 아름답고 경이로운 단계이며 청정본심 여정의 절정입니다.

무상정등각

깨달음의 1~3단계에서 우리의 마음은 점차 청정해졌지만 완벽하지는 않았습니다. 미팜 린포체는 이 네 번째 단계에선 마음에서 일어나는 모든 것은 깨어난 상태의 인식이라고 했습니다. 온전히 청정하기에 오염, 왜곡, 불완전, 에고가 없습니다. 마음에서 일어나는 모든 것이 순수하고 청정합니다.

깨닫지 못한 평범한 사람으로서의 우리가 경험했던 것과는 완전히 다르기 때문에 완벽한 깨달음의 상태를 상상하는 것조차 어려울지 모릅니다. 일상심에서 깨달음의 맛을 한 번도 보지 못했기 때문에 그렇습니다. 깨달음의 두 번째나 세 번째 단계에 이르면 완전히 깨달은 단계가 어떤 것인지 받아들이고 이해하는 것이 쉬워집니다.

깨달음은 정신상태의 완벽함이 아니라 우리가 체험하는 모든 것의 완벽함입니다. 우리의 관계, 체험, 인식을 포함한 삶의 모든 영역이 완벽해집니다. 깨달음 안에서 모든 것이 완벽합니다. 모든 것이 자연스럽고 애씀 없이 완벽해집니다. 그래서 이를 '완벽한 깨달음, 구경보리, 무상정등각, 위없는 깨달음'이라고 합니다.

여러분들은 성취자들이 고통, 갈등, 전쟁, 질병, 죽음이 만연하는 이 불완전한 세상을 어떻게 인식하는지 모를 것입니다. 이분들은 광대하고 심오한 견해를 가지고 있고 언제나 큰 그림을 봅니다. 늘 보편적이며 편만하고 무량한 연민으로 상황에 대응합니다. 그래서 이분들의 마음은 고통 받는 존재들과 타협할 수 없고 비할 데 없는 절대적인 자비와 연민으로 봅니다. 이는 자연스럽게 깨어난 완벽한 마음입니다.

일상심에 물든 사람은 상황을 인지할 때 이원적인 방식으로 반응하게 되는데, 특히 끔찍한 상황에 대해선 더욱 부정적인 반응을 하게 됩니다. 일상심에 물든 사람도 자비로운 마음을 내기도 합니다. 이는 특정한 상황에 국한된 자비이며 이원론으로 채색된 복잡하고 왜곡된 마음입니다.

일어난 상황에 대해 반응이 부정적이라면 여러분은 아직 일상심에 있는 것입니다. 그러나 연민으로 반응한다면 긍정적인 신호입니다. 무량한 연민심이 있고 모든 상황에서 언제나 큰 그림을 본다면 여러분은 깨달은 마음을 성취하게 될 것입니다.

마음이 오염된 이유는 우주의 본성과 반대로 살고 있기 때문입니다. 오염된 마음을 가진 사람에겐 늘 문제가 생깁니다. 오염되고 왜곡된 마음이 우주와 마찰을 일으키기 때문입니다. 이런 마찰로 인하여 우주가 적으로 느껴집니다. 하지만 마음이 온전히 우주의 본성과 화합하면 세상과 조화를 이루게 됩니다. 이 조화로운 체험은 자신과 우주 사이에서 점점 더 발전합니다. 마음이 우주와 온전히 화합하면 우주는 우리에게 힘을 줄 것입니다. 이것이 온전히 깨어난 체험의 본성입니다.

깨달은 마음이 진정한 마음

행복과 안정을 찾으려는 무분별한 노력은 탐욕과 어리석음이 바탕인 일상심의 속성입니다. 깨달음은 우리 마음이 이 일상심에 의해 왜곡되지 않고 실상과 얼마나 일치하는지를 가늠하는 척도입니다. 마음이 더 청정할수록 왜곡되지 않은 실상과 잘 조화를 이루며 더 많이 깨어납니다.

우리가 깨달음의 길로 나아감에 따라 마음의 왜곡이 줄어듭니다. 마음에 장벽이 없고 세상과 더 쉽게 소통합니다. 비정상적이고 왜곡된 마음을 가진 이는 세상과의 연결을 어렵게 만드는 장벽을 만들어냅니다. 이들은 친구와 가족과의 소통마저 어렵습니다. 마음이 왜곡될수록 많은 장벽이 만들어지고 세상과의 연결이 어렵게 됩니다. 극단적인 경우 완전히 고립될 수도 있습니다. 이런 비정상적 상태에 있으면 어떤 이와도 소통이 될 수 없습니다.

이 고립된 존재는 네 번째 단계의 깨달음이 불가능합니다.

깨달음을 성취하는 과정에 대한 이해가 불완전하면 수행이 깊어질수록 세상과 멀어져 고립된 상태에서만 편안함을 느낄 수 있다고 믿습니다. 그래서 모든 세속적인 활동을 거부하고 세상과 의도적으로 단절하여 자신만의 지복을 즐깁니다. 하지만 청정본심에서 일어나는 깨달음은 세상을 단절하지 않습니다. 사실 그 반대입니다.

청정본심 안에서 수행자는 일상심의 세상을 인식하면서도 그 세상을 왜곡 없이 명확하게 보며, 모든 상황에 적절하게 대처합니다. 비정상적이고 왜곡된 상태에 빠진 사람은 올바른 기능을 하기가 어렵고 좌절감을 느낄 수 있습니다. 세상일에 빠져들수록 왜곡된 마음의 고통스러운 상태가 많아져 세상과의 연결에 장애가 생깁니다. 하지만 마음에 왜곡이 없고 실상의 본질을 알게 되면 이런 문제는 자연히 사라지게 됩니다.

깨달음은 우리를 세계와 쉽게 연결시키고 세상에서 매우 효과적으로 기능하도록 합니다. 깨달은 이들은 더 이상 현실을 왜곡하지 않습니다. 긴장하거나 이기적인 반응 없이 효과적으로 적응할 수 있습니다. 깨달은 상태의 소통이 진정한 소통이고, 깨달은 상태의 연민이 진정한 연민이며, 깨달은 상태의 행복이 진정한 행복이고, 깨달은 상태의 마음이 진정한 마음이며, 깨달은 상태의 실상이 진정한 실상입니다.

깨달음은 깨달은 존재의 내면이 온전히 청정하고 번뇌가 없고 진실하다는 것을 의미합니다. 인식의 왜곡이 모두 사라져, 마치 먹구름 뒤에 가려졌던 햇빛이 찬란하게 드러나는 것과 같습니다.

우리가 깨달음의 단계를 따라 발전할수록 많은 왜곡된 마음의 상태가 점차 사라집니다. 마음은 왜곡된 인식에 영향을 받지 않아, 정신이 건강해지고 '에고'에서 자유로워집니다. 최상의 깨달음에 닿을 때 어떤 일이 일어나거나 무엇을 하더라도 인식의 왜곡이 없습니다.

왜곡되지 않은 인식

깨닫지 못한 존재들은 왜곡된 인식을 가지고 있지만 깨친 존재들은 왜곡되지 않은 인식을 가지고 있죠. 이는 정말이지 큰 차이입니다. 우리가 깨달음의 단계에 따라 발전하면 인식의 왜곡이 줄어듭니다. 인식이 보다 더 정확해지고 실상에 부합합니다. 깨달음의 최상의 단계에 도달하면 인식이 왜곡으로부터 완벽하게 자유롭습니다. 어떤 것도 이를 왜곡시키거나 오염시킬 수 없습니다.

누군가의 인식이 더 이상 왜곡되지 않을 때, 그가 하는 경험들은 모두 청정하고 흠이 없고 실상과 완벽하게 일치합니다. 왜곡된 인식에서 오는 오해로 인한 자의식이 없습니다. 깨달은 마음의 상태는 혼란스러운 마음의 상태와 완전히 다릅니다. 이 상태의 인식은 더 이상 왜곡이 없으므로 모든 체험이 완전히 건강합니다.

청정본심 수행자들은 깨달음의 세 번째 단계에서 마음을 조복 받았습니다. 이는 생각이나 감정이 일어나도 영향을 받지 않는다는 것을 의미합니다. 깨달음의 네 번째 단계에 있는 이는 두 번째나 세 번째 단계에 있는 이들보다 훨씬 더 마음의 왜곡과 오염이 적습니다. 완벽한 깨달음인 네 번째 단계에는 더 이상 부정적인 성향, 나쁜 습관이나 번뇌가 없기 때문입니다. 집착이나 혐오도 전혀 없습니다. 온전히 깨어난 이는 정확하게 세상을 인식하며 진리를 보고 있습니다.

마음이 왜곡되지 않을수록 조작하지 않는 방식으로 세상을 더 정확하게 봅니다. 믿음과 습관의 왜곡된 필터를 통해 보지 않고 조작과 분별이 없는 청정한 실상을 있는 그대로 봅니다. 마음이 더 이상 왜곡되지 않을 때 우리는 세상을 있는 그대로 볼 수 있습니다.

청정본심 안에서 진정한 현실에 산다는 것을, 어떤 이는 '비이원非二元'이라 부릅니다. 우리 자신과 외부 현상이 둘이 아니고, 자신의 정체성이 끝나는 곳이 없고, 우주가 시작되는 곳이 없습니다. '나'와 '타인'의 개념이 없습니다. 이에 대한 자연스러운 결과로 온전히 편안한 상태를 '비이원의 상태'라 합니다.

깨달음으로 이어지는 단계에 들어서면 원초적 두려움은 힘을 잃고 점점 희미해져 갑니다. 우리의 마음이 점점 더 청정본심에 머물수록 원초적 두려움의 활동이 잦아듭니다.

원초적 두려움은 우리를 세상에서 분리시키는, 팽창되거나 수축된 에고가 없는 비이원의 체험 안에선 작동될 수 없습니다. 비이원 안에서의 세상은 단순합니다. 온전히 청정본심 안에 있으면 우리의 인식이 확대되어 상상할 수 있는 모든 것들을 아우를 수 있습니다.

건강한 자의식

이 깨달음의 네 번째 단계에선 우리의 청정본심이 완전히 깨어납니다. 이 책의 첫 부분에 언급했던 일상심의 왜곡과 오염이 완전히 사라졌습니다. 모든 정신현상은 청정본심과의 단절로부터 일어납니다. 이 모든 현상은 그릇된 인식에서 시작되었고 그릇된 인식을 의지하는 것에서 비롯됩니다. 그릇된 인식이 없으면 이에 의해 야기되고 관련된 모든 것이 용해됩니다. 우리의 자연스러운 상태, 진정한 우리와 더욱 친숙해지면 자의식이 더 건강해집니다.

이 깨달음의 네 단계를 모두 여행하면서 마음의 환경은 완전히 변했고 자의식은 더욱 건강하고 행복하고 유연해졌습니다. 마음에 여유가 생겼고 느긋해졌습니다. 낮은 자존감과 이기적이고 건강하지 못한 자의식은 완전히 사라졌습니다. 깨달음의 가장 아름다운 구성 요소는 완벽하게 건강하고 청정한 자의식입니다.

깨달음을 얻기 위해 에고를 피하거나 극복하거나 파괴할 필요가 없습니다. 자의식은 잘못된 인식이기 때문에 극복해야 할 실체가 있는 것이 아닙니다. 실상의 본성을 올바르게 인식하면 문제의 에고는 거품처럼 사라지게 됩니다. 인식이 바뀌면 에고는 저절로 사라집니다.

에고는 상황에 의존합니다. 청정본심이 우세하게 되면 건강한 자의식이 일어납니다. 정신적, 감정적으로 편안하고 어떤 것도 대적하거나 방해하지 못합니다. 완벽하게 건강한 마음 상태, 이것이 깨달음입니다. 온전히 충만하고 비교할 수 없이 편안하며 우주와 완벽하게 조화된 상태, 이것이 궁극적으로 우리가 원하는 것입니다. 모든 이들이 이 궁극적인 정신적, 감정적 평안을 갖는 것, 바로 이것이 부처님의 발원입니다.

우리가 아무리 유명하고 엄청나게 부유하고 지위가 높으며 외모가 아름답고 고등교육을 받았더라도, 이런 외부적인 조건은 우리에게 건강한 자의식을 줄 수 없습니다. 청정본심을 깨닫고 그 안에 머무는 것만이 청정하고 완벽하게 건강한 자의식을 줄 수 있습니다.

성취자들의 열반

성취자들은 열반에 들 때 죽음을 괴롭게 받아들이지 않습니다. 그들은 죽음의 필연성에 저항하지 않습니다. 의식을 짓누르는 정신현상이 없기 때문에 청정본심을 산만하게 할 수 있는 것이 없습니다. 그분들에게는 부정적이고 불쾌한 체험이나 두려움이 없죠. 삼악도三惡道*에 떨어지거나 모르는 곳에서 환생할 공포가 없습니다. 이 세상에 대한 강한 애착이 없습니다. 그러므로 깨달은

---

* 삼악도三惡道: 축생, 아귀, 지옥을 뜻한다. (옮긴이)

이들이 열반에 들 때에는 애씀 없이 청정한 상태에 녹아듭니다.

마음이 청정한 이들은 청정한 체험을 합니다. 오염되고 왜곡되고 혼란스러운 체험을 하지 않습니다. 그들이 가는 청정한 영역은 정토淨土와 같은 불국토佛國土입니다. 깨달음을 성취한 존재들은 자비심으로 모든 존재들을 해탈로 이끌기 위해 다시 우리들의 세상으로 돌아오기도 합니다.

오직 안전한 그곳

이 책에 묘사된 청정본심 수행에 대해 알게 되면 깨달음에 대해 더 잘 알게 됩니다. 이를 신비롭거나 머나먼 이야기로 여길 필요가 없습니다. 우리는 깨달음에 닿을 수 있고 친밀하고 실제적인 연결을 할 수 있습니다. 이것이 우리 모두의 바람입니다.

이 세상에 태어난 우리는 서로 간에 일시적으로 연결되어 있지만, 언제까지 이 연결이 지속될지는 아무도 모르며 궁극적으로는 각자의 길을 갑니다. 이 예측불허의 변화무쌍한 세상에서 무슨 일이 일어날지 아무도 알 수 없습니다. 깨달음은 우리가 알 수 있고 성취할 수 있는 궁극의 목표입니다. 진정한 행복은 깨달음에서 옵니다. 다른 모든 목표들은 그저 일시적이고 덧없는 것입니다.

완전한 깨달음을 얻기 전까지는 모든 것이 일시적이고 불안정합니다. 어떤 것도 우리를 행복하게 만들어주지 못합니다. 마음은 청정하고 계속해서 모든 얽힘과 왜곡에서 자유롭고 조건 없는 행복을 원합니다. 오직 이 청정한 체험만이 믿을 만한 것입니다. 더 이상 안전한 곳은 없으며 진정으로 안전한 단 한 곳은 '청정본심'입니다.

진정한 신심과 헌신

진정한 헌신, 깨달음을 향한 감사와 깨달음이 주는 궁극의 행복은 맹목적인 믿음에 바탕을 둔 것이 아닙니다. 헌신은 오직 공부와 수행을 통해서만 얻어집니다. 더 공부하고 수행할수록 더 많은 가르침이 우리 안으로 들어오고 더 많은 영감을 받게 될 것입니다. 그러면 깨달음과 자연스럽게 연결됩니다. 이 깨달음과의 연결은 신비주의와 같은 '알 수 없는 힘'에 대한 맹신이 아닙니다.

공부와 수행이 깊어질수록 부처님과 구루 린포체 파드마삼바바와 같은 깨달음의 화현에 끌리게 됩니다. 그분들께 깊은 존경을 느끼고, 우리의 가슴이 그 지혜와 자비에 대해 열리게 되고, 그들의 발자취를 따르고 싶어집니다. 이렇게 마음이 열리는 체험과 영감은 모두 헌신의 한 형태입니다.

진정한 헌신과 신심은 독단이나 권위적인 명령에 의해 강요되는 것이 아닙니다. '반드시 신심과 헌신이 있어야 한다.'라는 규정이 없습니다. 신심과 헌신은 내면으로부터 우러나옵니다. 헌신하는 마음에서 깨달음에 감사하고 그 안에 귀의하면, 이것이 '궁극의 보호'라는 것을 깨닫습니다. 이러한 느낌은 무언가를 만들려고 애쓸 필요 없이 저절로 일어납니다.

'당신은 사랑에 빠져야만 해요.' 누구도 우리에게 이렇게 말할 수 없습니다. 우리가 사랑에 빠지기 위해선 특정 조건이 있어야만 합니다. 누군가를 사랑하려면 첫째, 그 사람이 누구인지를 알아야 하고 그 사람과 시간을 보내야 합니다. 그의 성격과 특징을 더 많이 볼수록 그의 진가를 알아보고 존경하게 됩니다. 그리고 서서히 상호작용을 통해 더 깊이 알게 되어, 결국 사랑에 빠지기 시작하고 친밀한 관계를 발전시킵니다.

헌신도 이와 똑같이 작용합니다. 가르침을 듣고 읽고 더 많이 공부하고 깨달음의 공덕에 대해 더 숙고하고 수행하면, 깨달음과 연결되는 자연스러운 영감이 떠오릅니다. 깨달음에 대한 이 영감은 우리 마음에 내재되어 있습니다. 그러므로 우리는 진정으로 공경하고 감사하며 진정으로 깨닫기를 발원해야 합니다. 삶에서 행복할 때나 어려움에 처할 때나 언제나 깨달음을 공경하고 사랑하기 바랍니다.

신심과 헌신에 대해 이야기할 때, 깨달음과 신심 그리고 헌신을 어떻게 연결해야 할지를 이야기합니다. 불교에는 '귀의'라는 용어가 있습니다. 우리가 일단 이런 신심과 헌신을 갖게 되면 자연적으로 깨달음에 귀의하게 됩니다. 이 헌신은 수행을 하도록 영감을 주고 깨달음을 얻을 때까지 수행을 계속하도록 만듭니다. 이 모든 것은 진실한 헌신과 신심의 결과물입니다.

수행이 진보하면서, 여러분은 이렇게 생각할 수도 있습니다. '나는 진정으로 깨달음을 원한다. 나는 원한다. 나는 원한다! 지금 당장 경계가 없는 마음을 얻기를 원한다!' 이렇게 열정과 의지로 정진해야 합니다. 신심의 꽃이 피어나고 깨우친 스승에 대한 헌신이 열리는 곳이 바로 여기에 있습니다.

모든 긍정적인 체험은 이 책의 가르침을 이해하고 수행을 시작할 때 여러분의 삶으로 들어갈 것입니다. 내면에서 무언가가 '딱' 하는 소리를 낼 것이고 여러분은 그것을 잡을 것입니다. 이전에 보지 못한 것들을 보게 되면서 모든 것이 열리고 확장되며, 상쾌하고 명료하며, 생생하고 경이로움과 신선함으로 가득할 것입니다. 모든 경계는 용해되어 사라집니다. 여러분은 깨달음을 얻는 과정에서 엄청난 성장의 과정을 목격하게 될 것입니다.

이것이 여러분들을 위한 저의 기원입니다. 청정본심과 연결하세요. 청정본심을 예찬하고 찬탄하세요!

구루 린포체 파드마삼바바 예경문

구루 린포체 파드마삼바바의 지혜로운 가르침으로 말미암아 여러 해 동안의 공부, 숙고熟考와 수행으로 이 책이 완성되었습니다. 이 작업은 내 자신과 타인들에게 엄청난 이익이 되었습니다. 구루 린포체 파드마삼바바에 대한 진심 어린 감사와 헌신 안에서 아래의 게송이 제 마음에서 피어올랐습니다.

'구루 린포체 파드마삼바바'께 예경 올립니다.
오, 구루 린포체 파드마삼바바여!
저는 당신의 깨달아 있는 청정한 자각심을 귀히 여깁니다.
저는 당신의 무량한 비민悲愍에 감사드립니다.
저는 당신의 장중하고 명료한 지혜를 믿습니다.
당신은 모든 깨달은 자들을 한 몸에 구족하신 분입니다.
당신은 모든 존재들에게 광대한 자애慈愛와 비민悲愍의 가르침을 내리시고
모든 중생을 가리지 않고 보살피며
당신의 깨달은 언변은 명료하고 청정하고 방대하며 심오합니다.
모든 존재들의 고통과 불행을 살펴주시니

저는 당신의 한량없는 자비와 청정본심 가르침에 감읍하여,
제 자신과 타인을 위한 헤아릴 수 없는 혜택을 말로는 다 형언할 수 없습니다.
제 마음 깊은 곳에서 감사가 피어오릅니다.
당신의 지혜와 자비가 없다면 제가 무엇을 할지, 무엇이 될지,
저는 상상조차 할 수 없습니다.
오, 존귀한 구루 린포체 파드마삼바바여!
본디 청정한 제 마음을 깨닫도록 도와주소서.
정신현상이 그저 지나가는 현상임을 깨닫도록 도와주소서.
정신현상이 환영임을 깨닫도록 도와주소서.
저의 청정본심을 온전히 깨닫도록 도와주소서.
모든 존재들의 불행과 고통이 끝날 때까지
언제나 당신의 자비와 지혜 가르침의 감로법을 내려주소서.
모든 존재들의 마음이 청정하고 허물이 없기를!
모든 존재들이 무상보리를 성취하기를!
그 전까지 당신의 무한한 사랑과 자비로 모든 존재들을 보듬어주소서.
옴아훙벤쟈구루빼마싯디훙

감사를 전하며

이 책에 생명을 불어넣어 준 모든 분들께 머리 숙여 제 마음속 깊은 곳에서부터 감사의 말씀을 드립니다.

특히 조쉬 고딘은 이 책의 기초를 이루는 모든 대화와 가르침에 대한 충실한 녹음과 번역을 보내주었고, 여러 해 동안 지칠 줄 모르는 지지를 보내 주었습니다. 히더 시몬은 특유의 꼼꼼함으로 이 녹취록을 일관성 있게 정리하는 것을 도와주었습니다. 브라이언 웰치의 숙련된 편집에 감사드립니다. 척 골드만은 수개월 동안 본문의 내용과 의미를 다듬어 주었습니다. 모라 긴티는 티베트어에서 영어로 옮기는 데 많은 도움을 주었습니다. 수잔 페이트는 본서의 표지 디자인을 도와주었습니다.

샴발라 출판사의 직원들께도 감사드립니다.

홍보를 도와준 존 골레비에프스키, 디자인에 많은 도움을 준 헤이즐 버콜츠, 흔들림 없는 믿음으로 이 프로젝트를 성공시킨 니코 오디세오스에게 감사를 드립니다. 또한 저의 편집자인 켄드라 크로센 버로우스는 지식과 조언을 아끼지 않고 초안을 다듬는 데 끊임없는 도움을 주었습니다.

프리스틴 마인드 재단에 참여한 모든 분들과 이사회에 진심 어린 감사를 드립니다. 모든 면에서 그들의 지지와 진심 어린 헌신에 감사를 드립니다.

그리고 마지막으로, 열린 마음과 열정으로 이 책에 도움을 준 모든 제자들에게 감사를 드립니다.

역자 후기

이 책은 다르마타코리아의 의뢰를 받아 번역하게 되었습니다. 이 책을 읽고 번역하면서 느낀 점은, 수행을 모르는 초심자에서 족첸 수행에 관심이 있는 이들 모두에게 도움이 된다는 점입니다.

저 자신을 비롯하여 많은 이들이 자신의 본마음은 잊고 어딘가에 마음을 뺏긴지도 모른 채 살아가고 있습니다. 본서는 원래 있었지만 잊고 살았던 내면의 참된 나를 깨워주는 맑은 종소리와 같다고 말하고 싶습니다.

수행을 하는 이들에게도 도움이 되고 수행을 전혀 모르는 사람, 삶이 주는 무게로 인해 괴로워하며 고통 받는 이들에게도 실질적인 도움이 되는 귀한 내용이 담겨 있습니다.

이 책의 원저자인 올갠 초왕 린포체는 심오한 이야기들을 현실에 접목시켜 쉽고 편안한 언어를 사용했습니다. 하지만 그 내용은 그것에 국한되는 것만은 아닙니다. 그래서 저도 되도록 린포체의 뜻을 받들어 원문에 충실한 번역을 했고, 수행을 접하지 않은 이들에게도 다가가기 쉽게 번역하려고 노력했습니다. 그리고 일부 수행과 무상요가 탄트라, 족첸에 관련된 내용은 역자 주를 달아 별도로 표기했습니다.

많은 현대인들이 복잡한 사회구조로 인해 자기 생각 안에 갇혀 있는 것을 봅니다. 이런 사람들과 소통한다는 것이 쉬운 일은 아닙니다. 이 책의 저자인 올갠 초왕 린포체는 더운 여름 시원한 한 줄기 바람과 같은 내용으로 현실을 살며 어떻게 대처하는지에 대하여 유용한 예와 갈증에서 벗어나는 해결책을 제시해 줍니다.

원고에 관심과 애정을 가지고 윤문해주신 다르마타코리아 상가에 특별한 감사를 올립니다. 교열을 도와주신 전화진 님, 이도하 님과 번역 과정에 도움을 주신 허정훈 님과 지미Jimmy 님께도 감사를 드립니다.

올갠 초왕 린포체Orgyen Chowang Rinpoche

티벳 불교 닝마파의 지도법사이자 족첸 법맥의 지도법사이다.

20세기 위대한 족첸 성취자인 직메 푼촉 린포체, 뚤쿠 우갠 린포체, 틴레 놀부 린포체를 스승으로 모시고 공부했으며, 불교 철학과 수행의 최상위 단계인 켄뽀khenpo 학위를 받았다.

현재 미국 샌프란시스코에 거주하고 있으며, '프리스틴 마인드 재단'(www.pristinemind.org.)을 창립하여 현대인들을 위한 실용적이고 경험적인 방법으로 가르침을 펼치고 있다.

수연秀蓮

프랑스 파리 Spéos에서 사진을 공부했다.

프랑스와 미국, 인도에서 거주했으며, 유럽과 아프리카를 비롯한 세계 여러 나라를 여행했다. 다양한 문화권에서의 삶은 세상을 보는 그만의 통찰을 키웠다. 이후 한국으로 돌아와 영어권 책들을 한글로 옮기는 작업을 하고 있다.

옮긴 책으로는『깨달음을 얻는 티베트 수행 요결』,『까르마빠 900주년』,『세상의 끝에서 만난 스님의 말씀』,『마지막 그림자가 사라지기 전에』,『행복에 이르는 발걸음』등이 있다.

프리스틴 마인드

초판 1쇄 발행 2021년 3월 30일 | **초판 2쇄 발행** 2023년 12월 27일
지은이 올갠 초왕 린포체 | **옮긴이** 수연 | **펴낸이** 김시열
펴낸곳 도서출판 운주사
(02832) 서울시 성북구 동소문로 67-1 성심빌딩 3층
전화 (02) 926-8361 | **팩스** 0505-115-8361
ISBN 978-89-5746-638-4 03220 값 17,000원
http://cafe.daum.net/unjubooks 〈다음카페: 도서출판 운주사〉